MA CUISINE EN PROVENCE

Patricia Wells

MA CUISINE
EN PROVENCE

Photographies de Robert FRÉSON

JC Lattès

Titre original : *Patricia Wells at Home
in Provence*, publié par Scribner, USA, 1996

À Maria Guarnaschelli,
avec respect et gratitude
pour ses immenses talents,
sa véritable amitié,
et ses traits de génie.

REMERCIEMENTS

C e livre constitue essentiellement l'album de souvenirs des années de bonheur que nous avons déjà passées en Provence, joliment rehaussées par la présence des amis, parents, voisins et commerçants, qui ont eu l'occasion de partager notre table et ont contribué à faire de cette vie ce qu'elle est vraiment.

Je suis très reconnaissante à nos amis Rita et Yale Kramer, qui ont découvert Chanteduc pour nous, et à Maggie et Al Shapiro, qui pendant plus de dix ans nous ont aidés à transformer le quotidien en fêtes extraordinaires. Merci à Johanne Killeen et à George Germon, à Devon Fredericks et à Eli Zabar, à Sheila et Julian More, pour leur disponibilité sans faille, leur plaisir partagé à faire les courses, la cuisine et la fête chaque fois que l'occasion s'en présentait.

Les viticulteurs ont joué un grand rôle dans notre vie, à commencer par notre propre vigneron, plein de talent et de patience, Daniel Combe, et sa femme, Chantal. Bien des restaurateurs nous ont aidés à découvrir le pays plus en profondeur et à célébrer sous toutes ses formes la table provençale : merci en particulier à Tina et Guy Julien de *La Beaugravière* à Mondragon, et à Mireille et Jean-Louis Pons du *Bistrot du Paradou* au Paradou.

Mais je voudrais surtout remercier ici ceux qui ont toujours été présents à mon esprit, nos amis de Vaison-la-Romaine, comme Colette et Jean-Claude Viviani, Colette et Jean-Claude Tricart, qui nous ont accompagnés tout le long du chemin. Merci à nos amis commerçants : Roland Henny, boucher par excellence, Josiane et Christian Deal de la fromagerie *Lou Canestou*, Josiane et Corinne Meliani des *Gourmandines*, Giuseppina et Serre Giacomo, de la *Maison des Pâtes fraîches*, Éliane et Aymar Berenger de la *Poissonnerie des Voconces*, Hervé Poron, grand spécialiste de la truffe, de Plantin à Puymeras, ainsi que Laurence et Jean-Marc Avias, qui nous ont tant fait découvrir les traditions provençales.

Je me sens particulièrement honorée et ravie d'avoir eu la chance de travailler avec le photographe Robert Fréson, et je le remercie non seulement de ses magnifiques prises de vues mais aussi de son amitié. Merci également à son assistante, Vicki Moriarity, qui a su donner vie à toutes les séances de photo.

Je veux aussi remercier mon assistante si talentueuse, Alexandra Guarnaschelli, pour sa précision dans la mise au point du manuscrit et pour son irremplaçable talent dans les tests de recettes, ainsi que Judy Jones, qui a porté tant d'attention aux recettes.

Tout mon respect et mon admiration vont ici à Maria Guarnaschelli, mon éditeur, qui m'a permis une fois de plus de faire aboutir un nouvel ouvrage. Et merci bien sûr à mon cher mari Walter Newton Wells. Ses compétences d'homme à tout faire ne le cèdent qu'à son talent pour nous conduire tous les deux sur le chemin du vrai bonheur.

SOMMAIRE

INTRODUCTION

Une maison peut-elle transformer votre vie ? Je ne l'aurais jamais cru. Mais pratiquement du premier jour où nous avons vu Chanteduc – notre mas provençal vieux de deux siècles – notre vie a été changée du tout au tout. Depuis que ces cinq hectares boisés au sommet d'une colline pierreuse de Vaison-la-Romaine sont devenus notre propriété en 1984, mon mari Walter et moi, nous avons regardé le monde d'un œil différent.

Grâce à Chanteduc – cette vieille demeure dont le nom veut dire littéralement « chant du hibou » –, ce qui n'aurait dû être qu'un interlude parisien se transforma en un séjour permanent en France. Et ce qui n'aurait dû être qu'une maison de week-end devint notre véritable foyer, modela notre vie, devint notre obsession, le prolongement direct de nos personnalités.

Avant même de nous installer complètement en Provence, nous y avions plus d'amis français que tous ceux que nous pouvions compter depuis que nous étions à Paris. En l'espace d'un an, nous ne pouvions même plus dire ce qu'était notre vie avant la Provence. Pour nous, Chanteduc symbolisait les éléments essentiels du bonheur tel que nous l'imaginions : les amis, la famille, la bonne cuisine et la fête. Nous avions désormais les yeux et le cœur ouverts sur ce qui fait la vie quotidienne de la France à la campagne. Auparavant, nous n'avions que des connaissances livresques de ce genre de vie, et finalement, nous en étions devenus les témoins, les participants. Nous la vivions nous-mêmes. Était-ce simplement le soleil ? Ou bien cet endroit possédait-il une magie qui transformait les plaisirs ordinaires de la vie ?

Très vite, il devint impossible d'aller en ville pour un fromage de chèvre ou un sachet de clous sans que les courses se transforment en un événement social. La conversation est le pivot central de la vie en Provence : on parle du soleil, ou de son absence, on parle du mistral qui souffle en rafales, on parle des touristes, ou de leur absence, ou encore du dernier scandale survenu dans le lointain Paris.

Le temps – qu'il s'agisse du soleil, de la pluie ou de la sécheresse – devint une préoccupation majeure, car tout ce qui se passait dans le ciel concernait directement notre quotidien, notre jardin, nos récoltes, ainsi que l'humeur des paysans et des commerçants autour de nous. Lorsque la demi-douzaine de vieux cerisiers du verger commencèrent à donner des fruits, je laissai tout tomber pour ramasser les petits fruits rouges et brillants et en faire des clafoutis, des glaces, des confitures et des liqueurs. Chaque feuille qui se dépliait – laitue ou vigne, figues ou iris – devenait l'objet de nos soins attentifs, de même que les jeunes pousses d'un potager qui promettait, sur un sol crayeux, des légumes au goût de lutte. Nous avons suivi saison après saison la croissance de chaque olive, même si plus d'une fois nous n'avons trouvé au moment de la récolte que des arbres presque entièrement dépouillés par les passereaux. Grâce au ciel, le marché du village propose à Noël de pleins paniers d'olives bien mûres, de sorte que mes olives en saumure sont en général d'origine mélangée.

Nous avons appris à dénicher les champignons comestibles qui poussaient chez nous, après avoir pendant des années écouté nos voisins se vanter d'y avoir fait des découvertes magnifiques. Il fallut les inviter à se joindre à nous pour une chasse aux champignons, suivie d'un festin, pour qu'ils nous livrent la clé du coin secret caché parmi les pins. Nous avons aussi appris à déterrer les truffes noires qui se dissimulaient dans le sol de notre vigne, non loin du vieux chêne, tout en sachant que neuf fois sur dix la récolte du braconnier dépassait de loin notre maigre cueillette.

Parfois, nous avons dû côtoyer certains représentants de la faune ou de la flore d'un peu trop près à notre goût, le sanglier qui venait rôder non loin du compost, les faisans et les cailles qui s'installaient dans le potager ; et nous avons fini par connaître les mœurs nocturnes du loir, un rongeur qui adore la proximité des êtres humains et la chaleur du chauffage central : de quoi remplir un livre entier.

Nous avions passé l'essentiel de notre vie d'adulte à travailler dans des grandes villes, comme Washington D.C., New York et Paris, et désormais, comme des gens de la campagne, nous nous apercevions que nos vies étaient curieusement affectées par les phases de la lune, la couleur du ciel, l'humidité de la terre, la présence (ou l'absence) d'abeilles, de salamandres, de lapins ou de papillons. Bientôt, comme tout le monde à la campagne, nous nous sommes mis à suivre les rythmes de la lune, nous avons appris qu'en plantant le persil juste après la nouvelle lune les plantes fleuriraient et qu'en cueillant les fleurs à la pleine lune, elles dureraient plus longtemps.

Dès le début, il était clair que Chant...duc ne serait pas un lieu où nous serions condamnés à la solitude. Chaque week-end, toutes les chambres d'amis étaient occupées. À table, nous étions toujours au moins huit, dix ou même vingt. La liste des invités n'obéissait à aucun formalisme, et les repas sous le grand chêne, après les parties de boules dans l'allée des vignes, réunissaient au hasard le maire et le plombier, le viticulteur et le banquier ou le voisin braconnier.

Les amitiés naissent et s'approfondissent au fil de ces heures passées autour d'une table, ce que ne saura jamais faire un seul dîner en ville. Très curieusement, sous un toit accueillant et dans une atmosphère amicale, des gens qui étaient de parfaits étrangers finissent vite par très bien s'entendre. Bientôt, alors que j'avais l'habitude de préparer une cuisine simple pour Walter et moi, je me suis mise à cuisiner d'abondance pour de grandes tablées.

Pour bien des habitants, je suis certaine que nous étions des gens bizarres pour ne pas dire exotiques : ces Américains de Paris, un peu fous, qui descendaient chaque semaine par le train pour planter des poiriers en espaliers, se lier d'amitié avec l'expert local en figuiers et s'affronter à la bureaucratie française pour prendre la responsabilité du vignoble de trois hectares, baptisé Clos Chanteduc. Pour l'étiquette, nous avons adopté comme symbole le chêne monumental qui donne vie à notre domaine. Et nous avons vite trouvé un viticulteur biologique pour s'occuper de nos vignes et transformer nos cépages de grenache, mourvèdre et syrah en un vin rouge charnu et gouleyant, aux arômes de poivre et d'épices, portant la marque de Chanteduc, et que nous sommes fiers de boire chaque jour.

Dans le village au pied de la colline, toute une palette de personnalités différentes nous attendaient. Roland Henny, un boucher génial toujours en train de bavarder, qui m'entraîne régulièrement dans son atelier pour me montrer une nouvelle recette ou insiste pour que j'aille examiner le travail qu'il a fait pour une réception dont il s'est occupé. Notre plombier (Jean-Claude Viviani mieux connu sous le nom de Vivi), qui m'a appris à préparer les escargots locaux, les petits-gris, et qui sillonne la région en quête d'ustensiles de cuisine, car il sait que je les adore. Christian et Josiane Deal, nos fromagers, qui m'ont montré comment déballer correctement un banon enveloppé de feuilles de châtaignier et comment choisir un saint-marcellin parfaitement affiné. Et notre braconnier personnel, Yves Reynaud, qui a grandi sur le domaine et débarqua un jour chez moi avant neuf heures du matin avec des lapins de garenne et deux truffes fraîches !

Un jour, je pris conscience que cette demeure existait depuis des centaines d'années avant que nous n'arrivions et perdurerait aussi pendant des siècles après notre mort. Cela voulait dire que nous allions affecter son existence pendant trente ans, peut-être quarante. Notre responsabilité était sérieusement engagée pour conserver son intégrité, maintenir son caractère sans le dénaturer.

Lorsque je commençai à me poser des questions sur l'histoire de Chanteduc, je trouvai quelques réponses dans un paquet poussiéreux d'actes de vente passés d'un propriétaire à l'autre, tous de la même famille. Dans ces feuillets fragiles chargés d'une écriture fleurie, je découvris les cent vingt-cinq dernières années de Chanteduc. En 1868, lorsque la propriété passa (par vente, non par héritage) de Joseph Reynaud à ses enfants, Joseph-Charles-Emmanuel, Pierre-Louis-Charles et Joséphine-Rose-Thérèse, elle était essentiellement plantée d'oliviers, producteurs d'olives de Nyons, la variété principale de la région. (À cette époque, les vignes n'existaient pratiquement pas.) Le soleil lui-même avait son rôle à jouer dans la description des limites du domaine, celles de l'est étant mentionnées comme le levant et celles de l'ouest comme le couchant. En 1906, lorsque Joseph et Marie-Marguerite Reynaud laissèrent Chanteduc à leurs enfants, Jean-Joseph et Marie-Élisabeth-Angèle, ils conservèrent à vie le droit de venir cueillir des olives, de ramasser du bois et de prendre l'eau du puits pour leur usage personnel. (Nous avons lu en lisant qu'à chaque vente la propriété était décrite comme étant « en très mauvais état ».)

Les derniers propriétaires – Léon Reynaud et sa femme Victorine Joséphine Février – prirent possession du domaine en 1944. Les oliviers et les abricotiers étaient encore les plantations privilégiées de la région, mais plusieurs gelées meurtrières dans les années cinquante eurent raison des oliviers. Les arbres auraient sans doute pu reprendre, mais ils seraient restés improductifs pendant des années. Aussi, comme bien d'autres paysans de la région, les Reynaud arrachèrent les oliviers restants et plantèrent des vignes, de grenache, le cépage principal que nous utilisons aujourd'hui. Je compris aussitôt qu'il n'existe pas de manière plus directe de comprendre l'héritage agricole d'une région que de le vivre soi-même au quotidien.

Aujourd'hui, les vestiges des Reynaud restent visibles : le clapier à lapins, l'écurie des mules, une cuve à vin, les restes d'un ancien four à pain, le pigeonnier, la grange, et une petite construction en pierres utilisée pour chasser les oiseaux sauvages. Je suis heureuse de savoir que Victorine était réputée pour son salmis de pigeons ; elle élevait ses propres chèvres et descendait la colline pour aller vendre sa tomme fraîche dans les ruelles du village médiéval.

Lorsque je pense aux douze années que nous avons déjà passées à Chanteduc, je m'aperçois que nous n'avons pas appliqué un plan d'ensemble ; nous avons en revanche nourri une vraie passion, et nos rêves se sont réalisés. Nous avons alimenté cet enthousiasme saison après saison, semaine après semaine. Tandis que nous modelions la maison à notre image, elle transformait aussi notre existence. Bientôt, elle devint l'album de notre vie commune, de notre vie en France. C'était comme si, en levant les yeux un beau jour, nous découvrions que la somme de nos efforts avait transformé notre petit univers en un véritable paradis. Je n'avais jamais pensé qu'une maison pouvait avoir une âme ou avoir des « vibrations » bénéfiques, mais nous avons rapidement constaté qu'il était très difficile d'être malheureux à Chanteduc.

J'ai toujours eu avec le pain une sorte d'histoire d'amour et, après avoir fait le tour de France des fours à pains chauffés au bois, j'étais bien décidée à pouvoir un jour enfourner mes pains dans mon propre four. Le hasard d'une conversation avec notre jeune maçon Jean-Claude Tricart, fit que ce four existe bel et bien aujourd'hui, dans la cour de la maison, fermé par une vieille porte en grès récupérée sur un vieux four qui existait jadis.

Je m'aperçus également que je disposai d'une encyclopédie vivante sur la nourriture juste de l'autre côté de la porte du jardin. Lorsque j'avais besoin de connaître la maturation exacte d'une olive, la nuance précise d'une feuille de figuier, la façon dont l'abricotier vous annonce que ses fruits sont mûrs (ils tombent de l'arbre, tout simplement), le temps que prend un cerisier pour faire mûrir ses fruits (six semaines les séparent des fleurs), je n'avais pas besoin d'aller fouiller dans ma bibliothèque, je n'avais qu'à regarder la nature. Un jour, alors que j'étais en train de faire le tour de la propriété avec des amis, en leur montrant une bâtisse, je me surpris à dire : « Lorsque c'était une ferme... » Je m'arrêtai aussitôt en réalisant que, finalement, il s'agissait toujours d'une ferme.

Tout naturellement, au fil des années, ma cuisine a changé. Quel bonheur et quel luxe d'avoir une maison pleine de convives toujours désireux de goûter les mets que je pose sur la table ! Pratiquement toutes les recettes de mes quatre derniers livres ont été testées plusieurs fois à Chanteduc. Une année, c'était la cuisine de bistrot, une autre fois c'était la cuisine du terroir. Nous avons goûté la cuisine élégante et raffinée de Joël Robuchon, mais aussi celle, plus simple et rustique, des petits restaurants italiens. Mes invités, essentiellement des Français, des Américains et des Britanniques, ont rapidement appris à anticiper l'inattendu, souvent curieux de savoir quel chapitre de quel livre on était en train de mettre en pratique. La réaction la plus comique se manifesta un jour que j'étais en train de travailler sur le *Guide de la France gourmande* ; je servis un repas où se mélangeaient différentes cuisines françaises, de Bretagne, de la Loire, d'Alsace et de Provence. Un ami français s'exclama soudain, avec l'expression de quelqu'un qui vient d'avoir une illumination : « Je comprends ! C'est de la cuisine californienne ! »

Naturellement, et d'une manière inconsciente, je commençai à développer un style de cuisine que je pourrais qualifier de personnel. C'est une méthode qui reflète clairement ma propre philosophie de la cuisine : la fraîcheur, la simplicité, le respect des saisons et de l'intégrité du produit. Il suffit d'observer quelques règles élémentaires : « Les produits qui poussent, grandissent ensemble, vont bien ensemble. » Ce qui veut dire qu'un agneau qui se nourrit d'herbes sauvages sera naturellement meilleur s'il est relevé de romarin, de thym et de sarriette. Les lapins qui se promènent en liberté adorent le fenouil sauvage. Pourquoi ne pas les réunir ? Le basilic qui pousse entre mes rangs de tomates en sont le condiment parfait, de même que les artichauts et les fèves, réunis dans la même symbiose.

Ma cuisine est une cuisine d'ingrédients « entiers ». Je préfère toujours faire cuire un poisson entier – avec la tête, les arêtes et la peau – pour en extraire le maximum de saveur, tirer profit de la gélatine qu'il contient, de sa texture et de sa fraîcheur. Le gigot d'agneau n'est jamais désossé, mais rôti entier. La volaille subit le même traitement, bien bridée pour retenir tout son jus. Les desserts – généralement des gâteaux ou des tartes aux fruits – suivent les saisons, depuis les premières cerises à la fin du mois de mai jusqu'aux dernières figues du début d'octobre, pour terminer avec les derniers raisins de novembre. Voici donc ma cuisine, accessible, créée pour les habitudes et le mode de vie d'aujourd'hui. De par son évolution naturelle, c'est surtout une cuisine provençale, préparée à l'huile d'olive extra-vierge, avec des menus conçus en fonction des produits du marché. Les olives maison, l'apéritif local, les salades de verdure, le pain qui sort du four avec son bon goût de céréales, les plateaux de fromages régionaux sont présents à chaque repas. Tout naturellement, ils sont devenus la marque distinctive de ma cuisine, et j'espère qu'ils le deviendront aussi pour vous.

PATRICIA WELLS
Chanteduc
Avril 1996

« *Toute la Méditerranée, les sculptures, les palmiers, les perles dorées, les héros barbus, le vin, les idées, les bateaux, le clair de lune, les gorgones ailées, les hommes de bronze, les philosophes – tout semble se lever dans le goût âcre de ces olives noires entre les dents. Un goût plus vieux que la viande, plus vieux que le vin. Un goût aussi antique que l'eau fraîche.* »

LAWRENCE DURELL

« *Je ne connais rien de plus appétissant quand il fait très chaud que de s'asseoir dans l'ombre fraîche d'une salle à manger avec les persiennes tirées, devant une petite table couverte d'olives noires, de saucisson d'Arles, de quelques délicieuses tomates, une tranche de melon et une pyramide de petites figues vertes cuites par le soleil... Dans cet air léger, dans cette région bénie, il n'est nul besoin de se réchauffer avec des viandes lourdes ou des plats de lentilles. Le Midi est essentiellement une région de petits mets préparés avec soin.* »

LÉON DAUDET

1

HORS-D'ŒUVRE ET AMUSE-BOUCHE

À Chanteduc, l'heure de l'apéritif est un signal : on s'arrête de travailler et l'on commence à s'amuser. Qu'il s'agisse d'un rendez-vous avec le maçon pour mettre au point les plans d'un nouveau four à pain, d'une petite réunion intime avec le vigneron et sa femme, ou d'un simple bavardage avec des amis ou des voisins, la fin de la journée est synonyme d'apéritif et de soleil couchant. C'est alors qu'apparaissent sur la terrasse les bouteilles d'alcool anisé et de liqueurs maison, les bols d'olives, les rondelles de saucisson local aux olives noires, la tapenade et autres pâtes à tartiner au fromage. C'est alors que l'on peut vraiment commencer à se reposer des activités de la journée. Les recettes suivantes figurent parmi mes amuse-bouche préférés, depuis le simple tartare de truite fumée jusqu'aux élégants beignets de fleurs de courgettes, destinés à calmer une petite faim, tout en mettant en appétit pour le repas qui va suivre.

LE GRATIN D'ANNE
AU FROMAGE DE CHÈVRE

Anne McCrae est écossaise, elle habite près de chez moi en Provence et partage avec moi le goût des choses bonnes et simples. Elle nous a servi ce somptueux gratin un soir de printemps, en expliquant qu'elle en avait eu l'idée quand elle habitait avec son mari John dans une région reculée du nord de la Provence. Il n'y avait pas de marché à proximité, mais elle avait toujours en abondance des fromages de chèvre frais, les fameuses tommes, des herbes aromatiques et des petites olives noires de Nyons bien charnues. En été, Anne prépare une sauce de tomates fraîches toute grésillante pour servir le gratin en entrée, et en hiver elle emploie des tomates en conserve.

Le plat se prête à d'infinies variations. C'est un peu comme une pizza sans croûte. On peut y ajouter de petits morceaux de jambon, quelques rondelles de saucisses grillées, des champignons sautés ou des artichauts marinés. C'est aussi une bonne solution pour préparer quelque chose de simple et de chaud quand vous êtes seul(e).

POUR 6 PERSONNES

six plats à gratin individuels de 15 cm de Ø
ou un plat à gratin de 27 cm de long

*300 g de fromage de chèvre
mi-affiné, ou un mélange
de fromages, de chèvre, de brebis
et de vache, écroûtés
et taillés en cubes
50 cl de sauce tomate maison
(p. 272) à température ambiante*

*24 olives noires dénoyautées
(Nyons par exemple)
2 c. à café de feuilles d'hysope
fraîche (facultatif)
2 c. à café de feuilles de romarin frais
2 c. à café de feuilles d'origan frais
ou une pincée d'origan séché écrasé*

1. Préchauffez le gril du four.

2. Éparpillez le fromage dans le fond du (ou des) plat(s). Ajoutez la moitié des herbes mélangées. Nappez de sauce tomate. Ajoutez les olives et le reste des herbes.

3. Mettez le (ou les) plat(s) sous le gril, à environ 8 cm de la rampe de chaleur, et laissez cuire pendant 2 à 3 minutes jusqu'à ce que le fromage soit fondu et odorant, et que la sauce tomate grésille.

Servez un rouge plaisant et charpenté, comme un jeune corbières du Roussillon ou un rouge italien comme le Barbera d'Alba, voire un shiraz australien ou un zinfandel californien.

LE TARTARE
DE TRUITE FUMÉE

Non loin de mon village en Provence, dans la petite ville de Suze-la-Rousse, il y a un élevage de truites vieux d'un siècle, créé par des moines il y a bien plus longtemps. On y trouve des truites fumées à la chair fine et délicate que j'aime servir sur des tranches de pain grillées avec des petites feuilles d'aneth juste cueillies dans le jardin. J'en fais également un tartare vite préparé avec des morceaux de poisson et de la crème fraîche. La recette est simple à condition de faire attention à la manipulation du mixer : au lieu d'avoir un tartare où l'on reconnaît les petits morceaux de poisson, vous risquez d'obtenir une bouillie rose peu appétissante. Vous pouvez utiliser soit de la truite fumée, soit du saumon fumé, ou encore un mélange de poisson cru et de poisson fumé. En général il n'est pas nécessaire de saler car le fumage suffit largement à l'assaisonnement du poisson. Ce tartare est délicieux en hors-d'œuvre, pour un buffet ou servi à l'assiette. Proposez en même temps des tranches de pain à peine grillées. Il est également délicieux avec la brioche provençale à l'huile d'olive parfumée avec des graines de fenouil (p. 140).

POUR 25 CL OU 4 PERSONNES

2 c. à soupe de crème fraîche	*125 g de truite fumée ou*
2 c. à soupe d'aneth frais ou de vert	*de saumon fumé*
de fenouil ciselé	*coupé en morceaux*

1. Commencez par bien parer le morceau, en retirant les petits bouts de peau ou de gras. Posez-le à plat sur la planche à découper. Si vous en avez, prenez deux couteaux de cuisine assez larges et solides, de même taille et, en établissant un rythme régulier avec vos deux couteaux, hachez systématiquement le morceau de poisson. N'essayez pas d'aller vite, mais plutôt de bien accorder le rythme des lames pour débiter tout le morceau petit à petit en obtenant des petites bouchées mais sans réduire le poisson en purée.

2. Incorporez la crème et l'aneth. Servez sur des assiettes froides, avec de la salade verte et un peu d'aneth ou de vert de fenouil. Vous pouvez aussi servir le tartare sur des tranches de pain grillées ou avec une variante de la pompe à l'huile agrémentée de graines de fenouil.

Un vin blanc sec accompagnera très bien ce tartare fumé. Choisissez un sancerre frais et parfumé, un fumé blanc de Californie ou de Nouvelle-Zélande, vieilli en fût de chêne, ou un riesling.

CARPACCIO DE BŒUF À L'ESTRAGON, BASILIC, PERSIL ET THYM

Voici une préparation fabuleuse, idéale pour ceux qui aiment le carpaccio classique, tout en ayant envie de quelque chose d'un peu plus parfumé. Très simplement, le bœuf est mis à mariner pendant 48 heures dans un mélange de sel de mer, d'estragon, de persil, de basilic et de thym, puis détaillé en très minces tranches comme le carpaccio. Les herbes parfument la viande et en font un hors-d'œuvre délicieux quand il fait chaud. Servez-le à la manière classique du carpaccio, dans une assiette bien froide, avec un trait d'huile d'olive et des copeaux de parmesan. Si vous désirez une salade plus complète, disposez les tranches de viande sur de la roquette assaisonnée, puis ajoutez l'huile d'olive et le parmesan. Comme les herbes sont utilisées seulement pour leur parfum, il est inutile de les effeuiller.

POUR 20 PERSONNES

500 g de filet de bœuf, rincé à l'eau et épongé
8 brins d'estragon frais lavés et épongés
8 brins de persil frais lavés et épongés

8 brins de basilic frais lavés et épongés
10 brins de thym frais lavés et épongés
1 1/2 c. à soupe de gros sel marin

1. Disposez les herbes en une seule couche sur un morceau de papier d'aluminium assez grand pour envelopper le morceau de viande. Ajoutez la moitié du sel et posez la viande dessus, puis disposez le reste des herbes et du sel sur le morceau de bœuf. Enveloppez-le de papier d'aluminium et mettez-le dans une grande assiette, pour recueillir le jus qui pourrait s'écouler. Mettez au réfrigérateur pendant 48 heures.

2. Deux heures avant de servir, mettez la viande emballée dans le congélateur pour bien la raffermir et la découper plus facilement. Déballez-la, retirez les herbes et le sel, puis détaillez la viande en tranches très minces avec un couteau très bien aiguisé ou un couteau électrique.

Servez un sancerre rouge, un tavel rosé ou encore un Ladoix-Serrigny, du nord de la Bourgogne.

CHIPS DE FROMAGE
DU CANESTEOU

C es chips de fromage sont parfaites en amuse-gueule : salées comme il se doit, mais aussi d'une densité réconfortante. Je les prépare avec du fromage de brebis provençal à pâte ferme que j'achète chez notre fromager local, Lou Canesteou. Ce fromage qui ressemble au brebis basque des Pyrénées fond remarquablement et possède un goût noiseté un peu piquant. Vous réussirez mieux la recette si le fromage est râpé bien froid de sorte qu'il ne colle pas au bol.

POUR 25 À 30 CHIPS

125 g de fromage de brebis à pâte ferme (ou de gouda), écroûté

1. Préchauffez le gril du four.

2. Râpez le fromage avec une râpe à main dans un bol.

3. Avec vos doigts, posez 1 cuillerée à soupe de fromage râpé à l'intérieur d'un emporte-pièce rond en métal de 5 cm de diamètre posé sur une plaque à pâtisserie froide à revêtement anti-adhésif. Répétez l'opération jusqu'à épuisement du râpé en veillant à étaler le fromage aussi finement que possible pour que la cuisson soit régulière. Laissez suffisamment d'espace entre les ronds pour que le fromage puisse s'étaler pendant la cuisson.

4. Placez la plaque de cuisson sous le gril du four à 8 cm de la source de chaleur. Laissez la porte du four légèrement entrouverte et surveillez le fromage attentivement pendant qu'il se met à grésiller en formant des entrelacs fondus qui doivent dorer légèrement. Laissez griller pendant 1 à 2 minutes. Si certaines chips ne sont pas entièrement grillées sur les bords, faites tourner la plaque et laissez-la sous le gril jusqu'à cuisson complète. (Si vous procédez par fournées successives, veillez à ce que la plaque soit refroidie avant d'y répartir la prochaine fournée.)

5. Sortez la plaque du four et laissez les chips refroidir et se solidifier, pendant 1 à 2 minutes. Avec une spatule, décollez-les délicatement et mettez-les sur une grille. Servez les chips en amuse-gueule. (Vous pouvez les conserver dans une boîte hermétique pendant 1 semaine.)

Le vin parfait serait un champagne rosé bien pétillant,
mais vous pouvez aussi essayer la clairette
de Die de la Drôme.

LES CREVETTES AU BASILIC
DE JOËL ROBUCHON

Lorsque je commençai à donner des cours de cuisine à Chanteduc, Joël Robuchon se proposa pour inaugurer l'école. J'aurais été folle de lui dire non ! Il vint avec ses aides et prépara un repas mémorable. Je m'étais levée à 5 heures du matin pour allumer le feu dans le four à bois afin d'y faire cuire des petits pains au levain, ainsi que la pintade farcie au foie gras, servie sur un lit de pommes de terre, une recette que nous avions mise au point en commun pour *Le Meilleur et le plus Simple de Robuchon*.

Le repas commença avec un champagne bien frappé et ces délicieuses petits bouchées : des queues de langoustines en pâte croustillante trempées dans une sauce au basilic. On peut très bien les remplacer par de grosses crevettes roses. En hiver, pour un repas de fête, vous pouvez aussi remplacer les feuilles de basilic qui enveloppent les queues de crevettes par des lamelles de truffe noire. La truffe est un ingrédient qui s'harmonise idéalement avec la saveur iodée des crustacés.

POUR 12 PERSONNES

1 bouquet de basilic frais, lavé et épongé	12 grosses queues de crevettes décortiquées et parées
1 c. à soupe de gros sel de mer	sel de mer fin
8 c. à soupe d'huile d'olive extra-vierge	poivre blanc du moulin
2 ciboules pelées et finement hachées	4 feuilles de pâte à phylo, découpées en 12 carrés de 15 cm de côté
quelques c. à soupe de bouillon de volaille	12 petits cure-dents en bois
	2 litres d'huile d'arachide

1. Mettez de côté environ 12 feuilles de basilic pour la décoration. Portez à ébullition 1 litre d'eau dans une grande casserole sur feu vif. Ajoutez le gros sel et le reste des feuilles de basilic. Faites-les blanchir pendant 2 minutes. Versez-les dans une passoire fine et rafraîchissez-les sous le robinet d'eau froide pour stopper la cuisson et les garder bien vertes. Égouttez-les à nouveau. Mettez-les dans le bol d'un robot ménager et réduisez-les en purée. Réservez.

2. Mettez l'huile d'olive et les ciboules dans un poêlon de taille moyenne et faites-les revenir doucement sur feu doux pendant 3 à 4 minutes, juste pour les attendrir. Ajoutez les ciboules à la purée de basilic et mélangez intimement. Réservez. (Vous pouvez faire cette préparation plusieurs heures à l'avance.)

3. Au moment de servir, faites chauffer la purée de basilic dans un bain-marie sur de l'eau juste frémissante. Si elle est trop épaisse, détendez-la avec un peu de bouillon de volaille chaud.

4. Salez et poivrez les queues de crevettes, posez-les chacune sur un carré de pâte à phylo, dans un angle. Posez une feuille de basilic dessus et enroulez chaque crevette bien serrée dans la pâte à phylo. Tordez les deux bouts opposés pour former un croissant. Maintenez-le fermé à l'aide d'un cure-dent enfoncé au milieu. (Les queues de crevettes ne doivent pas être enroulées à l'avance.)

5. Versez l'huile dans une grande casserole de 3 litres ou une friteuse, sur une hauteur d'au moins 5 cm. Placez dedans un thermomètre à friture et une écumoire, faites chauffer l'huile jusqu'à 160 ˚C. Ajoutez les feuilles de basilic réservées et faites-les frire pendant 1 à 2 minutes. Égouttez-les et épongez-les sur du papier absorbant. Salez-les au sel fin. Réservez.

6. Faites chauffer l'huile à 190 ˚C. Faites frire les crevettes en pâte par 3 ou 4 à la fois, pendant 1 minute environ, jusqu'à ce qu'elles soient croustillantes et dorées. Égouttez-les et épongez-les sur du papier absorbant.

7. Pour servir, disposez les queues de crevettes et les feuilles de basilic frites sur une grande assiette chaude. Versez la sauce chaude dans un petit bol et proposez-la en même temps. Pour une entrée, répartissez les crevettes sur des petites assiettes chaudes, avec un peu de sauce autour et quelques feuilles de basilic en garniture. Servez le reste de sauce à part.

> Le champagne est l'accompagnement idéal. Pour fêter
> un événement particulier, servez par exemple
> la cuvée de champagne rose de la maison
> Billecart-Salmon.

CONSEIL : Vous est-il arrivé d'avoir un problème avec des aliments frits qui collent à l'écumoire au moment de les égoutter ? Il suffit pour éviter cela de faire chauffer l'ustensile en même temps que l'huile.

BEIGNETS DE FLEURS
DE COURGETTES AU CURRY

Les beignets de fleurs de courgettes sont l'une des recettes provençales les plus réussies. Quiconque ici possède un jardin fait pousser
des courgettes, et ce légume vert aux multiples usages (qui naît de la
partie femelle de la plante) vous offre l'avantage d'avoir de magnifiques
fleurs jaunes, qui viennent de la partie mâle de la plante. Les fleurs de
courgettes sont cueillies tôt le matin, alors qu'elles sont encore fermes
et bien fermées. Sur le marché, les vendeurs en proposent toujours
quelques bottillons. Un samedi, un fermier m'en offrit treize à la
douzaine, en me demandant si j'étais superstitieuse, et je répondis que
non. Il répliqua que lui l'était, et m'en donna 14, que je fis en hors-
d'œuvre pour le soir même ! Les fleurs doivent être conservées avec la
queue dans l'eau, pour les garder bien fraîches et les empêcher de
flétrir. Si vous ne trouvez pas de fleurs de courgettes, vous pouvez
utiliser simplement des rondelles de courgettes fraîches détaillées en
diagonale. La pâte de ces délicats beignets m'a été inspirée par Joël
Robuchon, qui aime beaucoup la poudre de curry car cette épice a le
don de mettre en appétit. La saveur finale de ces beignets est délicieusement épicée, avec un goût de caramel exquis. En général, je fais venir
mes invités dans la cuisine lorsque je prépare ces beignets pour qu'ils
puissent les déguster dès qu'ils sont frits.

POUR 20 PORTIONS

150 g de farine superfine	*25 cl d'eau naturelle pétillante*
2 c. à café de poudre de curry	*2 l d'huile d'arachide pour la friture*
1/4 de c. à café de sel de mer fin	*20 fleurs de courgettes*

1. Dans une grande terrine, mélangez la farine, la poudre de curry et
le sel. Ajoutez l'eau et fouettez jusqu'à consistance lisse seulement. (Si
vous battez trop la pâte, le gluten se développe et la pâte devient
caoutchouteuse.) Laissez reposer pendant 10 minutes, pour que le gluten se relâche. (Vous pouvez préparer la pâte un jour à l'avance et la
mettre au réfrigérateur jusqu'au moment de l'emploi.)

2. Faites chauffer l'huile d'arachide dans une friteuse à 190 °C. En procédant rapidement, trempez les fleurs de courgettes une par une dans
la pâte en les enrobant complètement. Plongez-les ensuite dans la friture et faites-les frire, en les retournant une fois, pendant 2 minutes
jusqu'à ce qu'elles soient dorées et croustillantes. Ne faites frire que 3
à 4 fleurs à la fois. (Assurez-vous que l'huile revient bien à 190 °C avant
d'en faire frire de nouvelles.) Épongez les fleurs frites sur du papier
absorbant. Servez aussitôt en amuse-gueule. Comme la préparation est
assez riche, on compte un ou deux beignets par personne.

Je propose du champagne – qui en refuserait –, un verre de vouvray blanc pétillant du Val de Loire ou encore de la clairette de Die de la vallée du Rhône.

LES AMANDES GRILLÉES
DE PORQUEROLLES

Un été, alors que nous dînions sur l'île de Porquerolles, on nous servit avec le petit vin blanc local un bol de ces amandes grillées avec du thym, du gros sel, un trait d'huile d'olive et un peu de blanc d'œuf, qui permet au thym de coller aux amandes. Aussitôt, j'inclus ces amandes à mon répertoire personnel de Chanteduc, anticipant sur le jour où je pourrais les préparer avec les fruits de mes propres arbres à peine plantés. En hiver, je prépare ces amandes au moment où les invités arrivent : le parfum du thym remplit toute la maison en annonçant la couleur haut et fort.

POUR 12 PERSONNES

125 g d'amandes non blanchies	*1 1/2 c. à café de gros sel*
2 c. à café d'huile d'olive extra-vierge	*3 c. à café de feuilles de thym sec*
1 blanc d'œuf	*1 c. à café de feuilles de thym frais*

1. Préchauffez le four à 200 ˚C (thermostat 6/7).

2. Dans une grande jatte, mélangez les amandes, l'huile, le blanc d'œuf, le sel et le thym sec. Remuez le tout avec les mains pour que les amandes soient bien enrobées. Mettez-les ensuite sur une plaque à pâtisserie anti-adhésive en les étalant sur une seule couche et en évitant qu'elles ne se touchent. Parsemez-les de feuilles de thym frais.

3. Enfournez à mi-hauteur et faites griller les amandes pendant environ 4 minutes jusqu'à ce qu'elles soient légèrement dorées et dégagent un bon arôme de thym. Sortez la plaque de cuisson du four. Laissez refroidir, puis séparez les amandes qui se touchent. Éliminez la croûte en excès qui a pu se former et jetez-la. Vous pouvez garder ces amandes dans un récipient hermétique pendant deux semaines.

PAIN GRILLÉ AUX TOMATES ET AUX ANCHOIS

Qu'est-ce donc que le « pain frotté » ? Essayez et vous comprendrez. C'est ma version favorite d'un classique de la cuisine catalane, qui dépend entièrement de plusieurs ingrédients : un bon pain de campagne avec une croûte bien épaisse et appétissante, des tomates mûres à point et de saison, des anchois de qualité. Veillez à frotter l'ail d'abord sur les coins de la croûte, pour en accroître l'arôme et la saveur.

POUR 6 PERSONNES

6 tranches épaisses de pain de campagne	*1 grosse tomate mûre coupée dans l'épaisseur*
1 belle gousse d'ail pelée et coupée en deux	*1 boîte de filets d'anchois à l'huile d'olive, égouttés*

Faites griller les tranches de pain, de préférence sur les braises d'un feu de bois (sinon sous le gril du four ou dans un toasteur). Frottez un côté de chaque tranche avec l'ail, alors que le pain est encore chaud, en commençant par les coins de la croûte, puis en progressant vers le centre de la mie. Frottez ensuite les tranches de pain avec la tomate, face coupée contre le pain, en appuyant bien pour que le jus pénètre dans la mie et que les graines la recouvrent. Disposez les filets d'anchois dessus et servez aussitôt.

Servez un bon vin rouge pour tous les jours. Chez nous, c'est un côtes-du-rhône.

LE FOIE GRAS AU SEL
DE SHEILA ET JULIAN

S heila et Julian More sont des voisins et de bons amis en Provence. Ensemble nous avons passé bien des moments heureux sur leur terrasse qui offre une vue superbe sur les environs. En hiver, on s'installe près du feu. Un soir de Noël, ils nous ont servi un magnifique foie gras au sel. Cette recette est un jeu d'enfant, bien plus facile à réaliser qu'une terrine. La fraîcheur et la saveur de ce plat sont incomparables. C'est le plat de fête par excellence.

POUR 6 À 8 PERSONNES

1 foie gras de canard frais	*poivre noir et blanc du moulin*
1 1/2 kilo de gros sel de mer	*sel de mer fin*

1. Préparez le foie gras. Un foie gras de canard comporte deux lobes, un gros et un petit. Détachez le gros du petit vaisseau avec vos mains en les séparant délicatement. Avec un petit couteau pointu, grattez doucement les traces vertes de bile. Posez les deux lobes sur un grand torchon propre. Avec le petit couteau pointu, déchirez et retirez la membrane transparente qui enveloppe les deux lobes. Prenez le plus petit : en vous servant de la pointe du couteau pour guider vos doigts dans la fente intérieure du lobe, recherchez le gros vaisseau qui y est logé. Chaque fois que vous trouvez un petit vaisseau, retirez-le doucement mais fermement, en vous servant de vos doigts et de la pointe du couteau pour pénétrer dans le foie. Vous aurez sans doute à creuser un peu dans la chair pour trouver ces vaisseaux, mais continuez à travailler lentement et méthodiquement, en manipulant le lobe le moins possible. Mettez-le de côté. Faites de même avec le gros lobe. Si nécessaire, ouvrez le lobe avec le couteau pour travailler plus commodément. Grattez les marques de sang visibles ou les taches grises, qui donneraient au foie un goût amer. Découpez le foie gras en minces tranches régulières de 100 g chacune.

2. Versez la moitié du gros sel dans un grand plat creux rectangulaire (genre plat à rôtir). Rangez les tranches de foie gras sur la couche de sel, côte à côte, en une seule couche. Couvrez-les avec le reste de sel. Laissez reposer pendant une heure.

3. Pour servir, dégagez les tranches de foie gras du sel. Posez-les sur des assiettes bien froides et assaisonnez-les généreusement avec du poivre fraîchement moulu et du sel de mer fin. Servez en même temps une petite salade de verdure ou la salade de fines herbes (p. 48), et quelques cuillerées de « mostarda » (p. 267) avec du pain fraîchement grillé.

GRATIN D'OIGNON AU THYM

C e magnifique gratin doré ressemble à une quiche sans pâte, donc parfaitement légère. C'est le plat idéal pour un petit souper devant le feu, accompagné d'une salade verte bien relevée. Je le propose également en amuse-bouche avec du champagne, pour un cocktail assis.

POUR 8 PERSONNES

une tourtière de 27 cm de Ø

500 g d'oignons pelés	*noix de muscade fraîchement râpée*
45 g de beurre	*4 gros œufs*
1 c. à soupe de feuilles de thym frais	*60 cl de lait entier*
sel de mer et poivre noir du moulin	*3 c. à soupe de crème fraîche*

1. Préchauffez le four à 220 ˚C.

2. Beurrez grassement le fond et les côtés du plat. Réservez.

3. Coupez un oignon en deux dans la hauteur. Posez-le, face coupée, sur une planche à découper et émincez-le très finement. Détaillez les autres oignons de la même manière.

4. Mettez les oignons émincés dans un grand poêlon, ajoutez le beurre, le thym, salez, poivrez et muscadez. Faites fondre sur feu doux à couvert pendant 8 minutes jusqu'à ce que les oignons soient bien tendres. Goûtez et rectifiez l'assaisonnement. Réservez.

5. Cassez les œufs dans une jatte et battez-les en omelette. Incorporez en fouettant le lait et la crème fraîche.

6. Versez les oignons dans la tourtière beurrée et lissez le dessus avec le dos d'une cuiller. Versez ensuite les œufs par-dessus. Poivrez et muscadez. Enfournez à mi-hauteur et faites cuire pendant 30 minutes jusqu'à ce que le dessus soit bien doré et que l'appareil aux œufs soit bien pris. Pour vérifier, enfoncez la pointe d'un couteau au centre du gratin : il est cuit si la lame ressort propre. Servez aussitôt en découpant le gratin en parts comme une tarte.

Servez un viognier léger et jeune, mais tout bon vin blanc sec sera parfait.

VARIANTE : Pour donner à ce gratin une note provençale, disposez en étoile, juste avant la cuisson, 8 filets d'anchois dessalés et rincés. Posez ensuite une olive noire dénoyautée entre chaque rayon.

CERVELLE DE CANUT

D epuis mon premier séjour à Lyon-la-Gourmande, je rêve, chaque fois que j'y reviens, de déguster à nouveau la cervelle de canut, une de ses spécialités. Ce fromage aux herbes porte également le nom de « claqueret », mais l'expression « cervelle de canut » évoque l'époque où Lyon était capitale de la soie. C'est un plat que les soyeux mangeaient dans les petits bistrots de la ville, les « machons ». Il est généralement à base de fromage blanc, d'échalotes, d'ail et de fines herbes (la ciboulette est indispensable), avec un assaisonnement de vin blanc, de vinaigre et d'huile. On peut le préparer avec du fromage blanc maigre.

POUR 50 CL DE CERVELLE DE CANUT

50 cl de fromage blanc	*sel de mer fin et poivre noir du moulin*
2 échalotes pelées et finement hachées	*1 c. à soupe de vin blanc sec*
1 gousse d'ail pelée et finement hachée	*1 c. à café de vinaigre de xérès*
3 c. à soupe de ciboulette ciselée	*de bonne qualité*
3 c. à soupe d'estragon ciselé	*1 c. à soupe d'huile d'olive extra-vierge*
3 c. à soupe de persil plat ciselé	*fines herbes mélangées pour garnir*
1/2 c. à café de feuilles de thym	*(facultatif)*

1. Mettez le fromage dans le bol mélangeur d'un robot et mixez une fois pour bien le lisser. Ajoutez les échalotes, l'ail, la ciboulette, l'estragon, le persil et le thym. Mixez rapidement une ou deux fois pour mélanger. Salez et poivrez à votre goût. Mixez encore pour répartir l'assaisonnement.

2. Versez la préparation dans un moule perforé de 1,5 litre de contenance, tapissé d'une mousseline, comme un moule « cœur à la crème » en porcelaine (ou à défaut une passoire à trous tapissée d'une mousseline), placé sur une terrine. Couvrez et mettez au réfrigérateur pendant au moins 24 heures (au maximum 48 heures).

3. Sortez le fromage du réfrigérateur. Jetez le liquide qui s'est écoulé du moule. Versez le fromage dans le bol mélangeur du robot, ajoutez le vin, le vinaigre et l'huile, puis mixez. Rectifiez l'assaisonnement. Versez le tout dans une coupe de service. Servez comme sauce d'accompagnement avec un panier de légumes crus, comme élément d'un plateau de fromages, ou comme garniture à tartiner sur du pain, à laquelle vous pouvez ajouter des fines herbes fraîchement ciselées si vous le désirez. (La cervelle de canut se conserve au réfrigérateur pendant 2 jours. Servez-la à température ambiante.)

Servez un très bon beaujolais, comme le fleurie ou le moulin-à-vent.

L'ÉCHALOTE. Dans les recettes où l'échalote n'est pas utilisée crue, il est essentiel qu'elle soit hachée aussi finement que possible. Elle dégage alors un maximum de parfum et est aussi plus agréable à consommer en petites quantités. L'échalote crue finement hachée est également délicieuse dans les vinaigrettes, ou simplement parsemée sur des sauces de viande ou de poisson à la dernière minute pour souligner l'acidité ou la saveur du plat. À l'achat, évitez les échalotes qui sont sur le point de germer ou qui montrent des meurtrissures, car elles sont moins parfumées. Veillez à les conserver dans un endroit frais, sans trop les entasser, car elles se gâtent rapidement et une seule échalote abîmée contamine toutes les autres.

CLAFOUTIS AUX TOMATES

L e clafoutis classique se prépare avec des fruits cuits au four dans une pâte aux œufs, mais pourquoi en limiter le principe aux desserts ? Cette variante aux tomates parfumée de thym frais est devenue chez nous un plat favori en été. J'utilise, avec le même succès, aussi bien des tomates rondes ou ovales pour préparer ce clafoutis. Servez-le avec une petite salade verte, mais surtout n'oubliez pas : il mérite exclusivement du thym frais.

POUR 8 PERSONNES

un plat à gratin de 27 cm de Ø

1 kilo de tomates mûres et fermes	*8 cl de crème fraîche épaisse*
sel de mer fin	*60 g de parmesan fraîchement râpé*
2 gros œufs + 2 gros jaunes d'œufs	*2 c. à café de thym frais effeuillé*

1. Préchauffez le four à 190 °C (thermostat 5).

2. Pelez, épépinez et coupez les tomates en quartiers dans la hauteur. Posez-les côte à côte sur une double épaisseur de papier absorbant et poudrez-les largement de sel fin. Recouvrez-les d'une autre double épaisseur de papier absorbant. Laissez-les dégorger pendant au moins 10 minutes (jusqu'à 1 heure).

3. Mélangez dans un bol les œufs entiers, les jaunes, la crème, la moitié du fromage et la moitié des feuilles de thym. Salez légèrement et fouettez rapidement le mélange.

4. Étalez les tomates dans le fond du plat, versez la pâte dessus, ajoutez en poudrant le reste de fromage et le reste de thym. Enfournez à mi-hauteur et faites cuire pendant 30 minutes jusqu'à ce que la pâte soit prise et que le dessus soit bien doré et grésillant. Servez chaud ou à température ambiante. Coupez le clafoutis en portions.

Servez un bon vin rouge pour tous les jours,
un jeune côtes-du-rhône par exemple.

ROQUEFORT
À LA CIBOULETTE

Mi-pâte à tartiner, mi-sauce, cette préparation est parfaite avec des légumes crus émincés (surtout avec le céleri-branche). Sur des tartines de pain, c'est un fromage à tartiner, mais vous pouvez aussi le proposer avec le plateau des fromages. Préparez-le un jour à l'avance pour permettre aux arômes de se mélanger.

POUR 50 CL DE FROMAGE

50 cl de fromage blanc   *75 g de roquefort émietté*
3 c. à soupe de ciboulette ciselée   *sel de mer et poivre noir du moulin*

Mettez le fromage blanc dans le bol mélangeur du robot et mixez juste pour le lisser. Ajoutez le roquefort et la ciboulette, mixez rapidement une ou deux fois pour bien mélanger. Salez et poivrez. Mixez encore une fois pour répartir l'assaisonnement. Versez le tout dans une boîte hermétique et mettez dans le réfrigérateur pendant au moins une journée pour permettre aux saveurs de se fondre et de se mélanger. Servez à température ambiante.

LE ROQUEFORT. La période d'affinage, de 3 mois à 1 an, de ce fromage a lieu dans les caves froides du petit village de Roquefort-sur-Soulzon. Là, sur onze étages de profondeur, il règne une température uniforme de 8 à 9 °C, avec 95 pour cent d'humidité, une atmosphère qui confère au fromage son caractère, son parfum et son arôme. Le roquefort, reconnaissable à ses veinures bleu-vert, est le troisième fromage le plus consommé en France, derrière le camembert et les chèvres.

LE CHÈVRE FRAIS
À L'ARMAGNAC DE
MARIE-CLAUDE GRACIA

Marie-Claude Gracia, propriétaire de *La Belle Gasconne* dans le village de Poudenas dans le sud-ouest de la France, est l'une de mes cuisinières françaises préférées. Elle aime servir cette spécialité régionale en amuse-gueule, avec de très fines tranches de pain aux noix et un verre de champagne.

POUR 12 CL DE FROMAGE ENVIRON

1 c. à café de sucre roux
quelques gouttes d'armagnac

125 g de fromage de chèvre très frais

Mélangez le sucre et l'alcool dans un petit bol en remuant pour permettre à l'alcool de dissoudre le sucre. Dans un autre bol, écrasez légèrement le fromage frais avec une fourchette. Ajoutez un peu de mélange sucre-alcool et écrasez encore pour mélanger. Goûtez. Ajoutez le reste du mélange sucre-alcool et mélangez intimement. Versez le tout dans un ramequin et lissez le dessus avec une spatule. Servez à température ambiante avec de très fines tranches de pain aux noix grillées, du pain au levain grillé ou des crackers.

NOTE : On peut remplacer l'armagnac par du cognac ou du marc de Bourgogne.

CACHAT PROVENÇAL

L e cachat est un délicieux fromage à tartiner bien relevé que l'on trouve pratiquement chez tous les fromagers de Provence. Les affineurs le préparent avec des restes de fromage, exactement comme l'ont fait les paysans provençaux pendant des siècles. Avec l'aide d'un instrument aussi pratique que le robot ménager ou le mixer, c'est une recette rapide et parfaite pour ajouter une touche originale et vibrante de saveurs à un plateau de fromages. En principe, on peut utiliser n'importe quels restes de fromages. Cette recette est un exemple parmi d'autres. J'aime servir le cachat seul ou avec d'autres fromages, mais vous pouvez aussi le proposer comme hors-d'œuvre ou amuse-gueule, avec des olives vertes aux herbes (p. 43).

POUR 25 CL DE PÂTE À TARTINER

30 g de roquefort	2 c. à soupe de crème fraîche
125 g de chèvre frais	1 c. à café de marc de Provence

Si les fromages sont fermes, hachez-les en petits morceaux. Mettez tous les ingrédients dans le bol mélangeur du robot, réglez sur une allure rapide, mixez légèrement. Goûtez et rectifiez l'assaisonnement. Incorporez la crème et l'alcool, mixez rapidement sans aller jusqu'à une texture complètement lisse. La saveur doit être relevée, presque piquante.

CROUSTILLES AUX ANCHOIS ET À L'AIL

C es chips d'anchois sont censées éveiller l'appétit, mais n'en abusez pas. Avec quelques ingrédients que l'on a en principe toujours sous la main, vous pouvez les préparer en quelques minutes. J'aime bien également hacher ces chips d'anchois pour en faire des croûtons et agrémenter une salade.

POUR 20 PERSONNES EN AMUSE-GUEULE

12 filets d'anchois au sel (p. 265)
1 tasse à thé de lait entier
4 tranches de pain complet

3 gousses d'ail pelées et émincées
4 c. à soupe d'huile d'olive
extra-vierge

1. Préchauffez le four à 190 ˚C (thermostat 5).

2. Rincez les filets d'anchois en retirant les arêtes. Épongez-les et hachez-les finement. Mettez-les dans un bol avec le lait et laissez reposer pendant 15 minutes. Égouttez-les et jetez le lait. Réservez les anchois hachés.

3. Dans un petit poêlon, mélangez les anchois, l'ail et l'huile. Faites cuire sur feu modéré pendant 2 à 3 minutes, juste pour bien mélanger les ingrédients et faire fondre les anchois et l'ail dans l'huile.

4. Avec un pinceau à pâtisserie, badigeonnez les tranches de pain avec ce mélange. Coupez les tranches en languettes de 2,5 cm. Rangez-les sur une plaque à revêtement anti-adhésif et faites-les griller dans le four en les retournant de temps en temps pendant 5 minutes environ.

5. Retirez la plaque du four et mettez les languettes de pain à refroidir sur une grille. Les croustilles aux anchois se servent chaudes ou à température ambiante. Vous pouvez les conserver pendant une semaine dans une boîte hermétique.

LE CAVIAR DE LA RUE
DE LÉVIS

L a simplicité est toujours source de surprises. Comment trois ingrédients aussi simples que des olives noires, du beurre et du gros sel réunis ensemble peuvent-ils donner une saveur et une texture si irrésistibles ? Cette « tartinade » à base d'olives noires reste pour moi le « caviar de la rue de Lévis » depuis que je l'ai goûtée, pour la première fois, dans un restaurant tout près du marché de la rue de Lévis, à Paris, *le Bouchon* de François Clerc. Ce restaurant fabrique son propre pain de farine complète et sert ce « caviar » dans des petits pots individuels à la place du beurre sur les tables. On pourrait croire qu'avec les olives noires déjà salées, le gros sel donnerait un résultat vraiment trop agressif. En fait, le sel ajoute curieusement juste la bonne texture et relève la préparation pour en faire un véritable amuse-gueule. Essayez de prendre le fameux sel gris breton de Guérande non raffiné. Évitez d'avoir recours au robot électrique pour la préparation : la pâte deviendrait grise et peu appétissante. Cette purée est plus jolie (sans présenter de filaments noirs dans le beurre) si vous prenez des olives assez sèches. Pour ce faire, dénoyautez et hachez les olives, puis laissez-les sécher pendant quelques heures avant de poursuivre.

POUR 12 CL DE « CAVIAR »

*60 g d'olives noires**   *1/2 c. à café de gros sel de mer,*
60 g de beurre ramolli   *sel gris de Guérande de préférence*

Dénoyautez et hachez finement les olives. Épongez-les sur du papier absorbant. Mettez le beurre dans une assiette et écrasez-le avec une fourchette. Parsemez de sel et ajoutez les olives hachées. Avec la fourchette, écrasez les ingrédients pour incorporer les olives et le sel. Pour conserver une belle couleur dorée à la préparation, ne la travaillez pas trop. Versez la préparation dans un petit pot ou un ramequin et lissez le dessus à la spatule. Servez comme du beurre. Ce caviar est particulièrement délicieux avec du pain complet légèrement grillé ou du pain aux noix. (Vous pouvez le conserver à couvert dans le réfrigérateur pendant une semaine environ. Servez toujours à température ambiante.)

* Choisissez des olives de première qualité, de Nyons, par exemple.

TAPENADE
AUX OLIVES VERTES

Chaque mardi, sur le marché de Vaison-la-Romaine, on trouve un assortiment complet d'olives et de tapenades, chaque marchand essayant de surpasser les voisins par ses propres spécialités. Voici une variante à base d'olives vertes que j'ai goûtée un matin de juillet. Relevée d'un peu de jus de citron frais, elle est parfaite pour étaler sur des toasts en amuse-bouche, servir avec des légumes crus, carottes et céleri-branche, mais on peut aussi l'utiliser comme condiment de dernière minute avec des pâtes fraîches.

POUR 25 CL DE TAPENADE

1 boîte de thon à l'huile d'olive de 170 g (voir note)
60 g de beurre ramolli
150 g d'olives vertes de première qualité, égouttées et dénoyautées

le zeste râpé d'un citron, blanchi et rafraîchi
2 c. à soupe de jus de citron
4 c. à soupe de feuilles de basilic frais ciselées

Avec une fourchette, émiettez le thon dans la boîte, avec l'huile, puis versez le tout dans le bol mélangeur d'un robot. Ajoutez les autres ingrédients et mixez pour bien mélanger. La texture doit rester un peu grossière. Goûtez et rectifiez l'assaisonnement. Versez la tapenade dans un bol et servez à température ambiante. (Dans un récipient hermétique, la tapenade se conserve au réfrigérateur pendant une semaine environ.)

NOTE : Si vous ne trouvez pas de thon à l'huile d'olive, prenez du thon blanc au naturel, égouttez-le, jetez l'eau et ajoutez une cuillerée à soupe d'huile d'olive extra-vierge aux ingrédients de la tapenade.

OLIVES FARCIES
AUX ANCHOIS
PARFUMÉES AU CITRON

L a saveur riche et dense des olives et des anchois se marie bien avec le piquant des citrons à l'huile. Dans cette recette, les olives farcies aux anchois se mélangent aux parcelles de citron pour donner un amuse-gueule rapide et original. Inévitablement on me pose la question : « Mais qu'est-ce qu'il y a dans ces olives ? » et l'on me demande aussitôt la recette.

POUR 1 TASSE

150 g d'olives vertes farcies aux anchois *1 c. à soupe du liquide de macération*
3 rondelles de citron confit *des citrons confits (p. 260)*

Émincez les rondelles de citron confit et mettez-les dans un bol. Ajoutez les olives égouttées et le liquide. Mélangez pour bien les enrober avec le citron et le liquide. Servez en amuse-gueule. Vous pouvez les conserver (dans un récipient bien couvert dans le réfrigérateur) pendant un mois.

LES OLIVES VERTES
AUX HERBES

C es olives font partie des amuse-gueule typiques que l'on propose en Provence avant de passer à table. Un bol d'olives assaisonnées et quelques fines rondelles de saucisson, c'est largement suffisant pour accompagner l'apéritif. Le mélange d'herbes proposé ici est une suggestion parmi d'autres et vous pouvez ajuster l'assaisonnement selon votre goût. Personnellement, j'aime beaucoup le mélange de fenouil, de cumin, d'ail et d'origan.

POUR 2 TASSES

300 g d'olives vertes de première qualité (picholines, par exemple), égouttées
2 feuilles de laurier
1/2 c. à café de feuilles de thym frais
1/2 c. à café de graines de fenouil

1/2 c. à café de graines de cumin
4 gousses d'ail pelées et écrasées
1 c. à soupe d'huile d'olive extra-vierge
1 c. à café d'origan séché

Mélangez dans un bol les olives, le laurier, le thym, le fenouil, le cumin, l'ail et l'huile. Mélangez intimement. Pour rendre le parfum de l'origan plus intense, frottez-le entre les paumes de vos mains et laissez-le tomber sur les olives. Mélangez à nouveau. Versez les olives dans un bocal, fermez-le et secouez-le pour mélanger encore. Conservez le bocal dans le réfrigérateur pendant au minimum une semaine (jusqu'à un mois), en le secouant de temps en temps pour bien répartir les condiments. Servez à température ambiante.

OLIVES NOIRES AUX ÉPICES

A Chanteduc, nous avons la chance d'avoir une oliveraie d'une ving-taine d'arbres possédant leur propre pedigree. Notre propriété se trouve en effet dans les limites géographiques de la fameuse appellation d'origine des olives de Nyons. Cette variété d'olive s'appelle la tanche. C'est un fruit charnu, d'un noir pourpre, traditionnellement traité en saumure plutôt que pressé pour son huile. Je cueille toujours les olives à l'époque de Noël, juste après les premières gelées. Une fois qu'elles ont été traitées (au sel sec ou en saumure), j'aime bien leur ajouter un parfum particulier. Voici l'un des nombreux mélanges traditionnels, avec une touche de vinaigre pour équilibrer l'acidité, une bonne pointe d'ail pour ouvrir l'appétit et quelques herbes pour l'arôme et la saveur. Le piment rouge et l'origan en font un amuse-gueule simple et appétissant. Vous pouvez très bien utiliser ce mélange d'arômes pour réveiller des olives noires achetées déjà salées.

POUR 2 TASSES

300 g d'olives noires de première qualité (Nyons, par exemple), non dénoyautées
4 belles gousses d'ail pelées et écrasées
2 c. à café de vinaigre de vin rouge

1/2 c. à café de piment rouge séché écrasé, plus ou moins selon votre goût
1 c. à soupe d'huile d'olive extra-vierge
1/2 c. à café d'origan séché

Mettez les olives dans un bol, ajoutez l'ail, le vinaigre, le piment et l'huile, remuez pour mélanger. Frottez l'origan entre les paumes de vos mains et laissez-le tomber sur les olives. Mélangez à nouveau. Versez les olives aromatisées dans un bocal et fermez-le, secouez pour mélanger encore. Mettez le bocal dans le réfrigérateur ; attendez au moins un jour pour goûter ; les olives se conservent jusqu'à un mois. Servez en amuse-gueule, toujours à température ambiante.

ORIGAN FRAIS OU SEC ? L'origan est la seule herbe que je préfère sèche plutôt que fraîche. Frais, l'origan n'est pas très parfumé. Ce n'est qu'en séchant qu'il déploie ses arômes intenses et vifs, légèrement mentholés. Assurez-vous que vous achetez bien des feuilles d'origan séchées (ce qui n'est pas le cas pour la poudre), et frottez-les entre vos mains pour en faire ressortir tout le parfum.

OLIVES NOIRES
À L'HARISSA

S i vous aimez le parfum du cumin et du poivre de Cayenne, cette variation sur le thème de l'olive est parfaite pour vous. Ce sont les olives que je prends souvent pour parfumer le gratin d'Anne au fromage de chèvre (p. 18), pour obtenir une saveur nouvelle, plus piquante.

POUR 2 TASSES

300 g d'olives noires de première qualité (Nyons par exemple), non dénoyautées

2 c. à soupe d'harissa (p. 261), plus ou moins selon votre goût

Mélangez dans un bol les olives et l'harissa en les enrobant soigneusement. Goûtez et rectifiez l'assaisonnement. Mettez les olives dans un bocal et secouez-les pour mélanger à nouveau. Couvrez et mettez le bocal dans le réfrigérateur pendant au moins 24 heures avant de goûter ; vous le conserverez facilement un mois. Servez en amuse-gueule, toujours à température ambiante.

NOIRES OU VERTES. Au premier état de maturité, toutes les olives sont vertes, c'est-à-dire qu'elles ne sont pas encore vraiment mûres. À mesure qu'elles vieillissent sur l'arbre, elles deviennent vert pâle, puis brun rouge et enfin noires. Certaines variétés sont meilleures avant complète maturité, et sont donc récoltées vertes, comme la picholine française ou la manzanilla espagnole. Pour ce qui concerne les noires, les françaises de Nice ou de Nyons, ainsi que les grecques de Kalamata sont magnifiques. Plus les olives sont noires au moment où on les cueille, plus la teneur en huile est élevée et plus le parfum est intense. Quelle que soit leur couleur au moment de la récolte, toutes les olives sont amères et immangeables ; elles doivent être soumises à un processus de maturation – avec du sel, de l'eau, de la saumure, de l'huile, de la potasse, de la cendre – pour les rendre délicieuses et friandes.

2

SALADES

La salade verte et les verdures me font saliver. Je ne peux pas imaginer un vrai bon repas sans une salade. En réalité, chez nous, la salade constitue souvent le repas à elle seule. C'est pourquoi je consacre la plus grande partie de mon jardin potager à faire pousser toutes les verdures possibles, depuis la blette jusqu'aux petites feuilles de roquette en passant par le mesclun, ce mélange provençal de petites salades, feuilles de chêne vertes et rouges, roquette, romaine, cerfeuil, frisée et trévise. J'ai appris à tirer parti de toutes les herbes et petites verdures, pour concocter des salades qui ne comprennent que des aromates (soit uniquement de l'estragon, soit un mélange de persil, ciboulette, aneth, estragon et menthe) ou un mélange de fanes de légumes, tels que carottes, radis, navets, fenouil, céleri et betteraves. Les haricots verts sont un légume que j'adore et que j'utilise dans toutes sortes de salades, de même que l'endive, idéale en hiver. Certaines salades ne sont qu'un simple accompagnement, d'autres sont de véritables salades composées qui peuvent servir de plat principal.

SALADE DE FINES HERBES

Au lieu d'utiliser les fines herbes comme un ingrédient complémentaire de la salade verte, pourquoi ne pas faire d'elles une salade à part entière, fraîche et parfumée ? L'idée vient d'Alain Passard, le chef de *l'Arpège* à Paris, qui m'a servi voici quelques années une étonnante salade d'estragon. Lorsque l'estragon est bien frais sur le marché, ou que votre jardin en regorge, pourquoi ne pas le servir en salade, avec les honneurs qui lui sont dus ? Quelques années plus tard, Passard extrapola de ce « méli-mélo d'estragon » une authentique salade de fines herbes mélangées, taillées en minuscules bouchées sur une petite assiette, en accompagnement. L'idée consiste naturellement à mélanger les herbes en les associant judicieusement. Ne prenez pas trop d'herbes à la fois car elles perdront leur personnalité. Une bonne combinaison de base réunit par exemple le persil, la menthe et l'estragon. Vous pouvez aussi imaginer une salade de menthe seule pour accompagner de l'agneau grillé, une salade d'estragon à servir avec du poulet grillé, une salade de sauge avec du rôti du porc. Parmi les herbes que vous pouvez ajouter dans la salade ci-dessous, prenez par exemple de l'hysope, de la coriandre, de la sauge, du cerfeuil et de la marjolaine. Mais, surtout, ne prenez que les feuilles, sans aucune tige.

POUR 4 À 6 PERSONNES

60 g de feuilles de persil plat
60 g de ciboulette émincée
60 g d'aneth effeuillé et haché
60 g de feuilles d'estragon
60 g de menthe fraîche effeuillée et hachée

1 c. à café de vinaigre de xérès
1 c. à café de vinaigre de vin rouge
sel de mer fin
1 c. à soupe d'huile d'olive extra-vierge
poivre noir du moulin

1. Avant de les hacher ou de les effeuiller, lavez les fines herbes séparément et épongez-les soigneusement.

2. Mélangez dans un grand saladier les deux vinaigres avec un peu de sel. Ajoutez l'huile en fouettant et poivrez. Goûtez et rectifiez l'assaisonnement. Réservez. Ajoutez toutes les fines herbes et remuez régulièrement pour bien enrober toutes les feuilles avec l'assaisonnement. Goûtez et rectifiez l'assaisonnement.

3. Servez en petites portions, pour accompagner du poulet rôti ou grillé ou du poisson poché.

VARIANTE : Cette salade assaisonnée peut également être disposée sur des tranches de pain grillées badigeonnées d'huile d'olive.

SALADE DE FANES
DE L'AMATEUR

S i l'on voulait faire un jeu de mots, on pourrait parler ici de « salade de fanes pour un fan de salade », car elle se réalise à partir de fanes de légumes tels que carottes, radis, navets, fenouil, céleri ou de feuilles de betteraves. Un soir, Joël Robuchon nous a servi une salade de toutes petites verdures mélangées, accompagnée de quelques fines lamelles de foie gras. C'était un vrai feu d'artifice de saveurs : l'amertume de la verdure entrait en accord parfait avec le gras du foie en créant un contraste idéal. Depuis ce jour, je garde précieusement dans mon réfrigérateur fanes et feuilles. Quand je pense que, pendant des années, je les ai jetées ! Cette recette est une simple suggestion. Vous pouvez utiliser toutes les fanes que vous trouverez. Il faut simplement les ciseler et les servir en très petites portions, en contrepoint d'aliments un peu riches ou gras. Essayez par exemple avec des foies de volaille ou de lapin sautés dans une poêle anti-adhésive, puis déglacés avec un trait de vinaigre de xérès. Pour avoir un contraste de couleurs, vous pouvez ajouter dans la verdure une très fine julienne de l'un des légumes lui-même. Mais, surtout, ne prenez que des fanes fraîches et luisantes (rien de flétri) et sans aucune tige.

POUR 6 PERSONNES

100 g de fanes (un mélange de carottes, radis, navets, fenouil, céleri et betterave)	*2 c. à soupe de vinaigrette* *sel de mer* *poivre noir du moulin*

Lavez les fanes des légumes et séchez-les soigneusement. Avec une paire de ciseaux de cuisine, ciselez-les en petits morceaux. Si nécessaire, essorez-les encore une fois. Mettez-les dans un grand saladier, ajoutez la vinaigrette et remuez-les pour bien les enrober. Goûtez et rectifiez l'assaisonnement.

SALADE DE ROQUETTE
AU PARMESAN

P endant tout l'hiver, la roquette est ma salade de prédilection. Elle résiste bien au froid et au vent, même à la neige lorsqu'elle tombe en Provence. Le dimanche, elle fait traditionnellement partie de notre déjeuner, une salade géante garnie d'olives noires et de fromage, avec des languettes croustillantes et salées de pancetta juste grillées. Si vous ne trouvez pas près de chez vous cette poitrine de porc roulée salée, assaisonnée de poivre noir, prenez de la poitrine de porc maigre ou du bacon de bonne qualité. Faites-le blanchir pendant une minute à l'eau bouillante, puis épongez-le à fond. Cette opération élimine le goût de fumé du bacon.

POUR 4 PERSONNES

1 c. à soupe de jus de citron fraîchement pressé
3 c. à soupe d'huile d'olive extra-vierge
poivre noir du moulin
75 g de pancetta taillée en fines lamelles

60 g de parmesan à la coupe
100 g de feuilles de roquette lavées et épongées
24 olives noires de qualité (de Nyons par exemple), dénoyautées
sel de mer

1. Préchauffez le gril du four.

2. Tapissez une tôle avec du papier d'aluminium (pour la nettoyer plus facilement ensuite). Rangez les lamelles de pancetta côte à côte sur la tôle ainsi garnie.

3. Glissez-la sur la grille du four à 7,5 cm du gril. Laissez griller pendant 2 à 3 minutes jusqu'à ce que les lamelles de pancetta soient dorées et grésillantes. Épongez-les sur une double épaisseur de papier absorbant, puis recoupez-les en petites portions. Réservez.

4. Mélangez dans un grand saladier le jus de citron et un peu de sel. Ajoutez l'huile et le poivre en fouettant. Rectifiez l'assaisonnement et réservez.

5. Avec un couteau économe, taillez le parmesan en fines languettes. Lorsque le morceau de fromage devient trop petit, râpez le reste et ajoutez-le dans le saladier. Réservez.

6. Ajoutez les feuilles de roquette dans le saladier et remuez-les intimement pour bien enrober toutes les feuilles. Rectifiez l'assaisonnement. Répartissez la salade sur quatre assiettes de service, garnissez d'olives, de parmesan et de pancetta grillée. Servez aussitôt.

SALADE DE BETTERAVES CRUES À L'AIL ET AUX FINES HERBES

B ien relevée d'ail avec une touche de fines herbes, cette salade d'été très colorée est parfaite pour une journée chaude. J'aime bien faire pousser des betteraves, elles rendent parfaitement et sont un composant idéal de beau potager. Ne prenez que de toutes jeunes betteraves bien fraîches – ou du moins les plus petites que vous pouvez trouver sur le marché – car elles sont plus sucrées et plus parfumées que les grosses. Proposez cette salade avec du poulet rôti froid ou comme élément d'un buffet.

POUR 4 PERSONNES

500 g de petites betteraves crues	*1 c. à soupe de moutarde de Dijon*
1 c. à soupe de fines herbes	*1 c. à soupe de vinaigre de vin rouge*
ciselées (persil, estragon,	*sel de mer fin*
cerfeuil et ciboulette)	*3 c. à soupe d'huile d'olive*
POUR LA VINAIGRETTE	*extra-vierge*
3 belles gousses d'ail pelée et émincées	*poivre noir du moulin*

1. Mélangez dans un grand saladier l'ail, la moutarde, le vinaigre et un peu de sel. Ajoutez l'huile en fouettant, poivrez, goûtez et rectifiez l'assaisonnement. Réservez.

2. Pelez les betteraves. Râpez-les finement, à l'aide d'une râpe à main ou d'un robot ménager. Mettez-les dans le saladier. Remuez pour bien mélanger. Ajoutez les fines herbes et remuez à nouveau. Goûtez et rectifiez l'assaisonnement. Servez.

LA BETTERAVE. On consomme surtout la racine, violet rouge, mais les feuilles, elles aussi, sont comestibles (voir la salade de fanes, page 49). En réalité, le contraste des textures et des saveurs entre les feuilles et la racine peut très bien servir de base à la composition d'un plat.
Si vous conservez des betteraves fraîches dans le réfrigérateur, séparez les fanes des racines avant de les emballer dans un film de plastique : les deux se conserveront plus longtemps.

SALADE ROUGE ET VERTE

J e ne connais pas de combinaison de couleurs plus appétissante
qu'un plat de légumes verts rehaussé de rouge, comme ici des haricots mélangés avec des petits dés de tomate. Les haricots verts cuits
juste croquants, à l'eau bouillante, puis plongés dans de l'eau froide
pour stopper la cuisson, sont parfaits pour un assaisonnement assez
relevé. Il suffit alors d'ajouter quelques pluches de coriandre à la dernière minute. L'aromate vient exciter les papilles d'une manière très
plaisante. Goûtez les haricots pendant la cuisson, car le temps exact
dépend de la taille et de la qualité des légumes.

POUR 4 PERSONNES

1 tomate moyenne assez ferme
30 g de gros sel de mer
500 g de haricots verts
extra-fins frais
4 c. à soupe de feuilles de coriandre
ciselées (ou de persil)

POUR LA VINAIGRETTE
1 c. à soupe de vinaigre de xérès
sel de mer
3 c. à soupe d'huile d'olive
extra-vierge
2 échalotes pelées et émincées

1. Environ une heure avant de servir la salade, préparez la sauce :
fouettez dans un bol le vinaigre avec une pincée de sel, réservez ; dans
un autre bol, mélangez l'huile et les échalotes. Laissez reposer pendant
une heure. Juste avant de servir, mélangez les deux préparations et
remuez intimement. Goûtez et rectifiez l'assaisonnement.

2. Pelez, épépinez et coupez la tomage en gros dés. Mettez-les dans
une passoire métallique, saupoudrez légèrement de gros sel et laissez
égoutter.

3. Versez 3 litres d'eau dans une marmite et portez à ébullition sur feu
vif.

4. Pendant ce temps, lavez les haricots et effilez-les, puis coupez-les
en tronçons de 2,5 cm de long. Réservez.

5. Préparez une grande terrine d'eau glacée.

6. Lorsque l'eau se met à bouillir, ajoutez 2 cuillerées à soupe de gros
sel, puis les haricots. Faites bouillir à découvert pendant environ
5 minutes (les haricots doivent être tendres mais encore croquants).
Égouttez-les aussitôt et plongez-les dans la bassine d'eau glacée pour
les refroidir aussi vite que possible. (Ils seront froids en 2 minutes au
maximum ; au-delà, ils vont perdre leur goût.) Égouttez-les dans une
passoire, puis épongez-les dans un gros torchon. (Vous pouvez faire
cuire les haricots 4 heures à l'avance et les conserver dans un torchon
au réfrigérateur.)

7. Pour finir, mélangez le vinaigre et l'huile aux échalotes, goûtez et rectifiez l'assaisonnement. Mettez les haricots dans un saladier, versez la sauce dessus et mélangez intimement. Ajoutez les dés de tomate et la coriandre, mélangez à nouveau. Goûtez et rectifiez l'assaisonnement. Servez aussitôt, en entrée ou pour accompagner un poisson, une viande ou une volaille.

LA CORIANDRE. Le terme de coriandre suscite parfois la confusion dans la mesure où l'on emploie en cuisine à la fois les graines et les feuilles fraîches, mais pas dans le même but. En outre, c'est un aromate qui connaît des appellations diverses : *cilantro* en espagnol, persil chinois dans la cuisine chinoise ou japonaise, et même persil arabe dans la cuisine moyen-orientale qui en fait grand cas.

Les graines ont une saveur assez douce et sont souvent utilisées dans les marinades, les conserves au vinaigre et les vinaigrettes, dans la fabrication de la chartreuse et pour parfumer certains fromages. Ces graines se marient également très bien avec les champignons, et entrent dans la composition de mélanges comme le curry et le *ras el hanout* (p. 262).

Les feuilles elles aussi possèdent un parfum prononcé qui tient de l'orange et de la sauge. Elles conviennent très bien pour aromatiser les salades et les soupes. Je n'utilise les pluches de coriandre qu'avec parcimonie et toujours seules. Les feuilles conservent leur parfum et leur couleur quand on les ajoute au dernier moment, juste avant de servir.

SALADE DE HARICOTS VERTS À LA CRÈME ET À L'ESTRAGON

Lorsque vient la saison des petits haricots verts bien frais, je pourrais en manger tous les jours. Parfois, j'en sers plusieurs soirs de suite, souvent avec une simple darne de saumon ou d'espadon grillé. J'aime bien le mariage de l'estragon frais, du citron et de la crème fraîche, trois ingrédients qui se trouvent parfaitement bien en compagnie de tendres haricots verts bien croquants.

POUR 4 À 6 PERSONNES

1 c. à soupe de jus de citron	*2 c. à soupe de gros sel de mer*
sel de mer selon le goût	*500 g de petits haricots verts tendres*
3 échalotes pelées et émincées	*4 c. à soupe de feuilles d'estragon*
3 c. à soupe de crème fraîche	*frais finement ciselées*

1. Versez 3 litres d'eau dans une marmite et portez à ébullition sur feu vif.

2. Pendant ce temps, dans un bol, mélangez en fouettant le jus de citron et une pincée de sel, ajoutez en fouettant les échalotes et la crème fraîche. Goûtez et rectifiez l'assaisonnement. Réservez.

3. Lavez les haricots et effilez-les. Coupez-les en tronçons de 2,5 cm de long.

4. Préparez une grande terrine d'eau glacée.

5. Lorsque l'eau se met à bouillir, ajoutez 2 cuillerées à soupe de gros sel, puis les haricots. Faites bouillir à découvert pendant 5 minutes jusqu'à ce que les haricots soient tendres mais encore croquants. (Le temps exact dépend de la taille et de la qualité des haricots.) Égouttez-les aussitôt et plongez-les dans la terrine d'eau glacée pour les refroidir aussi vite que possible. (Ils seront froids en 2 minutes au maximum ; au-delà ils vont perdre leur saveur.) Égouttez-les dans une passoire, puis épongez-les dans un gros torchon. (Vous pouvez faire cuire les haricots 4 heures à l'avance et les conserver dans un torchon au réfrigérateur.)

6. Si les haricots sont restés au réfrigérateur, ramenez-les à température ambiante avant de les servir. Goûtez l'assaisonnement et rectifiez-le éventuellement. Mettez les haricots verts dans un saladier, versez la sauce à la crème dessus et remuez pour mélanger intimement. Ajoutez l'estragon ciselé et mélangez encore une fois. Rectifiez l'assaisonnement et servez.

SALADE DE HARICOTS VERTS
SAUCE YAOURT AU CURRY

Voici l'une de mes recettes favorites pour pique-niquer à la maison. Pour un repas de printemps ou d'été en toute simplicité, rien n'égale un bel assortiment de salades de légumes avec un poulet rôti. Comme la force des poudres de curry varie très sensiblement d'une marque à l'autre, incorporez-la petit à petit en goûtant jusqu'à ce que l'assaisonnement vous plaise. J'aime bien ajouter une pincée d'estragon à la fin : le curry et l'estragon vont très bien ensemble.

POUR 4 À 6 PERSONNES

3 c. à soupe de yaourt nature au lait entier	2 c. à café environ de poudre de curry
1 c. à soupe de jus de citron	30 g de gros sel de mer
sel de mer fin	500 g de haricots verts bien tendres
3 c. à soupe de crème fraîche	2 c. à soupe de feuilles d'estragon frais finement ciselées (facultatif)

1. Mélangez dans un bol le yaourt, le jus de citron, le sel et la crème fraîche. Ajoutez peu à peu la poudre de curry en goûtant de temps en temps et en mélangeant bien après chaque ajout. Goûtez et rectifiez l'assaisonnement. Réservez.

2. Versez 3 litres d'eau dans une marmite et portez à ébullition sur feu vif.

3. Pendant ce temps, lavez les haricots et effilez-les. Coupez-les en tronçons de 2,5 cm de long.

4. Préparez une grande terrine d'eau glacée.

5. Lorsque l'eau se met à bouillir, ajoutez 2 cuillerées à soupe de gros sel et les haricots. Faites bouillir à découvert pendant 5 minutes jusqu'à ce que les haricots verts soient tendres mais encore croquants. (Le temps exact dépend de la taille et de la qualité des haricots verts.) Égouttez-les aussitôt et plongez-les dans la terrine d'eau glacée. (Ils vont se refroidir en 2 minutes au maximum ; au-delà ils commencent à perdre leur saveur.) Égouttez-les dans une passoire puis épongez-les dans un gros torchon. (Vous pouvez faire cuire les haricots à l'avance et les conserver dans un torchon au réfrigérateur.)

6. Si les haricots sortent du réfrigérateur, laissez-les revenir à température ambiante avant de les servir. Mettez-les dans un saladier, ajoutez la sauce et mélangez. Ajoutez éventuellement l'estragon ciselé. Mélangez à nouveau ; goûtez et rectifiez l'assaisonnement avant de servir.

SALADE DE CRESSON
AUX POIRES ET AU CITRON

L a poire et le cresson sont des partenaires heureux. Ils possèdent tous deux un certain croquant, mais la saveur délicate du fruit apaise ce que le cresson pourrait avoir de piquant ou de poivré. Pour qu'elles dégagent le maximum de parfum, les poires doivent être à température ambiante. Servez cette salade avec un assortiment de fromages bleus, par exemple du roquefort, de la fourme d'Ambert et du stilton anglais.

POUR 4 PERSONNES

1 c. à soupe de jus de citron
sel de mer fin
2 1/2 c. à soupe d'huile d'olive
extra-vierge
poivre noir du moulin

2 comices (ou autres poires d'hiver),
assez fermes, pelées, épépinées
et coupées en 16
1 petite botte de cresson lavé
et équeuté

1. Environ 30 minutes avant de servir, préparez la sauce et faites-y mariner les poires : dans un grand saladier, mettez le jus de citron et du sel, mélangez pour faire dissoudre, puis ajoutez peu à peu l'huile d'olive et mélangez, poivrez. Ajoutez les tranches de poires et remuez pour bien les enrober. Laissez mariner pendant une demi-heure.

2. Au moment de servir, ajoutez le cresson et mélangez intimement. Répartissez dans de grandes assiettes plates et servez avec l'assortiment de fromages.

Servez un vin blanc sec fruité et parfumé avec une
bonne acidité, comme un riesling,
parfait pour souligner le contraste entre
le sucré et le salé.

SALADE DE MÂCHE
AU ROQUEFORT,
AUX ENDIVES ET AUX NOIX

C ette salade est une variation chaleureuse et colorée sur le thème
traditionnel du trio endive, roquefort et noix. Je l'ai goûtée un
dimanche dans un restaurant où nous allons souvent, une sorte de
bistrot installé dans une vieille grange à l'Isle-sur-la-Sorgue, en Provence. J'aime bien la présence délicate de la mâche et de la crème
fraîche dans l'assaisonnement à la place de la vinaigrette traditionnelle.
Si vous ne trouvez pas de mâche, vous pouvez la remplacer par du
cresson.

POUR 4 PERSONNES

60 g de roquefort	2 belles endives
2 c. à soupe de crème fraîche	150 g de mâche
3 c. à soupe de jus de citron	ou de cresson
poivre noir du moulin	60 g de cerneaux de noix

1. Mélangez dans un grand saladier 1 cuillerée à soupe (15 g) de
roquefort à température ambiante, la crème fraîche et le jus de citron.
Goûtez et rectifiez l'assaisonnement. Réservez.

2. Passez les endives sous l'eau et épongez-les. Avec un petit couteau
pointu, retirez le cône amer à la base de chaque endive. Découpez
chaque endive en huit dans le sens de la longueur et mettez-les dans
le saladier. Lavez la mâche ou le cresson séparément, en renouvelant
l'eau plusieurs fois, pour bien éliminer le sable et les impuretés. Essorez
soigneusement. Ne gardez que les feuilles, jetez les tiges. Ajoutez-les
aux endives dans le saladier. Remuez pour bien enrober les feuilles de
sauce. Ajoutez les noix et le reste de roquefort émietté. Remuez à nouveau. Servez aussitôt en répartissant la salade dans de grandes assiettes.

SALADE DE CÉLERI
AU PARMESAN

P ar un jour pluvieux du mois d'octobre, dans la région du Piémont
en Italie, le chef Caesar Giaccone m'emmena avec un ami au *Bel-*
vedere, un petit restaurant animé du village de Serravalle Laghe. La
propriétaire, Laura Brusco, me proposa une version de cette salade
comme antipasto de bienvenue : un cœur de céleri bien frais rehaussé
de copeaux de véritable parmesan bien noiseté. J'aime préparer cette
salade avec une sauce légèrement citronnée et la servir bien froide en
entrée accompagnée de pain maison fraîchement grillé.

POUR 4 PERSONNES

2 c. à soupe de jus de citron	*poivre noir du moulin*
sel de mer fin	*1 bol de cœurs de céleri taillés*
4 c. à soupe d'huile d'olive	*en dés, avec les feuilles*
extra-vierge	*environ 12 copeaux de parmesan*

Mélangez dans un bol en fouettant le jus de citron et le sel. Incorporez
l'huile en fouettant et poivrez. Goûtez et rectifiez l'assaisonnement.
Ajoutez les dés de céleri. Mélangez pour bien les enrober de sauce.
Couvrez et mettez au réfrigérateur pendant au moins 2 heures pour
permettre au céleri d'absorber les saveurs de la sauce. Remuez de
temps en temps. Pour servir, répartissez la salade sur de petites
assiettes, donnez quelques tours de moulin à poivre, garnissez de
copeaux de parmesan et servez.

SALADE D'ENDIVES
AUX POIRES, ROQUEFORT, NOIX ET CIBOULETTE

A partir d'une recette traditionnelle du centre de la France, voici une version sophistiquée, un classique de la cuisine de bistrot. J'ai ajouté la poire pour une touche de douceur dans la saveur et la texture. Le fruit sert aussi de contraste avec le salé des noix et du fromage, le croquant de l'endive. La ciboulette apporte une autre dimension, un peu de piquant qui réveille les papilles. Cette salade peut servir de repas à elle toute seule ; rapide et facile à préparer, elle est appréciée par tous les amateurs de salades. Vous pouvez remplacer l'endive par de la romaine, taillée en biais.

POUR 4 PERSONNES

1 c. à soupe de jus de citron
sel de mer fin
4 c. à soupe d'huile de noix
poivre noir du moulin
1 poire ferme et mûre (seckel ou comice), pelée, épépinée et coupée en 16

60 g de cerneaux de noix grillés
4 endives parées et effeuillées
75 g de roquefort
3 c. à soupe de ciboulette finement ciselée

Mélangez en fouettant dans un grand saladier le jus de citron et le sel. Incorporez l'huile en fouettant et poivrez. Goûtez et rectifiez l'assaisonnement. Ajoutez les lamelles de poire et mélangez délicatement pour les enrober de sauce. Ajoutez les endives, le roquefort, les cerneaux et la ciboulette. Remuez encore pour que les ingrédients soient bien enrobés de sauce. Poivrez à nouveau et répartissez dans de grandes assiettes.

CONSEIL : Si vous faites pousser de la ciboulette dans votre jardin ou sur le rebord de votre fenêtre, veillez à la couper régulièrement. Elle repoussera plus vite et plus dru. Si je sais que je vais partir pour quelques semaines, je la coupe très ras et je suis sûre de retrouver une belle ciboulette bien verte et fraîche à mon retour.

SALADE DE POIS CHICHES À LA SARRIETTE DE DANIEL

Daniel Combe est notre vigneron, mais il nous fournit également en pois chiches qu'il fait pousser pour nourrir son cochon, avec lequel il confectionne des pâtés et des saucisses extraordinaires. Parfois, lorsque je reviens chez moi, je trouve devant la porte un sac de pois chiches frais. Voici une recette très simple pour préparer ces pois savoureux et noisetés, qui donnent une salade aussi délicieuse froide en été que chaude en hiver.

Quelques conseils : achetez des pois chiches secs dans un magasin qui a un bon débit, ils seront ainsi plus frais et plus parfumés. Ne les salez qu'à mi-cuisson. Si vous ajoutez un acide ou un sel minéral – donc du sel de cuisine – en début de cuisson, ils resteront durs et ne cuiront pas complètement. Si vous habitez dans une région où l'eau est très minéralisée, dure et calcaire, utilisez de préférence de l'eau filtrée ou déminéralisée pour faire cuire les pois chiches. Certains ajoutent une pincée de bicarbonate de soude pour les empêcher de durcir, mais je vous conseille d'en ajouter uniquement dans l'eau de trempage, sinon vous allez altérer le goût des pois. Par ailleurs, émincez l'ail aussi finement que possible, pour qu'il puisse fondre dans la sauce.

Servez cette salade pour un grand buffet d'été, ou comme garniture en hiver pour accompagner une volaille rôtie.

POUR 8 À 10 PERSONNES

250 g de pois chiches secs	POUR LA VINAIGRETTE
1 bouquet garni (sarriette d'été,	1 c. à soupe de vinaigre de vin rouge
thym, 1 feuille de laurier)	1 c. à soupe de vinaigre de xérès
lié en bottillon	sel de mer fin
6 belles gousses d'ail	6 c. à soupe d'huile d'olive extra-vierge
2 c. à soupe d'huile d'olive extra-vierge	poivre noir du moulin
2 à 3 litres d'eau froide	1 c. à café de sarriette
2 c. à café de sel de mer fin	fraîche ou séchée

1. Rincez et égouttez les pois chiches. Mettez-les dans une grande terrine, couvrez-les d'eau bouillante et laissez reposer pendant 1 heure. (Ce trempage permet de réhydrater les pois qui ont perdu leur eau de végétation pendant le séchage.)

2. Dans une grande casserole à fond épais, mettez l'huile d'olive, l'ail finement émincé et le bouquet garni, mélangez, couvrez. Faites cuire sur feu modéré pendant 2 minutes jusqu'à ce que l'ail devienne tendre et dégage son parfum. Ne laissez pas roussir. Ajoutez les pois chiches, mélangez, puis faites cuire pendant 1 minute. Versez 2 litres d'eau et mélangez. Couvrez et portez à ébullition sur feu modéré. Laissez frémir pendant 1 heure. Salez. Poursuivez la cuisson pendant encore 1 heure à petits frémissements jusqu'à ce que les pois soient tendres. Remuez de temps en temps pour qu'ils n'attachent pas dans le fond. Rajoutez un peu d'eau si nécessaire. (Le temps de cuisson varie selon le degré de fraîcheur des pois.)

3. Pendant la cuisson, préparez la vinaigrette. Mélangez dans un bol les deux vinaigres et du sel, fouettez, puis incorporez l'huile en fouettant encore. Ajoutez la sarriette et du poivre. Réservez.

4. Lorsque les pois sont cuits, retirez la casserole du feu et égouttez. Retirez le bouquet garni. Versez les pois dans un grand saladier. Ajoutez la vinaigrette pendant qu'ils sont encore chauds et mélangez. Goûtez et rectifiez l'assaisonnement. Servez chaud ou à température ambiante. (Vous pouvez préparer cette salade 2 à 3 jours à l'avance, mais servez-la à température ambiante. Remuez-la à nouveau et rectifiez l'assaisonnement avant de servir.)

SALADE DE BŒUF
DU SAMEDI

Lorsque je prévois une côte de bœuf pour un repas de la semaine, j'en garde toujours un reste pour cette salade d'hiver, rituelle chez nous le samedi midi. Les morceaux de viande sont enrobés d'une sauce bien relevée à base de raifort, de moutarde et de cornichons, le tout accompagné de pommes de terre juste cuites à la vapeur.

POUR 4 PERSONNES

20 petits cornichons au vinaigre, finement émincés
1 c. à café de moutarde de Dijon
2 c. à café de raifort
sel fin et poivre noir du moulin
250 g de côte de bœuf à cuisson « bleue », coupée en petits morceaux

1 petit oignon rouge coupé en rondelles
2 c. à soupe de vinaigre de vin rouge
6 c. à soupe d'huile d'olive extra-vierge
750 g de petites pommes de terre (Ratte ou Charlotte)
12 feuilles de romaine taillées en morceaux

1. Mettez les cornichons, la moutarde et le raifort dans un grand saladier, mélangez intimement. Salez et poivrez. Ajoutez la viande ; mélangez à nouveau. Réservez.

2. Mettez dans un autre grand saladier l'oignon, le vinaigre et le sel, mélangez pour faire dissoudre le sel. Ajoutez l'huile en fouettant, poivrez et goûtez pour rectifier l'assaisonnement. Réservez environ 2 cuillerées à soupe de cette vinaigrette pour la romaine.

3. Brossez les pommes de terre (ne les laissez pas tremper). Versez 1 litre d'eau dans le fond d'une casserole à vapeur, faites chauffer, posez les pommes de terre dans le panier de cuisson, couvrez et faites-les cuire à la vapeur pendant 20 à 30 minutes.

4. Pelez les pommes de terre aussitôt cuites et mettez-les chaudes dans la vinaigrette. Mélangez pour bien les enrober. Goûtez et rectifiez l'assaisonnement.

5. Ajoutez la viande et mélangez de nouveau. Laissez reposer pendant 1 heure pour que les saveurs se fondent. Avant de servir, assaisonnez la romaine avec la vinaigrette, répartissez-la sur quatre grandes assiettes de service et ajoutez dessus les pommes de terre au bœuf. (Celles-ci peuvent se conserver dans une boîte hermétique au réfrigérateur pendant 2 à 3 jours.)

Servez un jeune beaujolais bien fruité.
Mon cru préféré : le Saint-Amour.

SALADE DU FROMAGER

Au cœur de l'Auvergne, on trouve encore des bergers qui vivent et travaillent dans les burons, ces petites maisons de pierres grises où leur activité essentielle consiste à fabriquer rituellement un fromage rustique à pâte pressée que l'on appelle le salers. Un jour où j'étais allée rendre visite au fromager Raymond Dutrery, il y a de cela quelques années, nous avons partagé quelques tranches de ce fromage fruité à la pâte souple dont la saveur est tout imprégnée de la flore des montagnes. Nous avons parlé du genre de cuisine que M. Dutrery prépare dans son humble buron. Pour la salade, il m'expliqua qu'il assaisonnait sa verdure avec de la crème fraîche, très friand de la manière dont celle-ci enrobe les feuilles. Il fait d'abord macérer des échalotes dans du vinaigre de vin rouge, puis il ajoute les feuilles de salade et ensuite la crème fraîche. Le résultat est relevé, vif et un peu piquant. Cette salade accompagne merveilleusement les fromages à pâte pressée comme le cantal, le salers mais aussi le cheddar.

POUR 4 PERSONNES

2 échalotes finement ciselées	*1 salade croquante (feuille de chêne,*
1 c. à soupe de vinaigre de vin rouge	*lollo rosso ou scarole)*
sel de mer fin	*3 c. à soupe de crème fraîche épaisse*

Dans un grand saladier, mettez les échalotes et le vinaigre, mélangez et laissez reposer pendant au moins 15 minutes (jusqu'à 4 heures) pour que les échalotes ramollissent. Au moment de servir, ajoutez les feuilles de salade, remuez pour bien les enrober de vinaigre à l'échalote, salez. Ajoutez ensuite la crème, cuillerée par cuillerée, en remuant délicatement. Goûtez et rectifiez l'assaisonnement. Servez sur de grandes assiettes avec le plateau de fromages.

SALADE DE ROQUETTE
À L'ARTICHAUT,
JAMBON CRU ET PARMESAN

C ette salade réunit avec brio quatre de mes ingrédient favoris : l'artichaut, la roquette, le jambon cru et le parmesan. C'est un quatuor de saveurs denses et de textures différentes, un plat qui parle tout simplement de bonne santé et de bons moments. J'en ai goûté une version plus sophistiquée, disposée en couches superposées, dans un restaurant italien de Paris, mais je préfère cette interprétation moins apprêtée.

POUR 4 PERSONNES

1 c. à soupe de jus de citron	*1 gros artichaut*
sel de mer	*75 g de jambon cru, taillé en bâtonnets*
3 c. à soupe d'huile d'olive extra-vierge	*60 g de parmesan à la coupe*
poivre noir du moulin	*100 g de feuilles de roquette*

1. Versez le jus de citron dans un grand saladier, ajoutez un peu de sel et fouettez. Incorporez en fouettant l'huile d'olive, poivrez, goûtez et rectifiez l'assaisonnement. Réservez.

2. Préparez l'artichaut : cassez-en la queue (comme vous le feriez pour la tige d'une asperge) à 2,5 cm de la base environ. Parez soigneusement la base et retirez les fibres coriaces de l'extérieur, en laissant le fond intact. Coupez le haut des feuilles au quart. Pliez en arrière les feuilles du bas, une par une, en les laissant casser naturellement à la base. Continuez à les casser ainsi jusqu'à ce que vous arriviez aux feuilles du cœur, jaunes avec la pointe vert pâle. Parez le haut de ce cône de feuilles juste sous les pointes vertes. Éliminez les zones vert foncé de la base. Coupez l'artichaut en deux dans la hauteur. Avec une cuiller à pamplemousse ou une cuiller parisienne, grattez et jetez le foin. Posez le demi-artichaut à plat face coupée contre la planche et débitez-le en minces lamelles. Faites de même avec l'autre moitié. Mettez ces lamelles dans la vinaigrette et remuez.

3. Avez un économe, débitez, directement dans le saladier, le parmesan en fins copeaux. (Lorsque le morceau de fromage devient trop petit, râpez-le et ajoutez-le dans le saladier.) Mélangez. Ajoutez les bâtonnets de jambon et mélangez à nouveau. Ajoutez les feuilles de roquette, remuez intimement. Donnez plusieurs tours de moulin à poivre et goûtez pour rectifier l'assaisonnement. Servez aussitôt dans de grandes assiettes.

CONSEILS : Lorsque vous devez préparer des artichauts frais, ne coupez pas la queue, mais cassez-la. Posez l'artichaut sur une planche à découper, prenez la tige dans votre main et cassez-la d'un seul geste contre le bord de la table. En même temps que la queue, vous retirez les filaments durs et fibreux qui peuvent donner à l'artichaut une texture coriace.

L'artichaut est riche en vitamines A, B1, B2 et C, mais aussi en potassium, calcium, phosphore et fer. Il a un goût excellent et bien d'autres qualités, mais un défaut : il ne se conserve pas bien. Cuisinez-le par conséquent dès que vous l'avez acheté. Si vous voulez le garder un peu avant de l'utiliser, pelez la queue avec un économe et placez ensuite l'artichaut dans un vase ou un cruchon avec de l'eau, comme une fleur qu'il est d'ailleurs, puisqu'il fait partie de la famille des chardons. L'eau sera ainsi absorbée par la queue, ce qui empêchera l'artichaut de se dessécher trop rapidement.

3

SOUPES

Dans toutes les cuisines du monde, la soupe est le plat le plus convivial qui puisse exister. Rien ne peut remplacer la chaleur communicative d'une soupière fumante placée au milieu de la table. C'est le symbole de la famille et de l'amitié. Quand il fait chaud, les soupes froides (aux petits pois ou à la tomate et au basilic) réveillent l'appétit en apaisant l'ardeur du soleil. Quand il fait froid, une bonne assiette de soupe à l'artichaut, au parmesan et à la truffe noire est une merveille de saveur et de bonheur. Les soupes servies en plat principal sont idéales quand on est assez nombreux. Elles sont devenues rituelles chez nous, car il n'est pas rare que nous ayons quinze ou vingt personnes à table. Au fil des saisons, le parfum du fenouil, du safran, de l'anis ou de la tomate s'échappe de ma cuisine lorsque je prépare une bonne bouillabaisse de lotte, un pistou (il y en a un pour l'hiver et un autre pour l'été) ou une soupe de légumes.

BOUILLABAISSE DE LOTTE À L'AÏOLI

J'ai imaginé cette soupe à l'accent ensoleillé un jour d'été, lorsque la marchande de poissons du village, Éliane Berenger, me proposa une lotte bien dodue et toute luisante, qui venait d'être pêchée. Les morceaux charnus et parfumés de la lotte sont noyés dans un bouillon à la tomate relevé de fenouil et de safran, d'ail et de zeste d'orange. L'aïoli ajoute sa touche de parfum et d'onctuosité à cette version moderne de la bouillabaisse classique.

POUR 4 À 6 PERSONNES

1 kg de lotte extra-fraîche
(ou tout autre poisson blanc
à chair ferme)
3 c. à soupe d'huile d'olive
extra-vierge
1 tête d'ail, gousses séparées et pelées
1 c. à café de graines de fenouil
1 bouquet garni
(persil plat, céleri, 1 feuille
de laurier, thym)
en bottillon
2 c. à café de sel de mer
2 c. à soupe de concentré de tomate
2 c. à soupe de pastis

400 g de tomates entières au naturel
en boîte
6 grosses tomates mûres
1 1/2 litre d'eau
1/4 de c. à café de poivre
de Cayenne (facultatif)
4 petits bulbes de fenouil (750 g),
parés et coupés en quatre dans
la longueur, puis retaillés
en petits morceaux
1 pincée de filaments de safran
le zeste râpé d'une orange
3 c. à soupe de vert de fenouil haché
1 aïoli (p. 268)

1. Avec un couteau à lever les filets, découpez la membrane qui enveloppe le poisson. Incisez le long de l'arête centrale pour dégager le filet d'un côté, puis répétez la même opération de l'autre côté. Détaillez ensuite les filets de lotte en escalopes de 7,5 cm (ou demandez au poissonnier de faire cette opération pour vous). Mettez les escalopes de poisson sur une grande assiette, couvrez-les et mettez-les dans le réfrigérateur. Cassez l'arête en plusieurs morceaux.

2. Faites chauffer l'huile sur feu modéré dans une grande marmite à fond épais. Ajoutez les gousses d'ail, les graines de fenouil, le bouquet garni, le sel et l'arête de poisson. Faites suer doucement en remuant pendant 8 à 10 minutes sans laisser colorer, pour obtenir un fond de soupe condensé et parfumé. Ajoutez le concentré de tomate, le pastis, les tomates en boîte, les tomates fraîches pelées et coupées en quartiers, l'eau et le poivre de Cayenne (facultatif). Couvrez et portez à ébullition sur feu vif. Baissez le feu et laissez ensuite mijoter pendant 45 minutes. Retirez le bouquet garni et l'arête de poisson. Avec un mixer plongeant, réduisez rapidement le contenu de la marmite en

purée. (Vous pouvez aussi passer la soupe au moulin à légumes et la remettre ensuite dans la marmite). Goûtez et rectifiez l'assaisonnement. Ajoutez les bulbes de fenouil, couvrez et laissez mijoter pendant 15 à 20 minutes jusqu'à ce qu'ils soient bien tendres. (Vous pouvez préparer la soupe jusqu'à ce stade plusieurs heures à l'avance, puis la réchauffer au moment d'y ajouter le poisson.)

3. Au moment de servir, faites à nouveau chauffer la soupe jusqu'à ce qu'elle se mette à frémir. Ajoutez le safran et les escalopes de lotte. Laissez pocher doucement pendant 3 à 4 minutes, puis goûtez et rectifiez l'assaisonnement.

4. Pour servir, répartissez le poisson et le fenouil dans des assiettes creuses chauffées, puis ajoutez la soupe. Parsemez de zeste d'orange et de vert de fenouil. Proposez l'aïoli en même temps pour que les convives en ajoutent une cuillerée dans la soupe. Servez également du pain légèrement grillé.

Choisissez un vin blanc riche et élégant, comme le châteauneuf-du-pape blanc de Beaucastel.

LE PISTOU D'ÉTÉ

Notre anniversaire de mariage tombe au début du mois de septembre, l'époque où nos bons amis Rita et Yale Kramer viennent nous rendre visite chaque année en Provence. Inévitablement, ils insistent pour préparer le festin d'anniversaire, et, inévitablement, Yale passe fièrement toute la journée à faire des courses et à cuisiner. Ce pistou, qui est sa spécialité, est aussi l'un de mes plats favoris, tant à cuisiner qu'à déguster. C'est le plat idéal pour faire aimer les légumes aux enfants. En outre, si vous mangez dehors, sachez que les guêpes ne s'y intéressent guère, ce qui est un avantage énorme par rapport à bien d'autres plats ! Il existe autant de recettes de pistou que de cuisiniers et de cuisinières pour le préparer, et je suis très à cheval sur ma propre version. Il faut beaucoup de carottes pour la couleur, un mélange de plusieurs haricots en grains, des poireaux, beaucoup d'ail et plein de haricots verts. Quant aux pâtes, elles ne doivent pas s'imposer et rester discrètes. Ma recette diffère d'autres formules plus traditionnelles, car je fais suer les légumes à l'huile d'olive au préalable, pour renforcer à la fois la couleur et la saveur. Enfin, j'utilise pour la sauce un mélange de parmesan et de gruyère râpé, ce qui augmente encore la gamme des saveurs de ce plat d'été par excellence.

POUR 8 À 10 PERSONNES

POUR LES HARICOTS
3 c. à soupe d'huile d'olive
extra-vierge
3 gousses d'ail pelées et émincées
500 g de petits haricots blancs frais
à écosser, ou 250 g de petits haricots
blancs secs (voir note)
500 g de haricots rouges frais
à écosser, ou 250 g de haricots
rouges secs (voir note p. 74)
1 bouquet garni (laurier et brins de
sarriette frais, thym) en bottillon
sel fin
poivre noir du moulin
POUR LA SOUPE
8 c. à soupe d'huile d'olive
extra-vierge
2 poireaux moyens émincés
2 oignons moyens grossièrement
hachés

10 gousses d'ail pelées et coupées
en quatre dans la longueur
4 carottes moyennes coupées
en demi-lunes
500 g de pommes de terre pelées
et taillées en cubes
1 bouquet garni (laurier et brins
de sarriette frais, thym) en bottillon
250 g de courgettes coupées
en demi-lunes
250 g de tomates pelées, épépinées
et concassées
250 g de haricots verts parés
et tronçonnés
sel de mer
100 g de très petits macaroni
(conchigliette)
1/4 de litre de pistou (p. 270)
125 g de parmesan fraîchement râpé
125 g de gruyère râpé

1. Préparez les haricots : mettez l'huile, l'ail et le bouquet garni dans une grande casserole à fond épais. Mélangez, faites cuire sur feu moyen pendant 2 minutes jusqu'à ce que l'ail dégage son parfum. Ne laissez pas colorer. Ajoutez les haricots et mélangez pour les enrober d'huile, laissez cuire pendant encore 1 minute, puis versez 1 litre d'eau et mélangez. Couvrez, portez à ébullition sur feu modéré et faites mijoter pendant 5 minutes pour des haricots frais, 30 minutes pour des haricots secs. Salez légèrement. Poursuivez la cuisson pendant encore 5 minutes pour des haricots frais, 30 minutes pour des haricots secs. Rajoutez de l'eau si nécessaire. Goûtez et rectifiez l'assaisonnement.

2. Pendant ce temps, prenez une grande marmite de 10 litres, mettez-y l'huile, les poireaux, les oignons et l'ail, faites suer sur feu doux en remuant de temps en temps pendant 2 à 3 minutes sans laisser colorer. Ajoutez les carottes, les pommes de terre et le bouquet garni. Laissez cuire sur feu moyen en remuant régulièrement pendant 10 minutes. Cette opération donne une jolie couleur à la soupe et relève sa saveur finale. Retirez le bouquet garni des haricots et jetez-le. Ajoutez les haricots et leur eau de cuisson dans la marmite des légumes. Ajoutez ensuite les courgettes, les tomates et les haricots verts, ainsi que 2 litres d'eau froide. Faites cuire doucement à découvert pendant une vingtaine de minutes jusqu'à ce que les haricots soient tendres. (Le temps de cuisson varie selon leur degré de fraîcheur. Ajoutez encore un peu d'eau si la soupe est trop épaisse.) Ajoutez enfin les pâtes et laissez mijoter une dizaine de minutes supplémentaires jusqu'à ce qu'elles soient cuites. Retirez le bouquet garni. Incorporez en remuant la moitié du pistou et la moitié du fromage.

3. Servez la soupe très chaude en proposant en même temps le reste de pistou et les deux fromages séparément. Chacun en met à son gré dans son assiette.

Choisissez un rosé de Provence, comme le plaisant bandol du Domaine Tempier.

NOTE : Si vous utilisez des haricots secs, rincez-les bien et triez-les avant de les faire cuire. Mettez les haricots dans un grand saladier, versez de l'eau bouillante dessus et laissez-les reposer pendant 1 heure. Égouttez-les et jetez l'eau. Ils sont prêts à la cuisson comme indiqué dans l'étape 1.

SOUPE DE TOMATE FROIDE AU BASILIC

Lorsque les marchés et les jardins débordent littéralement de tomates, c'est le moment idéal pour préparer cette soupe facile, rapide et savoureuse. Les variations sur ce thème sont illimitées. Au moment de servir, ajoutez par exemple une persillade, un mélange de persil plat et d'ail finement hachés, qui va rehausser la saveur de la soupe, froide ou chaude. La garniture traditionnelle du gaspacho – petits dés de concombre, croûtons, dés de poivron vert et rouge – est également une possibilité. Si vous aimez une soupe assez épaisse, servie froide ou chaude, faites-la réchauffer en y faisant cuire une poignée de vermicelle cheveux d'ange. Pour accentuer la couleur, l'oignon n'est pas pelé.

POUR 4 À 6 PERSONNES

1 oignon coupé en deux
2 clous de girofle
4 gousses d'ail pelées et coupées en quatre
1 kilo de tomates mûres et fermes
2 c. à café de sel
1 branche de céleri émincée

1 c. à soupe d'huile d'olive extra-vierge
50 cl d'eau ou de bouillon de légumes
2 branches de thym frais
2 feuilles de laurier fraîches
4 c. à soupe de basilic frais émincé
crème fraîche (facultatif)

Enfoncez un clou de girofle dans chaque demi-oignon et mettez-les dans une marmite. Coupez les tomates en quartiers et ajoutez-les, ainsi que le céleri, le sel, l'huile, l'eau ou le bouillon, le laurier et le thym. Portez à ébullition sur feu vif, baissez le feu et laissez mijoter pendant 20 minutes sans couvrir. Retirez les oignons et jetez-les, ainsi que le thym et le laurier. Passez la soupe au moulin à légumes et mettez-la dans une soupière. Goûtez et rectifiez l'assaisonnement. Vous pouvez servir la soupe froide ou chaude, parsemée de basilic frais. Si vous aimez une soupe plus riche, incorporez plusieurs cuillerées à soupe de crème fraîche ou quelques gouttes d'huile d'olive extra-vierge.

POTAGE GLACÉ DE
PETITS POIS À LA MENTHE

A la seule vue de ce potage vert vif rehaussé d'une touche rafraî-
chissante de menthe, idéal pour une journée de bel été chaud car
il est servi glacé, on se sent tout de suite revivifié. Le secret pour
conserver la couleur bien verte des petits pois est de les blanchir puis
de les rafraîchir aussitôt. L'ajout de menthe dans l'eau de blanchiment
permet d'obtenir une saveur agréablement poivrée.

POUR 4 PERSONNES

2 kilos de petits pois frais (750 g
de petits pois frais écossés)
quelques feuilles de menthe fraîche
1/4 de litre de bouillon de volaille
ou de légumes

sel de mer fin
1 c. à soupe de sucre
10 c. à soupe de crème fraîche épaisse
4 c. à soupe de feuilles de menthe
ciselées pour la garniture

1. Préparez une grande terrine d'eau glacée.

2. Faites bouillir 3 litres d'eau dans une grande marmite. Ajoutez 1 1/2
cuillerée à soupe de sel, les feuilles de menthe et les petits pois. Faites-
les blanchir pendant 10 minutes, jusqu'à ce qu'ils soient juste tendres.

3. Plongez les petits pois aussitôt dans l'eau glacée pour les rafraîchir
aussi vite que possible. Retirez la menthe. (Les petits pois seront refroidis en 2 minutes au maximum ; ne les laissez pas plus longtemps, ils
perdraient leur goût.) Égouttez-les à fond.

4. Mettez les petits pois, le sucre et le bouillon dans le bol mélangeur
du mixer et réduisez le tout en purée. Ajoutez la crème fraîche et mixez
à nouveau. Passez ensuite cette purée au moulin à légumes, grosse
lame. La soupe est assez épaisse, avec la consistance d'une purée de
pois cassés. Goûtez et rectifiez l'assaisonnement. Versez-la dans une
terrine et mettez-la au réfrigérateur pendant au moins 2 heures. Pour
servir, répartissez la soupe dans des assiettes creuses et saupoudrez de
menthe ciselée.

SOUPE À L'OSEILLE

Un été, alors que je voyageais en Allemagne, j'ai eu l'occasion de goûter plusieurs fois de la soupe à l'oseille (dont j'adore vraiment le goût), et j'ai été frappée de voir qu'elle était toujours d'un beau vert vif appétissant. Or l'un des problèmes les plus courants quand on cuisine l'oseille, c'est qu'elle devient rapidement terne. C'est le chef Dieter Müller qui m'a livré son secret : mélangez d'abord l'oseille avec le beurre, puis ajoutez-la seulement à la fin du temps de cuisson. Même lorsque la soupe a reposé pendant un petit moment, elle reste bien verte. J'adore cette soupe chaude ou froide.

POUR 4 À 6 PERSONNES

90 g de feuilles d'oseille	2 c. à soupe d'huile d'olive
45 g de beurre	extra-vierge
180 g de pommes de terre taillées	1 litre de bouillon de volaille
en dés	ou de légumes
1/2 oignon pelé et émincé	sel de mer fin
25 cl de crème fraîche	poivre blanc du moulin

1. Lavez et séchez l'oseille. Faites réchauffer le beurre à température ambiante.

2. Dans un robot ménager, réduisez en purée l'oseille et le beurre. Mettez cette purée dans un bol, couvrez et placez au réfrigérateur jusqu'au moment de l'emploi.

3. Dans une grande casserole, faites chauffer l'huile, ajoutez l'oignon et faites-le suer pendant 3 à 4 minutes, ajoutez les pommes de terre et faites-les dorer sans trop les faire cuire sur feu doux pendant 10 à 15 minutes.

4. Versez le bouillon sur les pommes de terre et laissez mijoter pendant 20 minutes. Incorporez la crème fraîche. Avec un mixer plongeant, réduisez la soupe en purée directement dans la casserole. (Vous pouvez aussi la passer au moulin à légumes ou la réduire en purée dans un robot, puis la remettre dans la casserole.) Les pommes de terre donnent du corps et de l'épaisseur à la soupe, sans ôter le goût de l'oseille. Rectifiez l'assaisonnement. Juste avant de servir, incorporez le beurre d'oseille en fouettant rapidement pour réaliser un mélange homogène. Goûtez et rectifiez l'assaisonnement. Servez dans des assiettes creuses chaudes.

NOTE : Le cresson peut remplacer l'oseille. Ce sera une autre soupe, mais tout aussi délicieuse.

SOUPE D'ARTICHAUTS
AU PARMESAN
ET À LA TRUFFE

C'est chez Guy Savoy à Paris que j'ai goûté il y a déjà quelques années, un soir de février, cette délicieuse soupe d'hiver. Elle faisait partie d'un magnifique repas. Je n'avais rien goûté d'aussi bon depuis des mois. La recette que je donne ici est une version ménagère, la truffe est donc facultative. Je n'en mets que pour un jour de fête. Je préfère utiliser des artichauts frais. J'ai essayé avec des artichauts en conserve, mais le goût est plus fade. Néanmoins, avec des fonds d'artichauts surgelés on obtient un résultat tout à fait correct.

POUR 4 PERSONNES

4 c. à soupe d'huile d'olive extra-vierge	25 cl de vin blanc (chardonnay par exemple)
sel de mer fin	75 cl de bouillon de volaille
2 échalotes pelées et émincées	60 g de parmesan à la coupe
4 artichauts frais ou 500 g de cœurs d'artichauts surgelés	1 c. à soupe de beurre
	1 truffe fraîche émincée (facultatif)

1. Versez 2 cuillerées à soupe d'huile dans une grande casserole inoxydable, ajoutez une pincée de sel et les échalotes, mélangez et faites cuire sur feu modéré pendant 2 à 3 minutes, sans les laisser roussir. Ajoutez les artichauts (les artichauts congelés doivent être préalablement décongelés à température ambiante) et mélangez. Versez le reste d'huile et faites cuire à découvert environ 2 minutes jusqu'à ce que les artichauts soient tendres et imprégnés d'huile. Ajoutez le vin en le répartissant sur tout le fond de la casserole, réglez le feu pour obtenir un léger frémissement et laissez cuire à découvert pendant 7 minutes (à partir du moment où le vin se met à frémir), jusqu'à ce que presque tout le liquide se soit évaporé. Le vin non seulement ajoute une touche d'acidité agréable dans la soupe, mais il empêche les artichauts de noircir. Ajoutez le bouillon et faites frémir. Couvrez et laissez mijoter pendant encore 20 minutes jusqu'à ce que les artichauts soient tendres et les saveurs bien mélangées. Goûtez et rectifiez l'assaisonnement.

2. Retirez la casserole du feu. Avec un mixer plongeur, réduisez la soupe en purée directement dans la casserole. Posez un moulin à légumes sur une terrine et passez-y la purée obtenue. (N'omettez pas cette étape, car même après la cuisson et la réduction en purée, il reste encore des fibres dans la préparation.) Remettez la soupe dans la casserole. Elle doit avoir la consistance d'une purée liquide, avec une agréable teinte vert doré. (Vous pouvez préparer la soupe jusqu'à ce point plusieurs jours à l'avance et la réchauffer au moment de servir.)

3. En vous servant d'un couteau économe, prélevez de longs copeaux de parmesan et mettez-les dans un bol. Lorsque le morceau de fromage devient trop petit, râpez-le et ajoutez-le dans le bol. Réservez.

4. Pour servir, faites réchauffer la soupe et incorporez le beurre en fouettant, pour obtenir une texture plus brillante et plus lisse. Répartissez la soupe brûlante dans des soupières individuelles et disposez sur le dessus les copeaux de parmesan et les lamelles de truffe. Si la préparation est faite correctement, les copeaux restent délicatement posés à la surface de la soupe. Servez aussitôt.

PRÉPARATION DES ARTICHAUTS : Remplissez une bassine d'eau froide. Coupez un citron en deux et pressez le jus dans l'eau, ajoutez également les demi-citrons. Cassez la tige de chaque artichaut avec vos mains. Repliez les feuilles dures de l'extérieur, une par une, et cassez-les à la base. Continuez à casser toutes les feuilles jusqu'au moment où vous arrivez au cône de feuilles jaunes du centre, avec la pointe vert pâle. Coupez le haut de ce cône de feuilles, juste sous les pointes vertes. Grattez les parties vert foncé sur le fond. Comme vous n'avez pas besoin d'une préparation absolument parfaite des fonds pour cette soupe, vous pouvez tailler les artichauts en plusieurs morceaux dans la hauteur, pour retirer le foin plus facilement. Avec une petite cuiller, éliminez le foin. Émincez l'artichaut et mettez-le dans l'eau citronnée au fur et à mesure. Préparez les trois autres artichauts de la même façon.

LE PISTOU D'HIVER

Comme une symphonie de couleurs, de senteurs et de saveurs hivernales, cette soupe joue sur le mode chaleureux. Le potiron et les carottes donnent une note colorée, les haricots une note dense, tandis que les navets ajoutent un éclat plus percutant, un peu comme des coups de cymbale dans un orchestre. Avec une touche de pistou comme en été, ou d'aïoli, c'est la soupe que je prépare le dimanche, quand on passe la journée à la maison, avec un bon feu dans la cheminée.

POUR 6 À 8 PERSONNES

250 g de petits haricots blancs secs
250 g de haricots rouges secs
8 c. à soupe d'huile d'olive extra-vierge
1 bouquet garni (laurier frais, brins de sarriette, thym)
2 poireaux moyens lavés et émincés
2 oignons moyens pelés et taillés en demi-rondelles
1 tête d'ail, gousses pelées et coupées en quatre dans la hauteur
sel de mer

500 g de potiron coupé en dés
4 carottes moyennes taillées en demi-lunes
500 g de pommes de terre coupées en dés
250 g de navets coupés en dés
400 g de tomates entières au naturel
60 g de petites pâtes ou de vermicelle
25 cl de pistou (p. 270) ou d'aïoli (p. 268)
125 g de parmesan ou de gruyère râpé

1. Lavez les haricots blancs et rouges, triez-les pour éliminer les graviers éventuels. Mettez-les dans une bassine, couvrez-les d'eau bouillante et laissez-les reposer pendant 1 heure. Égouttez-les et jetez l'eau.

2. Dans une grande marmite de 10 litres, mettez l'huile, le bouquet garni, les poireaux, les oignons, l'ail et 1 cuillerée à café de sel. Faites suer sur feu moyen en remuant régulièrement pendant environ 10 minutes. Ajoutez les haricots égouttés, mélangez et faites cuire pendant 2 minutes. Ajoutez ensuite le potiron, les carottes, les pommes de terre, les navets et les tomates ; mélangez et poursuivez la cuisson pendant 5 minutes. Ajoutez 5 litres d'eau, salez et faites mijoter tranquillement à découvert pendant 1 h 30 à 2 heures jusqu'à ce que les haricots soient tendres. Goûtez pour rectifier l'assaisonnement. Ajoutez les pâtes et faites bouillir encore pendant 10 minutes. Rectifiez l'assaisonnement.

3. Servez la soupe bien chaude, avec le pistou (ou l'aïoli) et le fromage râpé à part.

Un rosé de Provence. Mon préféré : le bandol du Domaine Tempier.

SOUPE AU FENOUIL
CARAMÉLISÉ

J' avais en tête de réaliser une soupe au fenouil. Mon fenouil étant en train d'étuver tranquillement sur la cuisinière, je décidai d'aller au jardin cueillir quelques fines herbes. Lorsque je revins dans la cuisine, je m'aperçus que le fenouil avait caramélisé dans l'huile, en donnant une soupe mémorable, au parfum unique, que je réalise désormais tout exprès. Cette saveur particulière me rappelle le goût de la réglisse que j'adorais enfant.

POUR 4 PERSONNES

1 kilo de bulbes de fenouil parés et émincés
6 c. à soupe d'huile d'olive extra-vierge
sel de mer fin

1 litre de bouillon de légumes ou de volaille
1 bouquet garni (romarin frais, persil, laurier, thym) en bottillon

1. Mettez les fenouils et l'huile dans une grande marmite à fond épais. Couvrez et faites suer sur feu doux pendant 10 minutes. Remuez le fenouil de temps en temps pour l'empêcher d'attacher dans le fond. Surveillez-le pour l'empêcher de brûler, car sinon la soupe deviendrait amère.

2. Après environ 10 minutes, retirez le couvercle et laissez le fenouil continuer à cuire sur feu doux. Peu à peu, les morceaux commencent à dorer et à caraméliser. Ajoutez le bouquet garni et le bouillon, faites mijoter à couvert pendant 30 minutes.

3. Retirez le bouquet garni et jetez-le. Avec un mixer plongeant, réduisez la soupe en purée directement dans la marmite. (Vous pouvez aussi passer la soupe au moulin à légumes en plusieurs fois, ou la réduire en purée à l'aide d'un robot ménager, puis la remettre dans la marmite.) La soupe doit avoir une consistance crémeuse, sans être totalement lisse. Goûtez et rectifiez l'assaisonnement. Servez très chaud dans des assiettes creuses.

CONSEIL : Parer un bulbe de fenouil en retirant la peau extérieure est une opération fastidieuse mais dont le résultat vaut largement le coup. Utilisez un couteau économe qui ne retirera que la pellicule extérieure sans entamer la chair.

SOUPE DE POULET
AU CITRON

L orsque j'étais jeune mariée dans les années soixante, j'aimais beaucoup préparer une recette de soupe grecque au citron qui porte le nom d'*avgolemono* (un bouillon de volaille enrichi de riz, épaissi avec des jaunes d'œufs et relevé de jus de citron). Récemment, j'ai eu envie de refaire cette recette et je l'ai modifiée en créant une soupe apparentée à la fois à l'*avgolemono* grec et à la *stracciatella* italienne. Cette délicieuse soupe chaude se prépare rapidement et sans difficulté. Elle est épaissie par le riz et les jaunes d'œufs, tandis que le jus de citron fait ressortir la saveur fraîche et délicate de la volaille. Malgré sa simplicité, elle convient pour un repas élégant. On peut la varier à l'infini. Parfois j'utilise du bouillon de légumes et je remplace le poulet par des champignons. Assaisonnez-la au dernier moment avec vos fines herbes préférées : estragon et citronnelle sont parfaits avec le poulet ou les champignons. Cette soupe est également délicieuse le lendemain.

POUR 4 PERSONNES

1 1/2 litre de bouillon de volaille	*3 c. à soupe de jus de citron*
ou de légumes	*3 gros jaunes d'œufs*
100 g de riz blanc à grains ronds	*60 g de parmesan râpé*
sel de mer	*noix de muscade râpée*
1 blanc de poulet sans la peau, taillé	*poivre blanc du moulin*
en bâtonnets	*persil plat pour la garniture*

1. Versez le bouillon dans une grande marmite et portez à ébullition sur feu vif. Baissez le feu, ajoutez le riz et salez, laissez mijoter à couvert pendant 5 minutes. Ajoutez le blanc de poulet et continuez la cuisson sur feu doux pendant encore 5 minutes. Goûtez et rectifiez l'assaisonnement. (Vous pouvez préparer la soupe jusqu'à ce stade plusieurs heures à l'avance.)

2. Mélangez dans un grand bol le jus de citron et les jaunes d'œufs en fouettant. Ajoutez la moitié du fromage et fouettez encore. Réservez.

3. Au moment de servir, ajoutez une louche de potage chaud sur le mélange aux jaunes d'œufs et fouettez pour mélanger. Versez la préparation obtenue dans la marmite et fouettez rapidement pour mélanger. Ajouter un peu de noix de muscade râpée et du poivre, goûtez et rectifiez l'assaisonnement. Servez dans des assiettes chaudes en ajoutant en garniture le reste de parmesan et le persil.

SOUPE AUX « AULX »

A il, oignons, échalotes, poireaux envahissent mon jardin et ma cuisine pratiquement toute l'année. En automne, je plante des échalotes et des petits oignons dont je profite au printemps. En été, je plante des poireaux pour l'automne. La ciboulette pousse tout le temps. Il est clair que cette recette est née de l'envie de faire quelque chose de spécial avec tous ces légumes de la même famille. Une assiette de cette soupe est un vrai concentré de vitamines.

POUR 6 À 8 PERSONNES

6 poireaux émincés	4 c. à soupe d'huile d'olive extra-vierge
sel de mer fin	1 bouquet garni (persil plat,
3 litres d'eau	estragon, laurier, céleri) en bottillon
2 oignons moyens	750 g de pommes de terre taillées
6 échalotes pelées et fendues en deux	en dés
1 tête d'ail, gousses pelées et fendues en deux	fines herbes fraîches pour la garniture

1. Parez et lavez les poireaux. Rincez-les abondamment. Émincez finement le blanc et la partie verte la plus tendre. Réservez.

2. Préparez le bouillon de légumes : mettez le vert de poireau dans une grande marmite, ajoutez une pincée de sel et 3 litres d'eau. Portez à ébullition sur feu vif, couvrez, baissez le feu et laissez mijoter pendant 15 minutes.

3. Pendant ce temps pelez et coupez les oignons en deux dans la hauteur. Posez chaque demi-oignon à plat contre une planche et émincez-le finement.

4. Dans une grande marmite, mélangez les poireaux, les oignons, les échalotes, le bouquet garni, l'ail et l'huile d'olive, salez. Faites suer sur feu modéré à découvert pendant 10 minutes jusqu'à ce que les légumes soient ramollis.

5. Passez le bouillon de vert de poireau et versez-le sur les légumes. Ajoutez les pommes de terre. Couvrez et portez à ébullition. Laissez mijoter sur feu modéré pendant environ 1 heure, jusqu'à ce que les ingrédients soient bien fondus ensemble et que les parfums soient mélangés. Avec un mixer plongeant, réduisez la soupe en purée directement dans la marmite. (Vous pouvez aussi utiliser un moulin à légumes ou un robot équipé d'une grosse lame, puis remettre la purée obtenue dans la marmite.) Répartissez la soupe dans des assiettes creuses chaudes et garnissez de fines herbes fraîches, de préférence un mélange d'estragon et de ciboulette, ou un mélange d'estragon, ciboulette et persil ou cerfeuil.

4

LÉGUMES

Des légumes, encore des légumes, toujours des légumes ! Servez-les soit en garniture, soit en plat principal.

Prenez-les comme ingrédients secondaires ou comme grands premiers rôles. Ils sont un symbole de fertilité et de bonheur. Servez-les chauds ou froids, arrosez-les d'huile d'olive et farcissez-les d'ail, faites-les griller ou rôtir, braiser ou sauter. Dans mon potager, sur le sol aride de Provence, je fais pousser de tendres petits artichauts violets, des tomates bien juteuses mûries au soleil, des aubergines luisantes, des bulbes de fenouil au parfum d'anis, de gros cocos blancs fondants, des petits pois tout frais et des fèves. Les préparations de légumes peuvent être faciles et rapides, comme les artichauts et les champignons grillés, ou lentes et patientes comme les tomates confites ou les échalotes rôties. Ce sont parfois aussi des recettes élaborées à servir en plat principal, comme les lasagnes de céleri ou le gratin d'aubergines de M. Henny. Les pommes de terre sont à l'honneur avec les gratins, les pommes sautées simplement relevées de sel, d'huile et de fines herbes, réduites en purée avec de l'huile d'olive et du parmesan, voire frites ou rôties.

ARTICHAUTS GRILLÉS
COMME À BARCELONE

D es artichauts au petit déjeuner ? Pourquoi pas ! Surtout si vous venez de passer un bon moment au marché couvert de Barcelone et que vous faites halte au *Bar Pinocchio* ; avec votre *espresso* brûlant, prenez une assiette d'artichauts émincés et grillés, des langoustines extra-fraîches et quelques beignets sucrés et fondants. Ce plat d'artichaut peut se servir en hors-d'œuvre ou faire office de garniture, notamment avec du poisson rôti ou grillé qu'il accompagne particulièrement bien.

POUR 4 PERSONNES

1 c. à soupe de jus de citron	*2 gousses d'ail pelées et émincées*
sel de mer fin	*4 artichauts moyens, ou 8 petits*
3 c. à soupe d'huile d'olive	*artichauts, ou 500 g de cœurs*
extra-vierge	*surgelés émincés*

1. Dans un grand saladier bas, fouettez ensemble le jus de citron et le sel. Ajoutez l'huile et l'ail en fouettant, goûtez et rectifiez l'assaisonnement. Réservez. Préparez les artichauts (note p. 81).

2. Égouttez soigneusement les lamelles. Mettez-les dans le saladier et remuez-les pour bien les enrober du mélange huile-jus de citron-ail. (Vous pouvez faire cette opération 2 heures à l'avance.) Laissez mariner à découvert à température ambiante.

3. Préchauffez le gril du four. Étalez les tranches d'artichauts sur une seule couche sur la plaque à pâtisserie. Placez-la dans le four à 12,5 cm de la rampe de chaleur. Faites griller 2 à 3 minutes jusqu'à ce que les artichauts soient dorés et grésillants. (Vous pouvez aussi les faire griller sur un gril à gaz ou électrique, ou des braises de charbon de bois.) Mettez les artichauts grillés dans un plat creux et remuez-les. Rectifiez l'assaisonnement et servez.

VARIANTE : Vous pouvez aussi faire sauter les artichauts dans une poêle en utilisant le mélange huile d'olive-jus de citron-ail comme matière grasse. Lorsqu'ils sont cuits, mélangez-les avec du parmesan fraîchement râpé et quelques feuilles de persil plat finement ciselées.

MA RATATOUILLE RAPIDE

M a ratatouille se cuisine en un tournemain et conserve néanmoins toutes les qualités d'une authentique ratatouille préparée dans les règles de l'art. Même lorsque j'en cuisine une quantité monumentale, elle disparaît en un clin d'œil. Elle est aussi bonne chaude que froide, servie comme légumes ou comme condiment avec des pâtes. Assurez-vous simplement que vous achetez des courgettes bien fraîches, jeunes et fermes, qui viennent tout droit du jardin. Les vieilles courgettes ridées et pleines de graines n'ont pas leur place ici. En ajoutant un petit trait de vinaigre à la fin, on lui donne un petit goût vif particulièrement agréable lorsque la ratatouille est servie bien froide quand il fait très chaud.

POUR 6 À 8 PERSONNES

4 c. à soupe d'huile d'olive extra-vierge	*3 gousses d'ail émincées*
	1 kilo de tomates (roma)
10 petites courgettes (1 kilo environ)	*2 c. à soupe de concentré de tomate*
2 c. à café de feuilles de thym frais	*2 c. à café de bon vinaigre*
sel de mer fin	*de vin rouge*

1. Faites chauffer l'huile sur feu modéré dans un grand poêlon jusqu'à ce qu'elle soit brûlante, mais sans qu'elle fume. Ajoutez les courgettes finement émincées et la moitié du thym ; faites sauter en secouant le poêlon de temps en temps, pendant environ 5 minutes, jusqu'à ce que les courgettes commencent à dorer légèrement. (Évitez d'en mettre trop à la fois dans le poêlon.)

2. Ajoutez le sel et l'ail, poursuivez la cuisson pendant encore 2 à 3 minutes, jusqu'à ce que l'ail colore légèrement. Ajoutez ensuite les tomates pelées, épépinées et concassées, le concentré de tomate et le vinaigre. Toujours sur feu modéré, poursuivez la cuisson à découvert jusqu'à ce que les ingrédients soient fondus ensemble et que le jus de cuisson soit bien réduit (environ 10 minutes). Ajoutez enfin le reste de thym. Goûtez pour rectifier l'assaisonnement si nécessaire. Servez chaud ou froid.

RAGOÛT D'ARTICHAUTS
AU BASILIC

V oici un plat d'automne que je prépare souvent avec des artichauts de fin de saison et le dernier beau bouquet de basilic du jardin. En mouillant avec du vin blanc (côtes-du-rhône, riesling, aligoté, chenin par exemple) au lieu de bouillon, on retrouve l'acidité du jus de citron et la saveur naturellement piquante de l'artichaut, ce qui en fait un plat très digeste. On peut également utiliser ce ragoût en accompagnement de pâtes fraîches (il n'en faut que 250 g).

POUR 4 À 6 PERSONNES

1/2 litre de vin blanc sec	*sel de mer*
4 gros artichauts, ou 8 petits, ou	*2 tomates mûres et fermes*
500 g de fonds d'artichauts surgelés	*8 c. à soupe d'huile d'olive*
1 tasse à thé de persil plat	*extra-vierge*
8 gousses d'ail	*4 c. à soupe de basilic frais*

1. Versez le vin dans une casserole de 3 litres et portez à ébullition sur grand feu. Laissez bouillir vivement pour faire évaporer l'alcool, pendant 8 minutes, jusqu'à ce que l'odeur d'alcool soit évaporée.

2. Avec un grand couteau de cuisine, hachez ensemble le persil et l'ail ; salez. Versez ce mélange dans une casserole à fond épais. Ajoutez les tomates pelées, épépinées et concassées, l'huile et le vin. Égouttez soigneusement les artichauts préalablement émincés (voir note p. 81) et ajoutez-les dans la casserole. Couvrez et portez à la limite de l'ébullition sur feu modéré. Baissez le feu, couvrez et faites mijoter très doucement (30 à 45 minutes pour des artichauts frais, 10 à 15 minutes pour les artichauts congelés) jusqu'à ce qu'ils n'offrent plus de résistance quand on les pique avec la pointe d'un couteau. Incorporez le basilic finement ciselé. Goûtez pour apprécier l'assaisonnement.

3. Pour une entrée ou une garniture de légumes, répartissez le ragoût dans des assiettes creuses chaudes en nappant les artichauts de sauce. Servez avec beaucoup de pain frais pour saucer le jus délicieux. (Vous pouvez aussi mélanger le ragoût avec 250 g de pâtes fraîches, des linguine par exemple, en utilisant le jus comme sauce. Servez ce plat de pâtes sans fromage.)

Servez un vin blanc identique
à celui utilisé pour la cuisson.

TOMATES RÔTIES
À LA PROVENÇALE

De toutes les recettes de mon répertoire, ce sont ces tomates, rôties dans le four à pain, qui remportent toujours le plus vif succès. Le secret consiste à bien saisir les tomates dans la poêle avant de les faire rôtir. À mon avis, les tomates ovales – celles qui conviennent pour la sauce tomate – sont ici idéales, car elles sont en général peu juteuses et ont un parfum plus marqué que les variétés rondes. Je déglace le plat avec du vinaigre maison, parfois avec un vinaigre pimenté.

POUR 8 PERSONNES

un plat à four ovale assez grand pour contenir
toutes les tomates sur une seule couche
(environ 25 × 41 cm)

4 c. à soupe d'huile d'olive extra-vierge	*4 c. à soupe de vinaigre de vin rouge*
12 tomates ovales	*de bonne qualité ou de vinaigre*
un mélange de fines herbes (persil,	*pimenté*
estragon, basilic, romarin)	*sel de mer*

1. Préchauffez le four à 200 °C (thermostat 6/7). Coupez les tomates en deux dans le sens de la longueur.

2. Faites chauffer l'huile sur feu modéré dans une très grande sauteuse. Quand elle est chaude, rangez-y autant de tomates que vous pouvez sans trop les serrer, face coupée contre le fond. (S'il y en a trop, elles vont cuire dans leur jus et ne seront pas saisies.) Faites cuire sans remuer, pendant 3 à 4 minutes, jusqu'à ce que les tomates soient presque caramélisées. Disposez-les ensuite dans le plat à four, face cuite sur le dessus, en les faisant se chevaucher légèrement, car elles vont réduire en cuisant. Salez légèrement. Déglacez la poêle avec le vinaigre et versez le jus sur les tomates. Parsemez-les de fines herbes mélangées.

3. Placez le plat dans le four à mi-hauteur et faites rôtir à découvert pendant 30 minutes environ jusqu'à ce que les tomates soient bien tendres, un peu noircies sur les bords. Servez brûlant, chaud ou à température ambiante.

VARIANTE : Cette recette permet de nombreuses variantes. Pour obtenir un plat plus copieux, vous pouvez napper les tomates de pistou (p. 270) et saupoudrer le tout de parmesan avant de glisser le plat au four.

LE GRATIN DE TOMATES
ET D'AUBERGINES
DE M. HENNY

C'était un jour de semaine juste avant Pâques et j'étais en train de bavarder avec M. Henny, le boucher. En me servant un gigot, il me proposa une portion de gratin d'aubergines à la tomate de son rayon « traiteur ». Ce fut une révélation : ce n'étaient que des petites aubergines coupées en deux, rangées côte à côte dans un plat à gratin, arrosées d'huile d'olive, saupoudrées de fines herbes fraîches et garnies de demi-tomates. Une cuisson prolongée dans un four chaud, et voilà le résultat : un merveilleux gratin de légumes caramélisé, plein des riches saveurs de la ratatouille. Lorsque ce plat sort du four tout grésillant et parfumé, vous avez l'impression d'une préparation très difficile. En réalité, il ne prend pas plus de trois ou quatre minutes montre en main. Les possibilités qu'il offre sont innombrables : je lui ajoute ma touche personnelle avec un peu de parmesan râpé, qui permet de lier le jus rendu par les légumes et donne au plat un peu plus de consistance. S'il y a des restes, utilisez-les en les nappant de sauce tomate, avec quelques fines herbes et encore un peu de parmesan. Le plat est meilleur avec des mini-aubergines de 150 g chacune environ.

POUR 4 À 6 PERSONNES

un plat à gratin de 2 litres

2 c. à soupe d'huile d'olive extra-vierge
3 aubergines de 150 g chacune ou 450 g d'aubergines plus grosses
une pincée d'origan séché
sel de mer fin

3 c. à soupe d'un mélange de fines herbes (romarin, sauge, thym, basilic par exemple)
1 kilo de tomates coupées en deux dans la largeur
60 g de parmesan râpé

1. Préchauffez le four à 230 ˚C (thermostat 9).

2. Versez 1 cuillerée à soupe d'huile dans le fond du plat à gratin. Si les aubergines sont petites, coupez-les en deux dans la longueur ; si elles sont grosses, coupez-les en quatre. Rangez-les dans le plat, peau dessous en une seule couche. Entaillez légèrement la pulpe avec un couteau pointu, salez et parsemez-les de fines herbes et d'origan. Saupoudrez la moitié du fromage. Posez ensuite dessus les demi-tomates, face coupée dessous, en une seule couche. Badigeonnez la peau des tomates avec le reste d'huile et saupoudrez-les avec le reste de fromage.

3. Mettez le plat dans le four à mi-hauteur et faites cuire pendant 1 heure jusqu'à ce que les légumes soient tendres et se brisent presque.

La peau des tomates doit être presque noire, le jus doit être épais, presque caramélisé. Servez le gratin chaud ou à température ambiante, comme garniture ou plat principal. Aidez-vous d'une spatule pour servir en petites portions.

> L'idéal serait ici un vin rouge assez vif
> comme le chianti, un côtes-du-rhône
> ou un zinfandel de Californie.

L'AUBERGINE. Pour choisir de bonnes aubergines, soupesez-les : les meilleures sont fermes et lourdes. Prenez de préférence les plus petites (grosses elles ne sont plus assez tendres et renferment davantage de graines qui les rendent plus amères). Inutile de les peler : leur peau fait partie de leur attrait et de leur saveur. N'oubliez pas que la chair est capable d'absorber de grandes quantités d'huile, d'eau ou autre liquide. C'est pourquoi je trouve que la cuisson au four est la meilleure façon d'éviter de les noyer dans la matière grasse. Cette cuisson permet aussi de leur faire rendre leur jus de végétation sans risque de dessèchement. Pour qu'elles soient encore plus moelleuses et savoureuses, arrosez-les régulièrement pendant la cuisson.

TOMATES CONFITES

R ien ne vaut la saveur de la tomate mûre, et rien ne peut restituer
l'essence même de la tomate comme cette réduction parfaite. C'est
une variante de la célèbre recette de « confit de tomates » d'Alain
Ducasse, où les tomates sont cuites au four pendant des heures à chaleur très douce jusqu'à ce que toute l'eau de végétation se soit évaporée, ce qui donne des tomates à la saveur dense, riche et légèrement
acide. J'en suis venue à préférer les tomates confites aux tomates
séchées. Elles peuvent métamorphoser le plat le plus modeste. Veillez
surtout à régler le four sur la chaleur la plus basse pour que les tomates
puissent en réalité fondre plutôt que cuire. Les amateurs d'ail n'hési-
teront pas à ajouter quelques gousses finement émincées sur les
tomates avant de les glisser dans le four. J'emploie ces tomates confites
dans des salades, des sandwiches, avec des pâtes, bref, chaque fois
que je veux une saveur bien franche et dense de tomate.

POUR 2 TASSES DE TOMATES (50 CL)

1 kilo de tomates mûres mais fermes	*1 c. à café de thym frais*
2 c. à soupe d'huile d'olive	*1 pincée de sucre*
sel de mer fin et poivre noir du moulin	*4 gousses d'ail émincées*

1. Préchauffez le four le plus doux possible, à 90 °C environ
(thermostat 1).

2. Coupez les tomates en quartiers. Retirez les graines. Tapissez deux
plaques de four avec du papier d'aluminium et arrosez-les légèrement
d'huile d'olive. Disposez les tomates côte à côte, saupoudrez-les légèrement de sel, de poivre et de sucre, puis de thym. Posez l'ail émincé
par-dessus. Rajoutez quelques gouttes d'huile.

3. Enfournez les plaques et laissez cuire pendant environ 1 heure.
Retournez les tomates et arrosez-les avec leur jus. Faites les cuire
encore 1 heure. Elles doivent réduire de moitié environ, sans dessécher
ni se fractionner.

4. Sortez les plaques du four et laissez refroidir complètement. Mettez
ensuite les tomates dans un bocal, couvrez-les de leur jus de cuisson
et d'huile. Fermez hermétiquement le bocal et gardez au réfrigérateur.
Les tomates confites se conservent une quinzaine de jours. Utilisez-les
dans des salades, pour garnir des sandwiches ou avec des pâtes.

CHAMPIGNONS GRILLÉS

Lorsque vient le mois d'octobre, le sol de nos bois de pins se couvre de douzaines de variétés de champignons sauvages. Tout le monde dans le village semble connaître « le » coin où poussent les meilleures girolles, les lactaires délicieux les plus rouges, les bolets les plus charnus. Tout le monde, sauf Walter et moi. Nous y avons passé des heures sans dénicher le moindre champignon. Fatigués d'entendre dire que nos bois étaient vraiment les meilleurs coins à champignons de la région, nous avons organisé des petits groupes de cueillette, avec comme récompense finale un bon repas.

L'une de nos méthodes préférées pour cuisiner les champignons est de les faire griller. Avec une nuance cependant : les champignons sont d'abord grillés, puis sautés, ce qui les rend parfaitement moelleux et parfumés, sans jamais être secs. C'est Benoît Guichard qui m'a appris cette technique.

POUR 4 PERSONNES

500 g de champignons charnus,	*sel de mer et poivre noir du moulin*
lavés et parés	*1 c. à café de feuilles de thym frais*
2 c. à soupe d'huile d'olive extra-vierge	*60 g de beurre*

1. Taillez chaque champignon en fines lamelles (environ 2,5 mm). Badigeonnez-les de chaque côté avec de l'huile, salez, poivrez et saupoudrez de thym.

2. Préchauffez le gril (à gaz, électrique ou en fonte), ou préparez un feu de braises au charbon de bois (il est prêt lorsque les braises sont luisantes et recouvertes de cendres).

3. Déposez les tranches de champignons sur le gril pendant 1 minute, en appuyant fermement dessus avec une tôle pour que les barreaux du gril s'impriment dans la chair. Sans retourner les champignons, déplacez-les de manière à les faire griller pendant encore 1 minute, toujours en appuyant dessus, en imprimant les barreaux du gril à angle droit. Vous obtenez ainsi un quadrillage décoratif. Retournez les lamelles et faites-les griller de la même façon de l'autre côté, pendant également 2 minutes.

4. Faites chauffer le beurre dans un grand poêlon sur feu modéré. Ajoutez les champignons grillés en plusieurs couches superposées, soigneusement disposées, saupoudrez de thym et poursuivez la cuisson à couvert pendant encore 5 minutes jusqu'à ce qu'ils soient bien tendres. Ne retournez pas les champignons durant la cuisson, mais arrosez-les régulièrement avec le jus.

Servez par exemple un vin blanc d'Arbois léger et fruité.

LASAGNE DE CÉLERI

L a vie est parfois bizarre. Je me trouvais à New York en train de cuisiner pour la télévision plusieurs recettes de mon livre *Cuisine de Bistrot*. L'émission était consacrée aux gratins de pommes de terre, et j'avais choisi une recette que je n'avais pas préparée depuis un certain temps. J'avais complètement oublié à quel point j'aimais cette combinaison un peu relevée de gratin fondant, avec une touche de tomate, de crème et de fromage. Je n'ai pas attendu de revenir chez moi à Paris pour imaginer un nouveau gratin en utilisant du céleri-rave. Le jour même de mon retour à Paris, je dînais à *l'Ambroisie*, ce merveilleux restaurant où le chef Bernard Pacaud avait préparé des « lasagne » de céleri-rave détaillé en fines lamelles, superposées de truffes, de foie gras et de champignons sauvages. Je choisis pour ma part d'en revenir au mélange tomate-crème fraîche de mon premier gratin, mais en remplaçant le gruyère par du parmesan.

POUR 6 À 8 PERSONNES

un plat à gratin de 2 litres

1 1/2 kilo environ de céleri-rave	20 cl de crème fraîche épaisse
2 c. à soupe de jus de citron	beurre pour le plat
sel de mer	120 g de parmesan
1/2 litre de sauce tomate (p. 272)	fraîchement râpé

1. Préchauffez le four à 200 °C (thermostat 6/7).

2. Pelez le céleri-rave et coupez-le en deux pour le manipuler plus facilement. À l'aide d'une mandoline ou d'un robot électrique, détaillez-le en fines lamelles.

3. Faites bouillir 6 litres d'eau dans une gande marmite. Ajoutez le jus de citron, 3 cuillerées à soupe de sel et les lamelles de céleri. Remuez pour les empêcher de coller. Faites cuire pendant 7 minutes jusqu'à ce que le céleri soit tendre mais encore un peu ferme. Égouttez-les en pressant pour éliminer le maximum d'eau.

4. Pendant ce temps, mélangez dans une casserole moyenne la sauce tomate et la crème fraîche. Faites chauffer sur feu doux. Goûtez. Rectifiez l'assaisonnement si nécessaire.

5. Beurrez le plat à gratin. Étalez dans le fond le tiers des lamelles de céleri, recouvrez-les du tiers de sauce, puis du tiers du parmesan. Répétez la même opération deux fois jusqu'à épuisement des ingrédients. Laissez tiédir avant d'enfourner.

6. Mettez le plat dans le four à mi-hauteur et faites cuire pendant 40 minutes (il doit être bien doré). Servez aussitôt.

GRATIN DE
FENOUILS BRAISÉS

Un plat qui sort tout grésillant du four avec une belle couche de fromage gratiné sur le dessus ne peut qu'éveiller mon appétit ! Et comme le fenouil fait partie de mes légumes préférés, personne n'a besoin de me pousser beaucoup pour préparer ce gratin. Vous pouvez faire presque tout le travail à l'avance : le fenouil est légèrement coloré, puis braisé avec un peu de bouillon, il est ensuite égoutté et mis à gratiner à la dernière minute sous le gril du four. Bien d'autres légumes peuvent être cuisinés de la même façon : céleri, carotte, chou-fleur ou chou.

POUR 4 À 6 PERSONNES

1 kilo de fenouil
6 c. à soupe d'huile d'olive extra-vierge
sel de mer

3/4 de litre de bouillon de légumes
ou de volaille
60 g de parmesan fraîchement râpé

1. Parez les fenouils et coupez-les en quatre.

2. Faites chauffer l'huile dans une grande sauteuse sur feu moyen. Quand elle est bien chaude, avant qu'elle ne fume, ajoutez les fenouils et salez, laissez suer à découvert sur feu modéré pendant environ 5 minutes jusqu'à ce qu'ils commencent à dorer légèrement. Versez alors le bouillon, couvrez et laissez mijoter doucement pendant 30 minutes jusqu'à ce que les fenouils soient presque fondants. S'il reste du bouillon dans la sauteuse, retirez les fenouils et faites réduire le liquide sur feu vif jusqu'à un volume de quelques cuillerées de jus assez épais. Goûtez et rectifiez l'assaisonnement. (Vous pouvez préparer les fenouils jusqu'à ce moment et les garder à couvert à température ambiante.)

3. Quelques instants avant de servir, préchauffez le gril.

4. Rangez les tranches de fenouil sur une seule couche dans un grand plat à gratin. Saupoudrez de fromage. Mettez le plat sous le gril, à 8 cm de la source de chaleur. Faites gratiner jusqu'à ce que le fromage fonde et dégage son parfum, pendant 1 à 2 minutes. Le plat doit grésiller. Servez aussitôt, comme garniture de légume, en particulier avec un poulet rôti, du porc ou du poisson grillé.

UN TRUC : Ne jetez pas le feuillage délicat et aérien qui surmonte les bulbes de fenouil. Vous pouvez le ciseler et le mélanger avec une salade verte ou l'utiliser comme aromate sur le dessus de ce gratin, au moment où il sort du four.

GRATIN DE CÉLERI
AU PARMESAN

J' ai parfois l'impression que je suis la seule à chanter haut et fort les louanges du céleri. En Provence, dans mon jardin, un endroit spécial est réservé à la culture du céleri-branche. Dans cette recette, le céleri-branche joue le premier rôle dans un gratin simple et rafraîchissant.

POUR 6 À 8 PERSONNES

un plat à gratin de 1 litre

beurre pour le plat
6 tasses de cœurs de céleri
taillés en dés, avec les feuilles

sel de mer et poivre noir du moulin
6 c. à soupe de crème fraîche épaisse
90 g de parmesan fraîchement râpé

1. Préchauffez le gril du four.

2. Beurrez largement le plat à gratin.

3. Faites bouillir 6 litres d'eau dans une grande marmite et ajoutez 3 cuillerées à soupe de sel et le céleri émincé lorsque l'eau bout à gros bouillons. Laissez cuire pendant 7 minutes environ jusqu'à ce qu'il soit tendre mais encore un peu ferme. Égouttez-le à fond.

4. Mélangez le céleri et la crème fraîche dans le plat à gratin et lissez le dessus avec le dos d'une cuiller. Poivrez largement et saupoudrez de parmesan.

5. Mettez le plat dans le four à 12,5 cm du gril environ et faites cuire pendant 2 à 3 minutes jusqu'à ce que le fromage soit fondu et doré. Servez aussitôt.

RAGOÛT DE LÉGUMES DE JUIN

Un beau matin de juin, sur mon marché en Provence, je fus réellement frappée par le choix extraordinaire de légumes frais et par la beauté du spectacle qu'ils formaient. Je les voulais tous. Et c'est ainsi que j'eus l'idée de mélanger les petits artichauts poivrades, les grosses fèves, les derniers petits pois et les asperges. J'avais préparé la veille de la sauce au basilic et à l'ail et j'en avais encore dans le réfrigérateur, je n'avais plus qu'à l'ajouter à ce ragoût d'été.

POUR 4 PERSONNES

2 oignons moyens	3 tomates
6 c. à soupe d'huile d'olive extra-vierge	1 bouquet garni (sarriette ou thym, persil) en bottillon
1 tête d'ail	
sel de mer	1 kilo de petits pois frais (500 g
8 cœurs d'artichauts frais ou 500 g	écossés), blanchis et rafraîchis
de cœurs d'artichauts surgelés	20 pointes d'asperges blanchies
1 kilo de fèves écossées	et rafraîchies
1/3 de litre de vin blanc	pistou

1. Pelez puis coupez les oignons en deux dans le sens de la longueur. Émincez-les finement.

2. Réunissez dans une grande sauteuse, hors du feu, les oignons, l'huile, les gousses d'ail entières, le sel et le bouquet garni. Mélangez les ingrédients pour les enrober d'huile. Faites suer sur feu doux à couvert pendant 10 minutes jusqu'à ce que les oignons soient tendres. Ajoutez ensuite les lamelles d'artichauts (note p. 81), les fèves, les tomates pelées, épépinées et concassées et le vin. Laissez mijoter à découvert pendant 10 minutes jusqu'à ce que l'alcool soit évaporé. Ajoutez les petits pois et les asperges et faites cuire pendant encore 1 minute. Retirez le bouquet garni. Servez avec un bol de pistou (p. 270) et du pain de campagne.

Servez le même vin blanc que celui qui a servi pour la cuisson, par exemple un sauvignon.

CONSEIL : Faites blanchir les légumes verts 1 à 2 minutes dans de l'eau bouillante salée, puis rafraîchissez-les rapidement à l'eau glacée, ainsi vous préserverez leur belle couleur verte même s'ils sont ensuite cuits et servis chauds.

GRATIN D'OIGNON
AU PARMESAN

C ette recette, à la fois légère et riche en saveur, m'a été inspirée
par le chef Alain Passard. Ce gratin fait merveille pour accompagner un plat haut en saveur comme la daube (p. 219). Il se prépare
plusieurs heures à l'avance, pour être gratiné quelques instants avant
d'être servi.

POUR 4 PERSONNES

un plat à gratin de 1 litre

1 kilo d'oignons — *1/2 c. à café de feuilles*
60 g de beurre — *de thym frais*
3/4 de c. à café de clous de girofle — *2 gros jaunes d'œufs*
fraîchement moulus — *6 cl de crème fraîche épaisse*
sel de mer fin — *60 g de parmesan fraîchement râpé*

1. Pelez et coupez les oignons en deux et détaillez-les en fines
lamelles. Réservez.

2. Mélangez le beurre, les oignons, le thym, les clous de girofle en
poudre et le sel dans une grande sauteuse anti-adhésive. Couvrez et
faites suer sur feu très doux pendant environ 10 minutes jusqu'à ce
que les oignons soient tendres. Goûtez. Rectifiez l'assaisonnement si
nécessaire.

3. Versez cette préparation dans le plat à gratin et lissez le dessus avec
le dos d'une cuiller. (Vous pouvez préparer le gratin jusqu'à ce moment
et le garder à couvert à température ambiante).

4. Juste avant de servir, préchauffez le gril du four.

5. Mélangez dans un bol les jaunes d'œufs et la crème fraîche en fouettant avec une fourchette. Incorporez le fromage. Versez ce mélange
sur les oignons étalés dans le plat à gratin. Glissez ce dernier sous le
gril, à 5 cm environ de la source de chaleur. Faites gratiner 1 minute
environ, jusqu'à ce que le dessus soit bien doré et le gratin parfumé.
Servez aussitôt seul ou pour accompagner une viande en sauce comme
la daube de bœuf.

Tout bon vin rouge avec une pointe d'acidité
peut convenir comme le beaujolais
ou le côtes-du-rhône.

OIGNONS ROUGES BRAISÉS

L es gros oignons rouges, rôtis doucement dans le four, constituent une belle garniture pour un simple rôti de porc, des saucisses grillées ou un poulet rôti. J'aime bien en préparer une grande quantité à la fois, que j'utilise pour garnir des sandwiches ou une pizza.

POUR 6 PERSONNES

6 gros oignons rouges	*4 c. à soupe d'eau*
1 c. à soupe d'huile d'olive extra-vierge	*sel de mer et poivre noir du moulin*

1. Préchauffez le four à 135 °C.

2. Rangez les oignons avec leur peau dans un plat à gratin. Arrosez-les d'huile et d'eau. Enfournez-les à mi-hauteur et faites cuire pendant environ 2 heures en les arrosant tous les quarts d'heure jusqu'à ce que les oignons soient bien tendres.

3. Pour servir, retirez la peau, laissez-les entiers ou coupez-les en tranches. Salez et poivrez. Pour en relever le goût, vous pouvez les arroser de quelques gouttes d'huile ou de vinaigre très chaud, ou de *pili pili*.

VARIANTE : Vous pouvez préparer de la même façon des têtes d'ail, qui sont délicieuses braisées. Il suffit de couper le tiers supérieur de la tête d'ail, en laissant les gousses entières, non pelées, bien serrées.

ASPERGES BRAISÉES

A u début du printemps, tout le monde attend impatiemment les premières asperges de Provence. La grosse asperge blanche reste classique, mais on trouve aujourd'hui toutes sortes de variétés différentes, notamment les vertes et les petites asperges délicates à pointe violette, dont la tige se colore de vert. L'idée de cette recette est née à Paris, un jour de printemps, chez Alain Passard. J'ai passé une journée dans sa cuisine et j'ai remarqué qu'au lieu de faire blanchir les asperges, comme on le fait en général, il les faisait braiser doucement dans du beurre de Bretagne, ce qui leur donne un moelleux particulier et une saveur inégalable. En cuisant ainsi tout doucement, les asperges rendent un jus qui se concentre et se mélange avec le beurre en enrobant les légumes d'une sauce intense. Cette méthode peut s'appliquer à toutes les variétés d'asperges, mais veillez à ce qu'elles aient toutes la même taille pour cuire uniformément.

POUR 4 À 6 PERSONNES

45 g de beurre   sel de mer fin et poivre noir du moulin
1 kilo d'asperges vertes moyennes   gros sel de mer

1. Épluchez les asperges soigneusement et coupez-les au tiers de la hauteur pour qu'elles tiennent dans la poêle.

2. Faites fondre le beurre dans une grande poêle sur feu moyen. Posez les asperges dedans et remuez la poêle pour que les asperges soient rangées les unes à côté des autres sur une seule couche. Montez légèrement le feu et faites-les cuire 1 à 2 minutes jusqu'à ce que le beurre commence à grésiller. Salez, poivrez.

3. Baissez le feu. À l'aide d'une spatule, retournez les asperges afin qu'elles soient légèrement dorées sur toutes les faces. Poursuivez la cuisson pendant 10 à 12 minutes. Goûtez et rectifiez l'assaisonnement. Avec une écumoire, retirez les asperges et déposez-les délicatement sur un plat de service. Saupoudrez avec un peu de gros sel et servez aussitôt.

CAROTTES
À LA PROVENÇALE

Lorsque mon amie, Maggie Shapiro, me donna cette recette, que lui avait déjà confiée sa femme de ménage, Irma, des années auparavant, elle me dit : « Une fois que vous aurez goûté les carottes de cette façon, vous ne les préparerez plus jamais autrement. » Elle avait raison. Ce plat magnifique – avec un contraste coloré entre l'orange et le noir – est devenu notre plat de légumes traditionnel pour la fête du Thanksgiving. Je lui donne ma touche provençale personnelle avec les olives noires que je cueille directement sur l'arbre. Vous pouvez servir ce plat chaud ou à température ambiante. Si vous trouvez des petites carottes nouvelles, prenez-les sans hésiter et coupez-les en deux dans la longueur.

POUR 8 À 10 PERSONNES

---

2 c. à soupe d'huile d'olive extra-vierge   *1 tête d'ail*
1 kilo de carottes   *sel de mer*
pelées et émincées   *30 olives noires (Nyons par exemple)*

1. Dans une grande sauteuse, faites chauffer l'huile sur feu moyen. Quand elle est chaude, avant qu'elle ne fume, ajoutez les carottes et mélangez-les avec l'huile. Baissez le feu et couvrez. Faites braiser pendant 20 minutes en remuant à intervalles réguliers.

2. Ajoutez les gousses d'ail coupées en deux, salez et remuez en poursuivant la cuisson sur feu doux une quinzaine de minutes, jusqu'à ce que les carottes soient presque caramélisées et les gousses d'ail tendres.

3. Ajoutez les olives dénoyautées et grossièrement hachées, mélangez. Goûtez pour vérifier l'assaisonnement. Servez brûlant ou à température ambiante.

VARIANTE : Vous pouvez remplacer les olives noires par 4 cuillerées à soupe environ d'estragon frais ciselé.

ÉCHALOTES RÔTIES

L es échalotes ne manquent ni de grâce ni de distinction. Pour les rôtir, il faut d'abord les faire mijoter dans du lait, une technique qui permet de les attendrir et d'adoucir leur saveur. C'est une garniture exquise et parfumée, qui se marie particulièrement bien avec le rôti de porc à la broche (p. 230).

POUR 4 À 6 PERSONNES

18 échalotes dans leur peau
1/2 litre de lait entier
sel de mer

1 c. à soupe d'huile d'olive extra-vierge
1/2 c. à café de vinaigre
de vin rouge

1. Préchauffez le four à 200 °C (thermostat 6/7).

2. Dans une cocotte à fond épais, mettez les échalotes et le lait. Portez à la limite de l'ébullition sur feu modéré, puis couvrez et laissez mijoter pendant 10 minutes. Égouttez les échalotes et jetez le lait. Remettez les échalotes dans la cocotte et couvrez-les de papier d'aluminium.

3. Mettez la cocotte dans le four à mi-hauteur et faites cuire pendant 35 minutes jusqu'à ce que les échalotes soient tendres. Sortez-les du four, salez et poivrez, remuez-les. Servez-les entières, dans leur peau, comme garniture.

POMMES DE TERRE AU SEL

C ette recette consiste à faire rôtir, dans un poêlon en terre non vernissé, de petites pommes de terre entières dans leur peau avec juste un peu de gros sel de mer. Le résultat est stupéfiant : les pommes de terre sortent du diable toutes parfumées, avec la peau un peu craquelée. Leur chair est tendre sans être réduite en bouillie, pénétrée de l'arôme du sel. Pendant la cuisson, la terre poreuse absorbe l'humidité, ce qui confère aux pommes de terre une saveur unique. Si vous n'avez pas de diable, le Römertopf peut le remplacer. Généralement je fais cuire les pommes de terre au diable dans le four, mais traditionnellement, il faut enfouir l'ustensile dans les cendres chaudes de la cheminée. On peut également poser le diable sur le feu très doux, en intercalant un diffuseur de chaleur.

Cette recette autorise d'innombrables variantes. Je la préfère volontairement très simple, avec juste du sel et quelques feuilles de laurier frais. On peut aussi ajouter des gousses d'ail ou des échalotes entières, non pelées, ou un bouquet de thym frais. Lorsque les pommes de terre sont cuites, vous pouvez les servir avec le condiment de votre choix : huile d'olive, beurre frais, mayonnaise ou aïoli (p. 268).

POUR 6 À 8 PERSONNES

4 c. à café	1 kg de pommes de terre
de gros sel marin	moyennes à chair jaune

1. Préchauffez le four à 190 ˚C (thermostat 5).

2. Versez 2 cuillerées à café de gros sel de mer dans le fond du diable. Posez les pommes de terre dessus et saupoudrez-les avec le reste de sel. Couvrez. Mettez dans le four. Lorsque vous pouvez traverser la chair des pommes de terre avec une fourchette à rôti ou une brochette, elles sont cuites, ce qui prend en général 45 minutes.

3. Pour servir, posez le diable sur la table.

POMMES DE TERRE ÉCRASÉES

Au lieu d'être réduites en purée, les pommes de terre sont simplement écrasées grossièrement à la fourchette et enrichies de beurre et d'huile. Ainsi préparées, elles accompagnent aussi bien une viande ou une volaille rôtie qu'un poisson grillé. Préparez une grande terrine bien chaude pour écraser les pommes de terre dès qu'elles sont cuites. Toute la réussite de ce plat tient à l'arôme qui se dégage des pommes de terre fumantes. Il faut donc opérer au dernier moment.

POUR 4 À 6 PERSONNES

1 kilo de petites pommes de terre (Ratte ou Charlotte)	2 c. à soupe d'huile d'olive extra-vierge
gros sel de mer	sel de mer fin
120 g de beurre	2 c. à soupe de persil plat ciselé

1. Brossez, puis pelez les pommes de terre.

2. Mettez-les dans une grande casserole et recouvrez-les d'eau froide. Ajoutez 10 g de gros sel par litre d'eau. Faites cuire à découvert sur feu modéré pendant 20 à 30 minutes, jusqu'à ce que la pointe d'un couteau enfoncée dans la chair ressorte facilement. Quand elles sont cuites, égouttez-les aussitôt, et mettez-les dans un grand saladier bien chaud. Ajoutez le beurre en parcelles et l'huile. Avec une grande fourchette ou un presse-purée, écrasez-les grossièrement en incorporant la matière grasse. Salez, saupoudrez de persil et servez aussitôt.

VARIANTE : Faites mijoter les gousses pelées d'une tête d'ail dans de la crème jusqu'à ce qu'elles soient tendres, puis réduisez-les en purée. Lorsque vous écrasez les pommes de terre, incorporez cette crème d'ail en même temps que le beurre et l'huile.

FAUSSES FRITES

C uites à la vapeur, puis rôties dans le four, ces pommes de terre ont l'apparence et le goût de vraies frites, sans excès de matière grasse. La cuisson à la vapeur produit un enrobage léger d'amidon à la surface des pommes de terre, ce qui leur donne ensuite un croustillant très délicat dans le four. Le temps de cuisson varie selon la variété utilisée et la grosseur des frites. Servez-les pour accompagner une côte de bœuf (p. 221) ou un rôti de porc (p. 230).

POUR 4 À 6 PERSONNES

1 kilo de pommes de terre
(Ratte ou Charlotte)

3 c. à soupe d'huile d'olive
extra-vierge
sel de mer fin

1. Préchauffez le four à 260 °C (thermostat 9).

2. Pelez et coupez les pommes de terre en bâtonnets de 1,5 cm de large et 7,5 cm de long.

3. Versez 1 litre d'eau dans le bas d'une marmite à vapeur. Posez les pommes de terre dans le panier de cuisson, mettez celui-ci en place, couvrez et faites cuire à la vapeur pendant 10 à 12 minutes, jusqu'à ce que la pointe d'un couteau enfoncée dans la chair se retire facilement. (Si elles sont trop cuites elles risquent de se casser.)

4. Versez les pommes de terre dans un saladier et arrosez-les d'huile. Remuez-les délicatement pour bien les enrober. (Vous pouvez préparer les pommes de terre jusqu'à ce stade plusieurs heures à l'avance. Laissez-les en attente à température ambiante.)

5. Avec une égouttoire, prenez les pommes de terre et étalez-les sur une plaque à pâtisserie anti-adhésive. Jetez le liquide en excès. Mettez la plaque dans le four et faites-les cuire pendant 15 à 20 minutes en retournant les frites régulièrement, jusqu'à ce qu'elles soient croustillantes et bien dorées. Sortez-les du four, salez-les généreusement et servez aussitôt.

NOTE : On peut faire cuire pratiquement n'importe quelle variété de pommes de terre de cette façon, mais je préfère la Charlotte. La meilleure vient de l'île de Noirmoutier, où sa saveur se marie parfaitement avec le sel de mer que produit également l'île. Mon autre variété préférée est la Ratte à chaire fine et lisse et à saveur de noisette.

GRATIN DAUPHINOIS

C ertains cuisiniers ne lavent pas les pommes de terre une fois épluchées, préférant conserver l'amidon des tubercules, qui donne une liaison plus onctueuse avec la crème fraîche et le fromage. D'autres estiment que la saveur pure de la pomme de terre est rehaussée par le lavage à l'eau claire. Je préfère la première solution. Je prends pour ce plat des Charlottes, mais vous pouvez choisir n'importe quelle variété à chair ferme.

POUR 4 À 6 PERSONNES

un plat à gratin de 2 litres

1 gousse d'ail
1 kilo de pommes de terre à chair
ferme (Belle de Fontenay, Charlotte)
1/2 litre de lait entier

125 g de gruyère suisse
fraîchement râpé
6 c. à soupe de crème fraîche épaisse
sel fin et poivre noir du moulin

1. Préchauffez le four à 190 °C (thermostat 4/5).

2. Pelez et émincez très finement les pommes de terre. Pelez et coupez la gousse d'ail en deux.

3. Frottez l'intérieur du plat à gratin avec l'ail.

4. Dans un grand saladier, mettez les pommes de terre, les trois quarts du fromage, le lait et la crème, salez et poivrez. Mélangez intimement. Étalez ce mélange dans le plat à gratin, versez le liquide dessus et saupoudrez avec le reste du fromage.

5. Mettez le plat dans le four à mi-hauteur et faites cuire pendant 1 heure 15 jusqu'à ce que le dessus du gratin soit doré.

PURÉE DE POMMES DE TERRE
À L'HUILE D'OLIVE
ET AU PARMESAN

Familiale et élégante à la fois, la purée de pommes de terre, lisse et crémeuse, est un vrai plaisir de gastronome. Cette version est agrémentée d'une touche d'huile d'olive et parfumée au parmesan. Pour que la saveur des pommes de terre soit mieux mise en valeur, je les cuis à la vapeur plutôt qu'à l'eau bouillante. Servez cette purée avec un poulet rôti et une bouteille de bon vin rouge.

POUR 6 À 8 PERSONNES

1 kilo de pommes de terre   *sel de mer fin*
(BF 15, Ratte)   *4 c. d'huile d'olive extra-vierge*
1/2 litre de lait entier   *30 g de parmesan fraîchement râpé*

1. Brossez les pommes de terre et pelez-les. Versez 1 litre d'eau dans le fond d'une marmite à vapeur et portez à ébullition. Posez les pommes de terre dans le panier de cuisson, mettez celui-ci en place, couvrez, et faites cuire pendant 20 à 30 minutes (la pointe d'un couteau enfoncée dans la chair doit ressortir facilement).

2. Versez le lait dans une casserole et portez à ébullition sur feu vif. Réservez.

3. Passez les pommes de terre au moulin à légumes, grille moyenne, au-dessus d'une grande casserole à fond épais. Ajoutez une pincée de sel et l'huile d'olive, petit à petit, en remuant avec une cuiller en bois jusqu'à ce qu'elle soit entièrement absorbée et que le mélange devienne mousseux et léger. Ajoutez lentement les 3/4 du lait bouillant en un mince filet, toujours en remuant vigoureusement, jusqu'à ce que tout le lait soit absorbé. Posez la casserole sur feu doux et continuez à remuer. Si la purée semble un peu lourde ou pâteuse, rajoutez un peu de lait en remuant sans arrêt. Incorporez enfin le fromage. Goûtez et rectifiez l'assaisonnement. La purée peut être préparée 1 heure à l'avance. Tenez-la au chaud au bain-marie en la remuant de temps en temps pour qu'elle reste lisse.

5

PÂTES

Que serait la cuisine méditerranéenne sans les pâtes ? Les ingrédients typiques de la gastronomie provençale – les olives noires bien mûres, les fruits de mer, les belles tomates rouges, le thym et le romarin – semblent n'avoir pour seule destination que de partager leurs saveurs avec les longs rubans de pâtes bien tendres. En hiver, je prépare une sauce à base de chair à saucisse, de fenouil et de vin rouge, parfaite avec les fusili. J'adore tout autant les spaghetti au piment rouge qu'à la carbonara, inspiré d'une recette de mon restaurant romain préféré.

Si nous avons la chance de déterrer une belle truffe dans les vignes, elle ne manquera pas de terminer son voyage dans les pâtes au beurre de truffe, un plat né grâce à notre dénicheur de truffes local, Hervé Poron.

Je prépare rarement les pâtes fraîches à la maison, car Giuseppina Giacomo, qui tient boutique au village et que nous avons surnommée « madame Pâtes fraîches » nous approvisionne en superbes pâtes aux œufs frais, en lasagne et fettucini que j'adore enrober d'une sauce crémeuse au roquefort, citron et pointe de romarin frais. Nos olives vertes se retrouvent immanquablement dans la populaire recette de sauce « puttanesca », tandis que le lundi soir, rituellement, près du feu, nous nous régalons de spaghetti aux fines herbes – persil, sauge, romarin, basilic et thym.

LES PÂTES DU LUNDI SOIR

Les saveurs des fines herbes, une touche de piment rouge et le parfum de la sauce tomate : voilà de quoi réaliser un chef-d'œuvre. C'est notre plat favori du lundi soir, lorsque les magasins sont fermés et qu'il faut se contenter des réserves de la cuisine. Seule condition : des fines herbes fraîches et bien assorties, beaucoup de laurier dans le bouquet garni, du romarin, du basilic et du thym pour la garniture.

POUR 4 À 6 PERSONNES

500 g de spaghetti	*1/2 c. à café de piment rouge*
1 bouquet garni (romarin frais, persil,	*750 g de tomates pelées au naturel*
laurier, thym, sauge) en bottillon	*1 c. à café de vinaigre de vin rouge*
4 c. à soupe d'huile d'olive extra-vierge	*fines herbes fraîches (romarin, basilic*
6 gousses d'ail	*et thym) finement ciselées*
sel de mer	*parmesan fraîchement râpé*

1. Dans une sauteuse assez grande pour contenir les pâtes une fois cuites, mélangez l'huile, l'ail pelé et émincé, le piment écrasé, et le sel. Faites cuire à feu modéré pendant 2 à 3 minutes jusqu'à ce que l'ail commence à colorer. Posez un moulin à légumes sur la sauteuse et réduisez les tomates en purée directement dedans. Ajoutez le bouquet garni. Salez et mélangez, faites mijoter en couvrant à moitié (pour garder le parfum des herbes) pendant 15 minutes jusqu'à ce que la sauce commence à épaissir. Retirez du feu et jetez le bouquet garni. Rectifiez l'assaisonnement.

2. Pendant ce temps, faites bouillir 6 litres d'eau dans un faitout. Ajoutez 3 cuillerées à soupe de sel de mer et les spaghetti. Remuez pour les empêcher de coller. Faites cuire jusqu'à ce que les pâtes soient *al dente*. Égouttez-les bien.

3. Versez les pâtes dans la sauteuse et remuez, ajoutez le vinaigre, couvrez et faites chauffer pendant 1 à 2 minutes pour que les spaghetti absorbent la sauce. Ajoutez la moitié des fines herbes fraîches. Remuez à nouveau. Servez les spaghetti dans des assiettes creuses bien chaudes et parsemez le reste des fines herbes. Servez à part du parmesan râpé.

Choisissez un solide vin rouge comme le Dolcetto d'Alba ou un côtes-du-rhône bien charpenté.

SPAGHETTI AUX CÂPRES, OLIVES VERTES, TOMATES ET THYM

L e piquant des olives vertes est souvent mal utilisé en cuisine où l'on emploie presque toujours des olives noires. Dans cette variation sur une recette italienne, les « spaghetti alla puttanesca », on remplace les olives noires par des vertes et le persil par du thym, ce qui lui donne une dimension nouvelle.

POUR 6 PERSONNES

500 g de spaghetti
3 c. à soupe de câpres
4 c. à soupe d'huile d'olive extra-vierge
3 gousses d'ail émincées
1/2 c. à café de piment rouge

750 g de tomates au naturel en boîte
20 olives vertes (picholines par exemple)
sel de mer
1 c. à soupe de feuilles de thym frais

1. Égouttez les câpres, rincez-les et faites-les tremper dans de l'eau froide pendant 10 minutes, pour éliminer l'excès de sel.

2. Dans une sauteuse assez grande pour contenir toutes les pâtes une fois cuites, mélangez l'huile, l'ail et le piment. Faites cuire sur feu moyen en remuant pendant 2 à 3 minutes jusqu'à ce que l'ail commence à colorer. Posez un moulin à légumes sur la sauteuse et réduisez les tomates pelées en purée directement dedans. Ajoutez les olives hachées et les câpres, salez et mélangez. Couvrez et laissez mijoter pendant 15 minutes environ jusqu'à ce que la sauce commence à épaissir. Rectifiez l'assaisonnement.

3. Pendant ce temps, faites bouillir 6 litres d'eau dans un faitout. Lorsque l'eau bout, ajoutez 3 cuillerées à soupe de sel et les spaghetti, remuez pour les empêcher de coller. Laissez-les cuire jusqu'à ce qu'ils soient *al dente*. Égouttez-les à fond.

4. Versez les spaghetti dans la sauteuse et mélangez-les à la sauce. Laissez chauffer à couvert pendant 1 à 2 minutes pour que les pâtes absorbent la sauce. Ajoutez le thym et mélangez à nouveau. Servez dans des assiettes creuses bien chaudes. Traditionnellement, on ne propose pas de parmesan avec ce plat.

Servez un bon chianti (par exemple l'un de ceux que produisent Antinori ou Ricasoli), ou un côtes-du-rhône villages plutôt jeune, ou encore un chiroubles ou un saumur-champigny.

FETTUCINI AU ROQUEFORT, CITRON ET ROMARIN

J' ai goûté une version de ce plat un soir en Allemagne, chez Heinz Winkler qui a trois étoiles au Guide Michelin. C'est un des plats de pâtes les plus légers que je connaisse, avec juste une touche de roquefort, soulignée par une bonne dose de noix de muscade, un peu de beurre et un soupçon de zeste de citron. Il est en plus très rapide à confectionner.

POUR 4 À 6 PERSONNES

500 g de fettucini fraîches ou sèches	noix de muscade fraîchement râpée
45 g de beurre à température ambiante	le zeste d'un citron
45 g de roquefort à température ambiante	1/4 de litre d'eau de cuisson des pâtes
3 c. à soupe de sel de mer	poivre noir du moulin
	1 c. à soupe de romarin frais haché

1. Mélangez dans un bol le beurre et le roquefort avec une fourchette jusqu'à consistance homogène. Réservez. Par ailleurs, préchauffez un saladier dans le four à chaleur douce (80 ˚C, thermostat 1).

2. Versez 6 litres d'eau dans un faitout et portez à ébullition. Lorsque l'eau bout, ajoutez le sel et les pâtes, remuez aussitôt pour empêcher les pâtes de coller. Laissez cuire jusqu'à ce que les pâtes soient tendres mais encore *al dente*. Égouttez-les soigneusement mais en laissant un peu d'humidité pour que la sauce puisse bien adhérer. Mettez de côté 1/4 de litre d'eau de cuisson.

3. Versez les pâtes dans le saladier et ajoutez le mélange beurre-roquefort en remuant délicatement. Ajoutez doucement l'eau de cuisson, cuillerée par cuillerée, jusqu'à ce que les pâtes soient entièrement enrobées. Muscadez largement et ajoutez le zeste de citron finement râpé. Goûtez et poivrez. Mélangez à nouveau et versez les pâtes en sauce dans des assiettes creuses bien chaudes. Servez aussitôt.

Servez soit un vin blanc bien frappé : soit un vin italien
(un orvietto, un frascati des collines de Rome
ou un vernaccia de San Gimignano),
soit un jeune bourgogne issu de cépage
chardonnay, comme un chablis assez corsé.

FUSILI À LA VIANDE, FENOUIL ET VIN ROUGE

Voici un plat de pâtes copieux, idéal pour les jours froids d'hiver. J'aime beaucoup le mélange parfumé de chair à saucisse relevée et de graines de fenouil, unies dans une sauce au vin rouge bien réduite. À la fin, on ajoute des œufs, ce qui fournit une liaison onctueuse. Choisissez les meilleures saucisses que vous pouvez trouver, sous boyau naturel, facile à retirer, ou même de la chair à saucisse de qualité. Pour ce plat, j'utilise aussi bien des fusili que des penne. Ces deux variétés de pâtes offrent une forme idéale pour enfermer des particules de viande, ce qui permet de bien répartir la sauce. Dans cette recette, il est bon de mettre de côté un peu de l'eau de cuisson des pâtes pour pouvoir éventuellement allonger ou diluer la sauce en fin de préparation. C'est du vin rouge qui remplace ici l'eau ou le bouillon traditionnellement utilisé pour la sauce, ce qui donne un supplément d'acidité, d'équilibre, de caractère et de saveur au plat.

POUR 4 À 6 PERSONNES

500 g de pâtes (fusili ou penne)	2 œufs entiers à température
500 g de chair à saucisse	ambiante
1/2 c. à café de graines de fenouil	30 g de parmesan fraîchement râpé
3 c. à soupe de concentré de tomate	1/4 de litre d'eau de cuisson
1/2 litre de vin rouge	des pâtes
(chianti ou beaujolais)	sel de mer et poivre noir du moulin

1. Dans une sauteuse assez grande pour contenir les pâtes une fois cuites, faites revenir la chair à saucisse pendant 3 à 4 minutes sans ajouter de matière grasse. Avec le bout d'une spatule, émiettez-la finement. Ajoutez le fenouil et le concentré de tomate, mélangez intimement et faites cuire pendant encore 3 à 4 minutes. Ajoutez doucement le vin rouge en le répartissant sur toute la préparation. Réglez le feu pour faire mijoter tranquillement à découvert pendant 15 minutes (à partir du moment où le vin se met à frémir), jusqu'à ce que presque tout le liquide se soit évaporé.

2. Pendant ce temps, cassez les œufs dans un bol et battez-les en omelette. Incorporez le fromage et poivrez généreusement. Réservez.

3. Versez 6 litres d'eau dans un faitout et portez à ébullition. Lorsque l'eau bout à gros bouillons, ajoutez 3 cuillerées à soupe de sel et les pâtes, remuez pour les empêcher de coller. Laissez-les cuire jusqu'à ce qu'elles soient encore *al dente*. Égouttez-les soigneusement, mais en laissant quelques gouttes d'eau pour permettre ensuite à la sauce de bien adhérer aux pâtes. Mettez de côté 1/4 de litre de l'eau de cuisson.

4. Versez les pâtes dans la sauteuse où se trouve la chair à saucisse en sauce et mélangez intimement avec deux fourchettes pour bien enrober les pâtes. Retirez la sauteuse du feu et, en travaillant rapidement avec les fourchettes, incorporez les œufs battus avec le fromage. Continuez à mélanger jusqu'à ce que les pâtes soient parfaitement enrobées. (Les pâtes ne doivent pas être sèches : si nécessaire, incorporez l'eau de cuisson cuillerée par cuillerée pour obtenir une sauce onctueuse.) Servez aussitôt, dans des assiettes creuses chaudes, en proposant le moulin à poivre.

Servez par exemple un rouge du Piémont,
tel que le Dolcetto d'Alba, ou un beaujolais
ou encore un côtes-du-rhône.

LASAGNE, COURGETTE ET SAUCE PIQUANTE

L'idée de ce plat m'est venue en allant chez des amis, Johanne Killeen et George Germon, qui ont un restaurant italien, *Al Forno*, à Providence (Rhode Island). Ils y réalisent d'excellentes variations sur le thème des lasagne, servies en portions individuelles. Les pâtes sont « construites » directement dans l'assiette au moment du service, par simple superposition, ce qui permet, si vous avez une sauce toute prête, de ne servir qu'une ou deux portions.

POUR 4 PERSONNES

4 c. à soupe d'huile d'olive extra-vierge   *750 g de tomates au naturel en boîte*
3 c. à soupe de romarin   *1 courgette moyenne*
1/2 c. à café de piment rouge séché   *1/2 c. à soupe de vinaigre*
10 gousses d'ail émincées   *balsamique*
sel de mer fin   *8 feuilles de lasagne*

1. Dans une sauteuse, mélangez 3 cuillerées à soupe d'huile, le romarin finement ciselé, le piment écrasé et l'ail. Salez et faites cuire doucement jusqu'à ce que l'ail commence à colorer. Posez un moulin à légumes directement sur la sauteuse et réduisez les tomates en purée. Mélangez et faites mijoter à découvert pendant 15 minutes pour que la sauce commence à épaissir.

2. Pendant ce temps, préparez la courgette et émincez-la finement sans la peler. Faites chauffer le reste d'huile dans une petite sauteuse anti-adhésive. Quand elle est bien chaude, ajoutez la courgette et faites-la sauter pendant 5 minutes jusqu'à ce qu'elle soit dorée. Versez-la dans une passoire pour éliminer l'excès d'huile, salez, ajoutez l'origan, mélangez. Versez le tout dans la sauce tomate et mélangez. Ajoutez le vinaigre et remuez à nouveau. Couvrez et laissez chauffer pendant 1 à 2 minutes pour que la courgette absorbe la sauce.

3. Simultanément, faites bouillir 6 litres d'eau dans un faitout. Lorsque l'eau bout ajoutez 3 cuillerées à soupe de sel et les lasagne, remuez pour les empêcher de coller. Faites-les cuire jusqu'à ce qu'elles soient *al dente*. Égouttez-les bien.

4. Versez une cuillerée de sauce dans le fond de chaque assiette. Posez une couche de lasagne, ajoutez une seconde cuillerée de sauce, une seconde lasagne, puis une troisième cuillerée de sauce. Superposez ainsi les ingrédients jusqu'à épuisement. Servez aussitôt.

Servez un vin rouge italien jeune, soit un vin blanc un peu vif de la vallée du Rhône.

PÂTES PIQUANTES
AU POIVRON ROUGE

D es poivrons rouges, une touche de piment, du parmesan et des spaghetti : c'est là une combinaison de saveurs et de couleurs qui suffit à égayer une journée pluvieuse ou à réveiller des papilles fatiguées. La méthode qui consiste à mélanger les pâtes, d'abord avec le fromage, ensuite avec la sauce, permet d'obtenir un mélange de saveurs plus profond que la méthode traditionnelle (d'abord la sauce et ensuite le fromage).

POUR 4 À 6 PERSONNES

500 g de spaghetti	1/2 c. à café de piment rouge séché
4 poivrons rouges	écrasé
500 g d'oignons	1/2 litre de bouillon de volaille
4 c. à soupe d'huile d'olive	ou de légumes
extra-vierge	sel de mer
2 gousses d'ail	100 g de parmesan fraîchement râpé

1. Coupez les poivrons en deux dans la hauteur, retirez le pédoncule et les graines, ainsi que les cloisons internes. Hachez-les grossièrement. Réservez.

2. Coupez les oignons en deux et posez chaque moitié à plat sur la planche à découper, émincez-les finement. Hachez finement l'ail. Réservez.

3. Faites chauffer l'huile sur feu vif dans une grande sauteuse. Avant qu'elle ne commence à fumer, ajoutez les poivrons et une pincée de sel, faites revenir en remuant régulièrement pendant 5 minutes. Ajoutez les oignons, l'ail, le piment et encore une pincée de sel. Faites cuire pendant 5 minutes jusqu'à ce que les oignons s'attendrissent. Versez alors le bouillon et faites mijoter à découvert pendant 30 minutes jusqu'à ce que la sauce épaississe.

4. Versez cette sauce par petites quantités dans un robot et mixez en veillant à éviter les éclaboussures. Remettez-la dans une casserole et faites réchauffer doucement.

5. Pendant ce temps, faites bouillir 6 litres d'eau dans un faitout. Lorsque l'eau bout, ajoutez 3 cuillerées à soupe de sel et les spaghetti, remuez pour les empêcher de coller. Faites-les cuire *al dente* et égouttez-les à fond.

6. Versez les pâtes égouttées dans un grand saladier et ajoutez la moitié du fromage. Mélangez délicatement mais à fond, jusqu'à ce que tout le fromage soit absorbé. Ajoutez ensuite la sauce aux poivrons et mélangez à nouveau jusqu'à ce que toute la sauce soit absorbée.

Goûtez et rectifiez l'assaisonnement. Servez aussitôt dans des assiettes creuses bien chaudes, avec le reste de parmesan râpé à part.

Choisissez un vin assez fort pour tenir tête aux épices, par exemple un rouge du Roussillon.

CONSEIL : Faites très attention lorsque vous versez des ingrédients bouillants ou chauds dans le bol mélangeur d'un robot ou d'un mixer. Allez-y progressivement par petites quantités et retirez toujours le fouet ou l'ustensile plongeur pour que l'air chaud ou la vapeur puisse s'échapper. Ainsi, les éclaboussures seront moindres et vous aurez moins de nettoyage à faire.

SPAGHETTI
ALLA CARBONARA

Malgré leur popularité, les « spaghetti alla carbonara » sont souvent décevants, car ils exigent une grande attention pour les détails. Il faut en effet travailler rapidement et en deux temps : d'abord mélanger intimement les pâtes avec les lardons et l'huile, puis, hors du feu, ajoutez les œufs battus et assaisonnés. Il faut aller vite !

POUR 4 À 6 PERSONNES

500 g de spaghetti	*100 g de pancetta tranchée*
4 gros œufs à température ambiante	*sel de mer et poivre noir du moulin*
5 c. à soupe d'huile	*25 g de pecorino fraîchement râpé*
d'olive extra-vierge	*25 g de parmesan fraîchement râpé*

1. Cassez les œufs dans une jatte et battez-les en omelette. Ajoutez une pincée de sel et poivrez largement. Réservez. Débitez la pancetta en lardons.

2. Dans une sauteuse assez grande pour contenir toutes les pâtes une fois cuites, mettez l'huile et les lardons. Faites-les sauter pendant 4 à 5 minutes jusqu'à ce qu'ils soient dorés et croustillants. Réservez.

3. Faites bouillir 6 litres d'eau dans un faitout. Lorsque l'eau bout, ajoutez 3 cuillerées à soupe de sel et les pâtes, remuez pour les empêcher de coller. Faites-les cuire *al dente*. Avec des pinces à spaghetti ou une écumoire, transférez-les dans une passoire et égouttez-les à fond.

4. Versez les spaghetti dans la sauteuse avec les lardons et faites chauffer doucement en mélangeant avec l'huile pour bien les enrober. Retirez du feu et, en allant vite, versez les œufs et continuez à remuer jusqu'à ce que le mélange soit homogène et que les spaghetti soient enrobés d'une sauce épaisse, dorée et satinée. (Si la sauteuse est trop chaude, vous obtenez des œufs brouillés : pour éviter cet inconvénient, prenez soin d'ajouter les œufs hors du feu.) Servez dans des assiettes creuses bien chaudes. Proposez en même temps les fromages râpés et le moulin à poivre.

Servez un vin blanc sec. Par exemple, un Castelli Romani, des vignobles proches de Rome, ou un mâcon villages, ou encore un blanc sec de la vallée du Rhône.

LES PÂTES AU BEURRE DE TRUFFE D'HERVÉ

Hervé Poron est notre référence locale en matière de truffes. Il règne sur l'une des plus importantes entreprises du monde de mise en conserve des truffes. De novembre à mars, son usine de Puymeras est en pleine activité. Il faut peser, nettoyer, parer et calibrer ces joyaux. Un jour que je lui rendais visite, il me fit goûter le beurre de truffe qu'il avait créé. Je m'en servis pour assaisonner les pâtes fraîches de Giuseppina Giacomo, qui tient boutique dans notre village et je fus convaincue sur-le-champ que c'était l'une des meilleures manières de consommer des truffes noires. Leur arôme et leur saveur sont soulignées par le beurre et entièrement absorbées par les pâtes fraîches. C'est à mon avis un cocktail absolument idéal : perfection et simplicité. Si vous êtes vraiment fanatique du parfum de la truffe, préparez vos pâtes aux œufs frais vous-même, en enfermant tout d'abord les œufs dans un bocal avec les truffes pendant un jour ou deux. Les pâtes préparées avec ces œufs auront absorbé toute l'essence de la truffe. Comme le plat est très riche, servez-le en petites portions.

POUR 6 PERSONNES

500 g de pâtes fraîches	*120 g de beurre*
(fettucini ou tagliatelle)	*30 g de truffe fraîche*
sel de mer	*émincée*

1. Versez 6 litres d'eau dans un faitout et portez-la à ébullition sur feu vif. Ajoutez 3 cuillerées à soupe de sel de mer et les pâtes, remuez pour les empêcher de coller entre elles. Faites-les cuire pendant 1 minute jusqu'à ce qu'elles soient bien tendres. Égouttez-les à fond.

2. Pendant ce temps, dans une poêle à rebords assez grande pour contenir toutes les pâtes ultérieurement, faites fondre le beurre sur feu aussi doux que possible. Ajoutez les fines lamelles de truffe et mélangez intimement. Versez ensuite les pâtes égouttées dans la poêle, mélangez, couvrez et laissez reposer hors du feu pendant 1 à 2 minutes. Répartissez les pâtes et leur sauce dans des assiettes creuses bien chaudes et servez aussitôt.

Servez un vin blanc assez riche. Essayez par exemple
un blanc issu du cépage viognier,
comme un cru californien
ou un cru de la vallée du Rhône.

PENNE EN « RISOTTO »

Un jour, alors que je rendais visite au chef Alain Ducasse à *La Bastide de Moustiers*, la conversation tomba sur la manière de faire cuire les penne comme le risotto. Au lieu de faire cuire les pâtes à l'eau bouillante, on les prépare comme un risotto : légèrement revenues à l'huile, nappées d'une épaisse sauce tomate, puis cuites doucement en ajoutant petit à petit du bouillon, en remuant jusqu'au point de cuisson parfait lorsque presque toute la sauce est absorbée. Le résultat est magnifique.

POUR 4 À 6 PERSONNES

500 g de penne	1 1/2 litre de bouillon de légumes
8 c. à soupe d'huile d'olive	ou de volaille
extra-vierge	1/2 c. à café de sel de mer
4 c. à soupe de concentré de tomate	1/4 c. à café de piment rouge séché
2 c. à soupe de romarin frais	2 c. à café de vinaigre de vin rouge
finement haché	60 g de parmesan fraîchement râpé

1. Faites chauffer le bouillon dans une grande casserole et maintenez-le frémissant pendant que vous préparez les pâtes.

2. Dans une grande sauteuse à fond épais, assez grande pour contenir toutes les pâtes, faites chauffer l'huile sur feu moyen. Lorsqu'elle est bien chaude, avant qu'elle ne commence à fumer, ajoutez les pâtes et remuez sans arrêt pendant 3 à 4 minutes jusqu'à ce qu'elles commencent à dorer légèrement. Salez et ajoutez le concentré de tomate et le romarin. Mélangez jusqu'à ce que toutes les pâtes soient bien enrobées. Ajoutez doucement un peu de bouillon et remuez jusqu'à ce qu'il soit presque entièrement absorbé. Réglez le feu pour maintenir une légère ébullition. Les pâtes doivent cuire doucement et être en permanence recouvertes par une légère couche de bouillon. Continuez à ajouter petit à petit du bouillon en remuant souvent et en goûtant régulièrement jusqu'à ce que les pâtes soient tendres mais encore *al dente*. La cuisson dure environ 17 minutes. Ajoutez enfin le piment écrasé et le vinaigre, et mélangez. Goûtez et rectifiez l'assaisonnement. Incorporez la moitié du fromage et mélangez bien. Servez aussitôt dans des assiettes creuses bien chaudes. Proposez le reste de fromage dans une coupe à part.

Choisissez un vin rouge charnu, par exemple le gigondas de Provence, un shiraz australien, un rouge de Californie assez relevé ou un montepulciano des Abruzzes.

PENNE À LA PROVENÇALE

En Provence, on relève volontiers la sauce tomate avec un peu de zeste de citron. Dans ce plat de pâtes, la richesse des penne est allégée par l'ajout de fenouil et de zeste d'orange, deux acides. Le fenouil relevé de tomate répond au zeste d'orange coloré, ce qui rend le plat aussi appétissant à regarder qu'agréable à déguster.

POUR 4 À 6 PERSONNES

500 g de penne	1 feuille de laurier fraîche
4 c. à soupe d'huile d'olive	sel de mer
extra-vierge	250 g de bâtonnets de fenouil
1 oignon moyen	750 g de tomates au naturel en boîte
2 gousses d'ail	le zeste d'une orange non traitée
1/2 c. à café de piment rouge séché	4 c. à soupe de persil plat ciselé

1. Dans une sauteuse assez grande pour contenir les pâtes une fois cuites, mélangez intimement l'huile, l'oignon et l'ail émincés, le piment écrasé, le laurier et une pincée de sel. Faites chauffer sur feu modéré pendant 2 à 3 minutes. Lorsque l'ail commence à dorer, ajoutez le fenouil taillé en bâtonnets en remuant les ingrédients pour bien les enrober d'huile. Couvrez et faites suer pendant 10 minutes sur feu modéré. Remuez de temps en temps avec une cuiller en bois pour ne pas laisser attacher.

2. Posez directement le moulin à légumes sur la sauteuse et réduisez les tomates en purée. Ajoutez le zeste d'orange taillé en fins bâtonnets et mélangez. Faites mijoter à découvert pendant 15 minutes jusqu'à ce que la sauce commence à épaissir. Rectifiez l'assaisonnement. Retirez la feuille de laurier.

3. Pendant ce temps, faites bouillir 6 litres d'eau dans un faitout. Ajoutez 3 cuillerées à soupe de sel et les penne, remuez pour les empêcher de coller et faites-les cuire *al dente*. Égouttez.

4. Versez les pâtes dans la sauteuse, ajoutez la sauce au fenouil et mélangez. Couvrez, baissez le feu, faites chauffer pendant 1 à 2 minutes en remuant pour bien mélanger les pâtes à la sauce. Goûtez et rectifiez l'assaisonnement. Ajoutez le persil et remuez encore. Répartissez dans des assiettes creuses bien chaudes et servez aussitôt.

Choisissez un vin rouge de bonne qualité, par exemple un chianti classico de 2 à 3 ans ou un rouge de Vacqueyras ou de Gigondas.

SPAGHETTI AUX CLAMS,
TOMATES ET THYM

C e plat savoureux et chaleureux qui réunit des pâtes, des coquillages et de la sauce tomate plaît en général à tout le monde. Cette version prend un peu de temps, mais l'étape supplémentaire – ouverture des clams à la vapeur, puis réduction du jus des clams pour une sauce raffinée – donne un résultat délicat et élégant, grâce à une fusion parfaite des saveurs. La douceur de la sauce s'harmonise bien avec l'acidité des tomates et donne un plat magnifique au bon goût de fruits de mer.

POUR 4 À 6 PERSONNES

1 kilo de clams ou de praires	*500 g de spaghetti*
(environ 40 pièces)	*1/2 litre de sauce tomate (p. 272)*
sel de mer	*2 c. à soupe de feuilles de thym frais*

1. Brossez soigneusement les coquillages sous le robinet d'eau froide (jetez ceux qui sont cassés ou ceux qui ne se referment pas lorsque vous tapotez dessus). Mettez-les dans un plat creux et poivrez-les généreusement.

2. Verser 25 cl d'eau dans la partie inférieure d'une marmite à vapeur et faites-la bouillir ; mettez les clams dans le panier de cuisson et faites-les ouvrir à la vapeur en les retirant au fur et à mesure qu'ils s'ouvrent. (Jetez ceux qui ne s'ouvrent pas.) Toute l'opération doit prendre moins de 10 minutes. Laissez le jus de cuisson dans la marmite. Décoquillez les clams et mettez-les dans un bol. Tapissez une passoire d'une double épaisseur de mousseline et versez le jus de cuisson à travers, directement sur les clams. Rincez les clams dans ce jus pour éliminer le sable qui reste éventuellement et pour les gonfler de leur propre jus. Avec une écumoire, mettez-les dans un autre bol et couvrez-les. Filtrez le jus à travers une double épaisseur de mousseline mouillée dans une sauteuse assez grande pour contenir les pâtes quand elles seront cuites.

3. Posez la sauteuse sur feu vif et faites réduire le jus pendant 6 à 7 minutes jusqu'à un volume de 8 cl environ. Incorporez la sauce tomate en fouettant et laissez mijoter pendant 2 à 3 minutes.

4. Faites cuire les pâtes. Faites bouillir 6 litres d'eau dans un faitout, ajoutez 3 cuillerées à soupe de sel et les spaghetti, remuez et laissez-les cuire jusqu'à ce qu'ils soient *al dente*. Avec une pince à spaghetti, placez les pâtes dans une passoire. Remuez pour éliminer le maximum d'eau.

5. Versez les spaghetti dans la sauteuse et mélangez intimement. Ajoutez les clams, couvrez et faites chauffer sur feu très doux pendant 1 à

2 minutes. Goûtez et rectifiez l'assaisonnement. Répartissez les spaghetti dans des assiettes creuses bien chaudes et parsemez-les de thym frais. Servez aussitôt.

La sauce tomate impose un vin rouge. Choisissez par exemple un côtes-du-rhône rouge léger.

RIZ BRUN DE CAMARGUE
AUX HERBES

A u sud d'Arles, la Camargue étend de vastes étendues où l'on cultive le riz, un riz brun parfumé particulièrement savoureux. Aux dires des cultivateurs locaux, les grains prennent un goût spécial, typique, car ils sont séchés à l'air sec du mistral. Si vous ne trouvez pas de riz de Camargue, prenez un bon riz brun. Il est légèrement revenu à l'huile avant la cuisson à l'eau pour faire ressortir son parfum de noisette. Ce riz se sert en accompagnement de viandes en sauce, de grillades, de poissons...

POUR 6 PERSONNES

200 g de riz brun
2 c. à soupe d'huile d'olive extra-vierge
50 cl d'eau, ou de bouillon de
légumes ou de bouillon de volaille

1 c. à café de sel
un bouquet garni (persil, laurier
frais, basilic, romarin, céleri, thym)
lié en botillon

Mettez le riz et l'huile dans une grande casserole à fond épais. Mélangez sur feux doux en remuant avec une cuiller en bois pendant 2 à 3 minutes jusqu'à ce que les grains commencent à grésiller et dégager un léger parfum de grillé. Ajoutez le sel, le bouquet garni et l'eau. Mélangez et portez à ébullition sur feu vif. Couvrez et baissez le feu, faites cuire pendant 30 à 35 minutes sans remuer. Le riz est cuit, lorsque les grains sont encore un peu fermes sous la dent, sans se réduire en bouillie. Retirez le bouquet garni avant de servir.

NOTE : Le riz rancit assez vite, ce n'est donc pas un produit à garder indéfiniment. Achetez-le en petites quantités et inscrivez la date d'achat sur le paquet s'il n'indique pas la date limite d'emploi. Il est préférable de conserver le riz brun dans le réfrigérateur et de l'utiliser dans un délai de six mois.

RIZ BASMATI

Le riz indien basmati – qui signifie « reine du parfum » – me séduit par son arôme. Cultivé sur les contreforts de l'Himalaya, le basmati est un riz dont la délicatesse et la finesse sont légendaires. Si vous avez le choix entre plusieurs variétés de basmati, prenez le meilleur, le Dehradun. Dans cette recette, je n'ajoute aucun parfum, je me contente d'une cuisson traditionnelle, dans une eau légèrement salée. Pour obtenir un résultat plus aérien, plus tendre, vous pouvez faire tremper le riz dans de l'eau froide pendant une heure. Lorsque je suis pressée, je rince le riz simplement sous le robinet d'eau froide. Comme les grains sont petits et minces, ils cuisent rapidement, ce qui est un avantage supplémentaire. N'oubliez pas que le temps de cuisson du riz n'est jamais fixe : il varie selon la fraîcheur du grain, le récipient de cuisson et sa variété.

POUR 4 PERSONNES

33 cl d'eau   *3/4 de c. à café de sel*
175 g de riz basmati   *de mer fin*

1. Versez le riz dans un saladier et couvrez-le d'eau froide. Remuez-le avec vos doigts pour permettre aux impuretés de remonter à la surface. Égouttez-le soigneusement et jetez l'eau. Réservez.

2. Versez l'eau dans une casserole moyenne dotée d'un couvercle hermétique et faites-la bouillir. Versez le riz et ajoutez le sel, remuez pour empêcher que les grains n'attachent au fond. Réduisez le feu à très doux et couvrez. Laissez cuire jusqu'à ce que les grains soient tendres (comptez 10 à 15 minutes) : le riz doit avoir absorbé toute l'eau. Ne remuez pas. Retirez la casserole du feu et laissez reposer à couvert pendant quelques minutes. Remuez alors le riz avec deux fourchettes et servez.

LE COUSCOUS À MA FAÇON

L e couscous est devenu une garniture aussi courante que le riz. Il a l'avantage de la finesse et de la légèreté. Voici ma méthode favorite pour préparer la graine : elle est imparable, demande peu de temps et le résultat vous donne une semoule parfaitement fine, sans grumeaux, bien assaisonnée. Le secret est simple : un four à micro-ondes, qui permet de cuire la graine à la perfection. Servez ce couscous comme accompagnement, par exemple, avec le lapin braisé aux citrons (p. 206).

POUR 4 PERSONNES

175 g de couscous à cuisson rapide
3 c. à soupe d'huile d'olive extra-vierge

3/4 de c. à café de sel de mer fin
30 cl d'eau

Mélangez dans un grand plat creux le couscous et le sel, remuez avec une grande fourchette à deux dents. Ajoutez l'huile et mélangez jusqu'à ce que les grains soient bien séparés et enrobés d'huile. Ajoutez l'eau et continuez à remuer la graine à la fourchette. Laissez ensuite reposer pendant 15 minutes, en remuant de temps en temps jusqu'à ce que toute l'eau soit absorbée. Couvrez d'un film plastique et mettez le plat dans le centre du four à micro-ondes. Faites cuire 2 minutes au degré le plus élevé. Sortez le plat du four, remuez la graine encore une fois et servez aussitôt. (Vous pouvez très bien réchauffer un reste de couscous dans le four à micro-ondes, mais n'oubliez pas de continuer à remuer la semoule pour éviter les grumeaux.)

NOTE : On range souvent le couscous dans la catégorie des pâtes, alors qu'il s'agit d'une préparation à base de semoule de blé dur. On trouve le couscous soit sous sa forme traditionnelle, soit sous une forme précuite. Le couscous est à l'Afrique du Nord ce que les pâtes sont à l'Italie : on en consomme pratiquement chaque jour. Très nutritif, il contient 13 pour cent de protéines végétales et se caractérise par une très grande digestibilité.

SEMOULE AU LAURIER
ET AU PARMESAN

S i vous aimez la polenta mais trouvez que cela prend trop de temps
à préparer, vous allez adorer ce plat. Ici en effet, les grains délicats
de la semoule sont cuits comme pour la polenta, mais beaucoup plus
rapidement. J'utilise du lait entier dans lequel j'ai fait infuser du laurier,
puis je parfume le tout avec de la muscade et du parmesan. J'aime
servir ce plat pour accompagner aussi bien la broufade d'Arles (p. 217)
que le lapin braisé au barolo (p. 209). Les restes peuvent servir à faire
un gratin, avec du beurre et du fromage, doré sous le gril. Dans cette
recette, prenez de la semoule fine ou celle que l'on vend pour faire
les pâtes.

POUR 6 À 8 PERSONNES

170 g de semoule fine *2 c. à café de sel de mer fin*
1 litre de lait entier *60 g de parmesan fraîchement râpé*
2 feuilles de laurier *noix de muscade fraîchement râpée*

1. Mélangez dans une casserole le lait et le laurier (frais de préférence).
Portez à ébullition sur feu modéré. Retirez du feu et laissez infuser à
découvert pendant 1 heure. Si vous êtes pressé, ajoutez simplement le
laurier dans le lait pendant la cuisson de la semoule et retirez-le en fin
de cuisson.

2. Remettez la casserole sur le feu et portez à nouveau à ébullition.
Ajoutez le sel, puis la semoule, très doucement, en filet continu, en
remuant sans arrêt avec une cuiller en bois pour empêcher la formation
des grumeaux. (S'ils se forment malgré tout, écrasez-les contre les
parois de la casserole.) Lorsque vous avez versé toute la semoule,
réglez le feu pour que la bouillie frémisse. Remuez sans arrêt (environ
5 minutes) jusqu'à ce qu'il se forme une masse qui se détache des parois
de la casserole comme s'il s'agissait d'une purée de pommes de terre.
Incorporez le fromage et muscadez, mélangez intimement. Retirez le
laurier, rectifiez l'assaisonnement et servez. (La semoule durcit en
refroidissant, mais redevient souple quand on la fait chauffer.)

6

PAINS

Tous les jours que Dieu fait, en Provence, on peut me trouver le matin dans la cuisine en train de mélanger, de pétrir ou de concocter un pain, un biscuit, une pâte à tarte ou une fougasse. Je connais peu de tâches manuelles qui donnent au cuisinier autant de satisfaction intellectuelle que faire du pain. Je retire de ces simples gestes un sentiment de réelle satisfaction avant que le soleil ne soit complètement levé, avant que je ne descende la route pour aller faire un tour ou quelques emplettes au marché. Le pain est patience, le pain est souplesse, le pain est affection. Il y en a un pour le petit déjeuner (comme les petites brioches au chocolat), un pour les sandwiches que nous prenons pour le retour en train sur Paris (le pain au poivre et au parmesan) et ceux que l'on aime servir avec le fromage (comme le pain de seigle aux fruits séchés). En hiver, j'adore la densité chaleureuse et réconfortante du pain de seigle de Rita, et pour Noël, la pompe provençale répond à notre envie de tradition. Les petits pains aux pignons évoquent pour moi le soleil et l'été, tandis que les biscuits à l'avoine figurent au menu lorsque j'ai envie de proposer un assortiment de fromages bleus.

POMPE À L'HUILE
OU BRIOCHE PROVENÇALE
À L'HUILE D'OLIVE

Il y a bien des années, pour notre premier Noël en Provence, je confectionnai une pompe à l'huile. Puis j'oubliai pour ainsi dire la recette. Récemment, je l'ai redécouverte et, en une semaine, j'en ai fait plus d'une demi-douzaine de versions différentes. J'ai associé la pâte dorée de la brioche avec des tranches de foie gras poêlées et une sauce aigre-douce au xérès, comme j'avais eu l'occasion d'en goûter en Espagne ; je m'en suis servi pour cuire au four en brioche de la chair à saucisse truffée, et servir avec une sauce à la moutarde ; je l'ai aussi proposée en guise de dessert avec du fromage et un chutney à l'aigre-doux. Le matin, mes invités, au petit déjeuner, se découpaient d'épaisses tranches de brioche pour les faire griller et les déguster avec de la confiture d'abricots. Rares sont les recettes aussi faciles à transformer que celle-là. Pour ma part, j'adore les brioches, mais la seule chose qui me rebute un peu, c'est la forte proportion de beurre qu'elles comportent. Cette recette n'utilise en revanche que de l'huile d'olive extra-vierge ; elle est diététiquement idéale, légère, juste un peu sucrée, parfaite pour le petit déjeuner, le déjeuner et le dîner. Bref, irrempla-çable !

POUR 1 GROSSE BRIOCHE

1 c. à café de levure du boulanger
1 c. à café de sucre
1/4 de litre d'eau tiède (40°)
2 c. à soupe d'huile d'olive extra-vierge
2 gros œufs à température ambiante
2 c. à café de sel de mer fin

le zeste râpé d'une orange non traitée
le zeste râpé d'un citron non traité
1 c. à soupe d'eau de fleur d'oranger (facultatif)
650 g de farine
1 jaune d'œuf battu pour la dorure

1. Dans le bol mélangeur d'un robot électrique équipé d'une spatule, versez la levure, le sucre et l'eau, mélangez et laissez reposer pendant 5 minutes jusqu'à ce que le mélange devienne mousseux. Incorporez l'huile d'olive, les œufs, le sel, les zestes d'agrumes et l'eau de fleur d'oranger (ou à la place 1 cuillerée à soupe d'eau du robinet). Mélangez intimement.

2. Incorporez la farine petit à petit en faisant marcher le robot à la vitesse la plus basse jusqu'à ce que la farine soit presque entièrement absorbée et que la pâte forme une boule. Continuez à pétrir pendant 4 à 5 minutes, jusqu'à ce qu'elle soit douce et satinée, mais encore ferme. Ajoutez encore un peu de farine pour empêcher la pâte de coller aux parois.

3. Versez la pâte dans une terrine, couvrez avec un film plastique et mettez au réfrigérateur. Laissez lever pendant 8 à 12 heures jusqu'à ce que la pâte ait doublé, voire triplé de volume. (La pâte peut se conserver pendant 2 à 3 jours dans le réfrigérateur ; il suffit d'y enfoncer le poing chaque fois qu'elle double de volume.)

4. Sortez la pâte du réfrigérateur environ une heure avant de la faire cuire. Enfoncez-la avec le poing, roulez-la en gros boudin et façonnez-la en couronne. Posez-la sur une tôle à revêtement antiadhésif, placez une petite tasse à thé dans le trou central de la couronne pour éviter qu'il se comble. Couvrez le tout avec un torchon propre et laissez lever pendant 1 heure jusqu'à ce que la pâte ait doublé de volume.

5. Préchauffez le four à 200 ˚C (thermostat 6/7).

6. Retirez le torchon et la tasse à thé et badigeonnez la brioche au jaune d'œuf. Enfournez la tôle à mi-hauteur et laissez cuire pendant 30 minutes jusqu'à ce que le dessus soit bien doré. Faites tourner la tôle de temps en temps si le four chauffe irrégulièrement.

7. Sortez la brioche du four et faites-la refroidir sur une grille. Enfermée dans une poche hermétique en plastique, elle peut se conserver fraîche pendant 2 à 3 jours.

VARIANTES : En Provence, la pompe à l'huile est parfois aromatisée avec une cuillerée à café de graines de fenouil, ou même enroulée en deux couches, avec au milieu plusieurs cuillerées à soupe de confiture de coings.

À PROPOS DE LEVURE. En pâtisserie on utilise deux sortes de levures : le *levain*, ou levure du boulanger, et la *levure chimique*.
Le levain renferme des bactéries lactiques, des ferments, des cellules de levure de bière qui ont besoin, pour manifester leur activité, d'humidité et de chaleur douce. C'est à cette condition que les cellules se développent, dissocient les éléments d'une pâte renfermant du *gluten*, et produisent du gaz carbonique. Il faut compter de 2 à 3 heures pour que la pâte puisse monter. Les bulles de gaz carbonique poussent la pâte, la font gonfler et lui donnent, en même temps qu'un volume plus grand, une plus grande légèreté. Le levain doit être de première fraîcheur pour avoir une activité quelconque.
La levure chimique est une poudre blanche fabriquée avec du bicarbonate de soude, de l'acide tartrique, un peu d'amidon et des phosphates de magnésie, soude et chaux. Il se produit un dégagement instantané de gaz carbonique, qui est encore augmenté par la cuisson.
On peut quelquefois remplacer la levure chimique par une petite quantité de bicarbonate de soude ou de bicarbonate d'ammoniaque, mais un excès de ces produits peut donner un goût détestable.
Un excès de levure ou de levain rend la pâte tellement légère qu'elle se trouve complètement dissociée. Les parcelles de pâte n'ont plus

aucune cohésion entre elles. Et quand la pâte se trouve très dilatée, elle retombe rapidement.

UNE TRADITION DE NOËL. Dans la région d'Aix-en-Provence, on l'appelle gibassier. À Manosque, c'est la fougasse. Dans le nord du Vaucluse, c'est la pogne. Mais quel que soit son nom, la pompe à l'huile est sacrée en Provence. C'est un élément essentiel du repas de Noël. Préparée avec la première huile pressée de la saison, elle est disponible à cette époque dans toutes les boulangeries.

PETITS PAINS
AUX PIGNONS

Une année en juillet, des amis nous invitèrent à dîner à Èze, un village perché des environs de Monte-Carlo. J'en garde un souvenir très vif, notamment grâce à un assortiment de pains délicieux, parmi lesquels ces petits pains aux graines du pin parasol : les pignons. Mais, attention, mieux vaut les acheter en petites quantités et les conserver dans le congélateur car ils rancissent vite. Avant de les utiliser, faites-les griller pendant 2 à 3 minutes à four chaud, pour qu'ils dégagent le maximum de parfum.

POUR 15 PETITS PAINS

1 recette de pâte à pain (p. 158)   *125 g de pignons grillés et refroidis*

1. Préparez la pâte à pain jusqu'à l'étape 3. Environ 1 heure 1/2 avant de faire cuire les petits pains, sortez la pâte du réfrigérateur. Enfoncez-la avec le poing et mettez-la dans une terrine, couvrez d'un torchon et laissez lever à température ambiante pendant 1 heure.

2. Préchauffez le four à 230 ˚C (thermostat 8).

3. Enfoncez à nouveau la pâte avec le poing. Partagez-la en 15 portions égales, pesant chacune environ 60 g. Enfoncez plusieurs cuillerées à café de pignons de pin dans chaque portion de pâte, puis façonnez-la en petits pains ronds en aplatissant chaque portion. Rangez les petits pains sur une plaque à pâtisserie. Posez dessus un torchon propre et laissez lever pendant 30 minutes.

4. Retirez le torchon et enfournez à mi-hauteur. Avec un vaporisateur à plantes vertes, humectez le fond et les parois du four. Vaporisez 3 fois au cours des 6 minutes suivantes. (Cette humidité favorise la formation d'une belle croûte dorée.) Faites cuire les petits pains pendant 20 à 25 minutes jusqu'à ce qu'ils soient bien dorés, en faisant tourner la plaque de temps en temps si le four chauffe irrégulièrement.

5. Sortez la plaque du four et faites refroidir les petits pains sur une grille. Il est conseillé de les consommer le jour même.

PETITES BRIOCHES
AU CHOCOLAT ET
AU MIEL DE LAVANDE

L a meilleure façon pour moi de commencer un dimanche, c'est de déguster plusieurs tasses d'expresso bien serré avec l'une de ces délicates petites brioches farcies au chocolat. L'idée de marier le pain et le chocolat de cette façon est tout à fait particulière. Cette recette (une variante au lait de la pompe à l'huile provençale) est meilleure préparée la veille, ce qui permet à la pâte de lever lentement dans le réfrigérateur pendant la nuit. Cette poussée lente et mesurée donne une pâte à brioche plus tendre et parfumée. Ne vous en faites pas si du chocolat s'échappe pendant la cuisson, c'est inévitable ! Je préfère utiliser ici du miel de lavande, mais tout autre miel fera l'affaire. Le mariage chocolat (Lindt Excellence par exemple) miel est vraiment parfait.

POUR 12 PETITES BRIOCHES

1 c. à café de levure du boulanger
2 c. à soupe de miel
1/4 de litre de lait entier
4 c. à soupe d'huile d'olive extra-vierge
2 gros œufs à température ambiante
2 c. à café de sel fin
650 g de farine
100 g de chocolat noir
1 jaune d'œuf pour la dorure
1 c. à soupe de lait entier
1 c. à soupe de sucre

1. Dans un bol mélangeur d'un robot électrique équipé d'une spatule, versez la levure, le sucre et le lait tiédi, puis mélangez. Laissez reposer 5 minutes jusqu'à ce que le mélange soit mousseux. Incorporez ensuite l'huile d'olive, les œufs, le miel et le sel.

2. Ajoutez la farine petit à petit en mélangeant à la vitesse la plus basse jusqu'à ce que presque toute la farine soit incorporée et que la pâte forme une boule. Continuez à pétrir, 4 à 5 minutes, jusqu'à ce que la pâte soit douce et satinée mais encore ferme, en ajoutant un peu de farine pour l'empêcher de coller.

3. Couvrez le bol d'un film plastique et mettez-le au réfrigérateur. Laissez lever pendant 8 à 12 heures jusqu'à ce que la pâte ait doublé, voire triplé de volume. (Vous pouvez garder cette pâte pendant 2 à 3 jours dans le réfrigérateur ; il suffit d'y enfoncer le poing chaque fois qu'elle double de volume.)

4. Sortez la pâte du réfrigérateur, environ une heure avant de faire cuire les brioches. Enfoncez-la avec le poing et partagez-la en 12 portions égales, de 90 g chaque. Avec la paume de la main, aplatissez chaque portion en galette. Enfoncez un morceau de chocolat dans chaque portion de pâte et façonnez en une petite boule de manière à enfermer complètement le chocolat. Rangez les brioches sur une plaque à pâtisserie, couvrez-les d'un torchon et laissez lever pendant 30 à 45 minutes.

5. Préchauffez le four à 200 ˚C (thermostat 6/7).

6. Préparez la dorure : mettez le jaune d'œuf dans un bol et fouettez-le légèrement à la fourchette ; ajoutez le lait, le sucre et mélangez. Retirez le torchon qui couvre les brioches et badigeonnez-les une par une avec la dorure. Enfournez à mi-hauteur et faites cuire pendant 15 à 20 minutes jusqu'à ce que les brioches soient bien dorées, en faisant pivoter la plaque de cuisson de temps en temps pour assurer une cuisson régulière et uniforme.

7. Sortez les brioches du four et faites-les refroidir sur une grille pendant 10 à 15 minutes avant de les servir. Vous pouvez les conserver dans un sac en plastique hermétique pendant 2 à 3 jours.

VARIANTES : On peut confectionner ces brioches avec toutes sortes de parfums. Parmi les condiments sucrés, on peut citer les amandes ou les noisettes enrobées de miel, un mélange de zestes confits d'orange et de citron, des pruneaux ou des dattes hachés. Au chapitre du salé, essayez par exemple des olives, de la tapenade ou un mélange de fines herbes fraîches, thym, sarriette et romarin par exemple.

PAIN AUX GRAINES DE SÉSAME, LIN ET TOURNESOL

J e fais mon pain régulièrement, en général un pain au levain dont j'enrichis la pâte avec des graines qui donnent une consistance particulière, un croquant et une saveur que j'aime beaucoup. Comme tout le monde n'a pas le temps ou l'envie de garder un levain de côté, j'ai mis au point une version rapide de fabrication du pain. La quantité de farine est plus importante, celle de levure plus réduite, et la pâte est mise à lever dans le réfrigérateur. Ce pain est pétri à l'aide d'un robot, et non à la main, ce qui donne une pâte riche en gluten, avec des trous régulièrement répartis dans la mie.

POUR 1 PAIN

1 c. à café de levure du boulanger	1 c. à soupe de sel de mer fin
1 c. à café de sucre	75 g de graines de sésame
1 litre d'eau tiède (40°)	75 g de graines de lin
1,200 kilo de farine	75 g de graines de tournesol

1. Dans le bol mélangeur d'un robot électrique équipé d'une spatule plate, réunissez la levure, le sucre et 1/4 de litre d'eau tiède. Mélangez et laissez reposer pendant 5 minutes jusqu'à ce que le mélange soit mousseux.

2. Incorporez le sel et 1/4 de litre d'eau tiède, puis mixez à vitesse réduite pendant 1 minute. Incorporez le reste d'eau, puis ajoutez progressivement 500 g de farine ; mélangez intimement pendant 3 minutes. Ajoutez lentement le reste de farine et mixez pendant 3 minutes. Quand on ajoute la farine lentement et sans s'arrêter, on obtient une pâte bien dense. Incorporez enfin les graines de sésame, de lin et de tournesol, puis mixez encore pendant 1 minute jusqu'à ce que la pâte commence à former une boule un peu molle mais qui se tient ; elle doit se détacher des parois du bol mélangeur en formant une boule collante. Grattez la pâte qui adhère à la spatule.

3. Couvrez le bol d'un film plastique et mettez-le dans le réfrigérateur pendant 8 heures jusqu'à ce que la pâte ait doublé de volume.

4. Versez ensuite la pâte sur le plan de travail légèrement fariné et pétrissez-la à la main pendant 2 minutes. Remettez-la dans le bol, couvrez et mettez au réfrigérateur pendant encore 8 heures (ou toute la nuit), pour qu'elle double encore de volume.

5. Enfoncez la pâte avec le poing. Mettez-la dans une terrine propre, couvrez et laissez reposer à température ambiante dans un endroit à l'abri des courants d'air pendant encore 3 à 4 heures.

6. Façonnez la pâte en forme de tourte ou de miche. Étalez un grand torchon fariné dans un grand moule ou un paneton rectangulaire et mettez la pâte dedans, face lisse dessous. Rabattez le torchon par-dessus et laissez lever à température ambiante pendant 1 heure 15.

7. Au moins 40 minutes avant de mettre la pâte dans le four, préchauf-fez celui-ci à 260 ˚C (thermostat 9). Si vous avez une pierre à four, mettez-la dans le four pour la chauffer.

8. Farinez légèrement une tôle à pâtisserie sans rebords. Retournez la pâte sur cette tôle. Pratiquez plusieurs incisions rapides en biais à la surface de la pâte avec une lame de rasoir, pour qu'elle puisse monter régulièrement pendant la cuisson. D'un geste rapide du poignet, faites glisser le pain sur la tôle dans le four (ou sur la pierre). Avec un vapo-risateur, humectez généreusement le fond et les parois du four, puis vaporisez encore 3 fois au cours des 6 minutes suivantes. (La vapeur ainsi créée va favoriser la formation d'une belle croûte et permettra à la pâte de mieux lever.) Au bout de 10 minutes de cuisson, lorsque le pain est légèrement doré, baissez la température à 210 ˚C (thermostat 7) et faites tourner le pain dans le four pour qu'il dore uniformément. Poursuivez la cuisson jusqu'à un total de 55 minutes, jusqu'à ce que la croûte soit bien dorée et que le pain sonne creux quand on le tape par en dessous. Faites refroidir sur grille. Attendez une bonne heure avant de couper le pain en tranches car il continue à cuire pendant le refroidissement.

BISCUITS D'AVOINE
POUR LE FROMAGE

C haque fois que je me trouve en Angleterre, j'oublie les desserts et je prends du fromage, accompagné de biscuits et d'un petit verre de porto. Lorsque les biscuits sont friables et délicats, le fromage bien affiné et piquant, le porto juste assez vieux, le mélange des saveurs et des textures est absolument parfait. Ces biscuits, ou crackers comme on les appelle aussi, sont délicieux avec un cheddar bien affiné, un cantal vieux ou n'importe quel type de fromage persillé. Vous pouvez accompagner le tout d'une cuillerée de chutney de figues aux prunes (p. 267). Cette pâte est particulièrement facile à réussir.

POUR 24 BISCUITS ENVIRON

100 g de farine	1/2 c. à café de bicarbonate de soude
100 g de flocons d'avoine	75 g de beurre
1/2 c. à café de sel de mer	1 c. à café de jus de citron
2 c. à café de sucre brun	3 à 4 c. à soupe de lait entier

1. Préchauffez le four à 200 °C (thermostat 6/7).

2. Dans un robot, réunissez la farine, l'avoine, le sel, le sucre brun et le bicarbonate, mélangez intimement. Sortez le beurre du réfrigérateur. Coupez-le en petits dés et ajoutez-le dans le bol du robot. Actionnez l'appareil jusqu'à l'obtention d'une pâte grossièrement sablée (10 fois environ). Incorporez le jus de citron et 3 cuillerées à soupe de lait, puis actionnez l'appareil environ 10 fois encore jusqu'à ce que la pâte commence à prendre consistance. Ajoutez le reste de lait si le mélange est trop sec. Ne travaillez pas trop la pâte. Celle-ci doit former une boule.

3. Avec une raclette, faites tomber la pâte sur le plan de travail fariné. Abaissez-la sur 3 mm d'épaisseur. Avec une roulette à biscuits cannelée de 5 cm de diamètre, découpez des ronds de pâte. Rangez-les sur plusieurs tôles à patisserie à revêtement antiadhésif. Piquez-les quatre ou cinq fois chacun avec une fourchette en formant un motif décoratif.

4. Enfournez et laissez cuire de 12 à 15 minutes jusqu'à ce que la texture des biscuits soit ferme et qu'ils aient légèrement gonflés. Si votre four ne chauffe pas très uniformément, faites tourner les tôles : celles du bas vers le haut et d'avant en arrière.

5. Sortez les tôles du four et laissez refroidir pendant 1 minute. Avec une spatule en métal, transférez les biscuits sur une grille pour les faire refroidir complètement. Vous pouvez les conserver dans une boîte hermétique à température ambiante pendant 1 semaine.

Bien que le porto soit un classique avec ces biscuits
(je vous recommande notamment le Churchill's
Tawny Port de 10 ans d'âge), je vous
conseille aussi le xérès (par exemple l'Oloroso Dulce
de Gonzalez Byass) ou un vin doux naturel comme celui du
Domaine La Soumade en Provence, ou bien un marsala
comme le Riversa de De Bartoli.

NOTES : Les flocons d'avoine sont un produit plus complexe qu'il n'y paraît à première vue. Selon le processus de fabrication, on trouve des flocons dont la présentation peut varier, entre les flocons, les pétales, les flocons rapides, etc. Pour les recettes de pain, je déconseille de prendre des flocons rapides, car ils sont trop minces et fragiles.

Le bicarbonate de soude est une poudre alcaline, composant essentiel des poudres levantes. On l'emploie en pâtisserie comme levure chimique associée à un ingrédient acide, tel le lait aigre, le jus de citron, le vinaigre, la crème aigre ou la mélasse. Le bicarbonate de soude neutralise une partie de l'acidité et, par conséquent, fait lever la préparation.

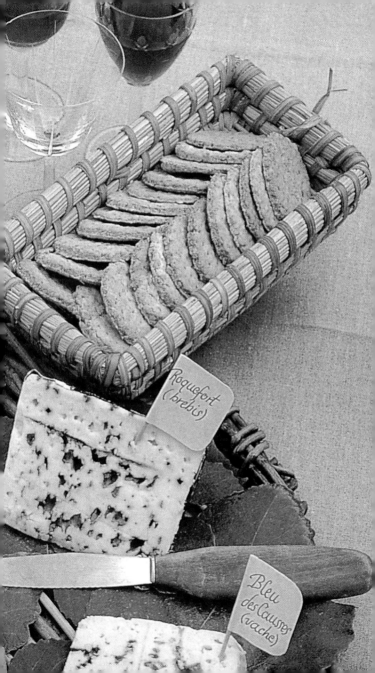

Roquefort
(brebis)

Bleu
des Causses
(vache)

PAIN AU PARMESAN
ET AU POIVRE

J'ai goûté ce pain à la saveur relevée et aromatique dans le magnifique restaurant de fruits de mer de Richard Stein, à Padstow, petit village côtier des Cornouailles. Ma propre recette s'inspire de celle du pain de mie, à mie fine et presque sans croûte, mais j'utilise une farine complète de sorte que le pain est d'une jolie teinte brune. C'est un pain que j'aime servir avec du fromage persillé et un verre de porto.

POUR 1 PAIN

un moule à pain de 1,5 litre

1 c. à café de levure du boulanger	*550 à 675 g de farine complète*
1 c. à café de sucre	*60 g de parmesan fraîchement râpé*
1/3 de litre de lait entier	*1 c. à café de poivre noir*
1 1/2 c. à café de sel	*du moulin*
60 g de beurre fondu	*beurre pour le moule*

1. Beurrez le moule ainsi que son couvercle (ou un morceau de papier d'aluminium faisant office de couvercle). Faites tiédir le lait (40 °C).

2. Dans le bol mélangeur d'un robot électrique équipé d'une spatule, mélangez la levure, le sucre et le lait. Laissez reposer 5 minutes jusqu'à ce que le mélange soit mousseux. Ajoutez le sel et le beurre, mélangez intimement.

3. Ajoutez la farine petit à petit en mélangeant bien après chaque ajout et en actionnant la vitesse la plus réduite jusqu'à ce que presque toute la farine soit absorbée et que la pâte forme une boule. Incorporez le fromage et le poivre. Continuez à pétrir pendant 4 à 5 minutes jusqu'à ce que la pâte soit douce et satinée, mais encore ferme, en ajoutant encore un peu de farine pour l'empêcher de coller.

4. Versez la pâte dans le moule et appuyez dessus délicatement pour vous assurer qu'elle le remplit jusque dans les coins. Couvrez hermétiquement. Laissez lever à température ambiante pendant 2 heures jusqu'à ce que la pâte ait doublé de volume.

5. Environ 30 minutes avant de faire cuire le pain, préchauffez le four à 190 °C (thermostat 5).

6. Mettez le moule couvert dans le four à mi-hauteur et faites cuire pendant 25 minutes jusqu'à ce que le pain soit bien doré. Sortez-le du four, démoulez-le et faites-le refroidir sur une grille. Si vous le mettez dans un sac en plastique hermétique, vous pouvez le conserver frais pendant 2 à 3 jours.

PAIN DE CAMPAGNE
À LA FARINE DE MAÏS

P our mon répertoire de pains, je suis toujours à la recherche de saveurs nouvelles et naturelles. Un jour, j'ai pensé à la farine de maïs et j'ai mis au point cette recette, agréablement parfumée, mais pas trop compacte comme le sont parfois les pains au maïs. Servez par exemple ce délicieux pain avec du foie gras (p. 30), ou chaque fois que vous avez envie de savourer un bon pain avec une belle croûte.

POUR 1 GRAND PAIN OU 2 MOYENS

1 c. à café de levure du boulanger	*1 c. à soupe d'huile d'olive extra-vierge*
1 c. à café de sucre	*30 cl d'eau tiède*
20 cl de lait	*800 g de farine de blé*
1 c. à soupe de sel de mer fin	*300 g de farine de maïs*

1. Faites tiédir le lait (40 °C). Dans le bol mélangeur d'un robot électrique équipé d'une spatule, réunissez la levure, le sucre et le lait tiède ; mélangez et laissez reposer 5 minutes jusqu'à ce que le mélange soit mousseux. Ajoutez ensuite le sel, l'huile et l'eau, puis mélangez.

2. Ajoutez très progressivement environ les deux tiers de la farine de blé dans le bol mélangeur, en mixant à vitesse réduite jusqu'à ce que le mélange soit parfait après chaque ajout. Incorporez petit à petit la farine de maïs, toujours à vitesse réduite, en mélangeant bien à chaque ajout. Ajoutez autant de farine que nécessaire en mélangeant à vitesse réduite jusqu'à ce que presque toute la farine soit absorbée et que la pâte commence à former une boule. Continuez à pétrir pendant 5 minutes à vitesse réduite.

3. Couvrez d'un film plastique et mettez le bol au réfrigérateur. Laissez lever pendant 8 heures jusqu'à ce que la pâte ait doublé de volume.

4. Le lendemain, sortez la pâte du réfrigérateur, enfoncez-la avec le poing et couvrez à nouveau le bol d'un film plastique. Laissez lever à température ambiante pendant 2 à 3 heures jusqu'à ce que la pâte ait encore doublé de volume.

5. Enfoncez la pâte avec le poing et pétrissez-la pendant 30 secondes. Façonnez-la en un rectangle épais en abaissant la boule sur le plan de travail, puis en la repliant sur elle-même. Étalez un grand torchon fariné dans un grand moule ou un paneton rectangulaire ; parsemez-le généreusement de farine de maïs et posez la pâte dedans, face lisse dessous. Rabattez le torchon par-dessus et laissez lever à température ambiante pendant 1 heure 15 jusqu'à ce qu'elle ait doublé de volume. (Vous pouvez aussi façonner deux pains plus petits et les faire lever sur une tôle à pâtisserie, couverts d'un torchon propre.)

6. Préchauffez le four à 245 °C (thermostat 8) au moins 40 minutes avant de mettre le pain à cuire. Si vous utilisez une pierre à four, faites-la chauffer dans le four.

7. Farinez légèrement une tôle à pâtisserie sans rebords et retournez la pâte dessus. Faites quelques incisions rapides en biais sur le dessus de la pâte avec une lame de rasoir pour qu'elle puisse monter pendant la cuisson. D'un rapide mouvement du poignet, faites glisser le pain dans le four. Avec un vaporisateur, humectez largement le centre du four (si le pain est mouillé, cela n'a pas d'importance) et vaporisez encore 3 fois au cours des 6 premières minutes de cuisson. (La vapeur ainsi engendrée va favoriser la formation d'une belle croûte et permettre à la pâte de mieux lever.) Au bout de 10 minutes de cuisson, lorsque le pain est déjà un peu doré, baissez la température à 200 °C (thermostat 6/7) et faites pivoter le pain pour qu'il puisse dorer uniformément. Faites cuire pendant encore 20 à 25 minutes (le temps total de cuisson est de 30 à 35 minutes) jusqu'à ce que la croûte soit brun doré et que le pain sonne creux quand on le tape par en dessous.

8. Sortez le pain du four et faites-le refroidir sur grille. Attendez au moins une heure avant de le découper en tranches, car il continue à cuire pendant le refroidissement. Vous pouvez conserver ce pain frais pendant 3 à 4 jours, enfermé dans une poche en plastique hermétique.

NOTE : Semoule, farine de maïs, polenta... Qu'en est-il précisément ? Le terme « semoule » désigne des céréales réduites, assez grossièrement, en petites particules. Certaines semoules sont issues de blé dur, d'autres de riz. La polenta, quant à elle, provient du maïs.

PAIN DE SEIGLE
AUX FRUITS SÉCHÉS

U n jour d'avril, alors que j'étais en train de mettre de l'ordre dans les placards de la cuisine, je suis tombée sur plusieurs sachets entamés de fruits séchés. Je les ai tous mélangés et j'ai fabriqué un pain dense qui se marie bien au fromage frais, notamment à celui de chèvre. Après avoir goûté ce pain, mes invités ne voulurent pas attendre le fromage. Ils en voulaient au petit déjeuner, à midi, le soir. Quel meilleur compliment peut-on faire à une cuisinière !

Vous n'avez pas besoin de respecter à la lettre les proportions ni les différentes variétés de fruits secs : il suffit d'utiliser ceux que vous avez sous la main. Assurez-vous cependant qu'ils sont tous de bonne qualité.

POUR 1 PAIN

1 c. à café de levure	*1 c. à soupe de miel*
du boulanger	*50 g d'abricots secs coupés*
1 c. à café de sucre	*en morceaux*
3/4 de litre d'eau	*75 g de raisins secs*
700 g de farine complète	*75 g de figues sèches coupées*
150 g de farine de seigle	*en morceaux*
2 c. à café de sel de mer fin	*25 g de cerneaux de noix*

1. Faites tiédir l'eau (40 °C). Dans le bol mélangeur d'un robot électrique équipé d'une spatule plate, réunissez la levure, le sucre et l'eau tiède. Mélangez puis laissez reposer pendant 5 minutes jusqu'à ce que le mélange soit mousseux.

2. Pendant ce temps, mélangez dans un bol les fruits séchés et les noix en ajoutant 1 cuillerée à soupe de farine. Cette précaution empêche les fruits de coller les uns aux autres et permet de mieux les répartir dans la pâte. Réservez.

3. Ajoutez dans le robot le sel puis la farine, petit à petit, en mélangeant bien après chaque ajout, à vitesse réduite, jusqu'à ce que presque toute la farine soit absorbée et que la pâte forme une boule. Ajoutez ensuite le miel et continuez à pétrir pendant 4 à 5 minutes jusqu'à ce que la pâte soit douce et satinée, mais encore ferme, en ajoutant encore un peu de farine pour l'empêcher de coller. Incorporez les fruits et mélangez juste assez pour bien les intégrer. Grattez la spatule. Si les fruits ne sont pas bien répartis dans la pâte avec le robot, pétrissez la pâte à la main.

4. Couvrez le bol d'un film plastique et mettez-le dans le réfrigérateur pendant 8 heures jusqu'à ce que la pâte ait doublé de volume.

5. Versez la pâte sur le plan de travail légèrement fariné et pétrissez-la pendant 2 minutes à la main. Remettez-la dans le bol mélangeur, couvrez et laissez lever à température ambiante pendant 2 à 3 heures jusqu'à ce qu'elle ait encore doublé de volume.

6. Façonnez la pâte en grosse tourte. Posez un grand torchon fariné dans un grand moule ou un paneton rectangulaire et posez la pâte dedans, face lisse dessous, puis rabattez le torchon par-dessus et laissez lever à température ambiante pendant 2 à 3 heures.

7. Au moins 40 minutes avant d'enfourner, préchauffez le four à 260 °C (thermostat 9). Si vous utilisez une pierre à four, faites-la chauffer également.

8. Farinez légèrement une plaque à pâtisserie sans rebords, retournez la boule de pâte dessus. Pratiquez quelques incisions en biais sur le dessus de la pâte avec une lame de rasoir pour permettre au pain de bien gonfler pendant la cuisson. Avec un rapide mouvement du poignet, faites glisser le pain sur la pierre ou sur la tôle du four. Avec un vaporisateur, humectez largement tout l'intérieur du four et vaporisez encore trois fois de l'eau au cours des 6 premières minutes de cuisson. La vapeur ainsi engendrée va donner au pain une belle croûte et favoriser la levée de la pâte. Au bout de 10 minutes de cuisson, lorsque le pain est déjà un peu coloré, réduisez la température du four à 210 °C (thermostat 7) et faites tourner le pain sur la tôle pour qu'il dore uniformément. Poursuivez la cuisson pendant encore 30 minutes (pour un temps total de 40 minutes) jusqu'à ce que la croûte soit bien dorée et que le pain sonne creux quand on le tape par en dessous. Faites refroidir sur grille et attendez au moins une heure avant de le couper en tranches car il continue à cuire pendant le refroidissement.

PÂTE À PAIN

C'est une recette de base simple que j'utilise pour préparer pizzas, petits pains ou croûtes de tarte salée.

***POUR 15 PETITS PAINS,
1 FOND DE TARTE OU 4 PETITES PIZZAS***

1 c. à café de levure du boulanger   *2 c. à soupe d'huile d'olive extra-vierge*
1 c. à café de sucre   *1 c. à café de sel de mer fin*
35 cl d'eau tiède (40 °C)   *550 g environ de farine à pain*

1. Dans le bol mélangeur d'un robot équipé d'une spatule, mélangez la levure, le sucre et l'eau. Mixez. Laissez reposer pendant 5 minutes, puis ajoutez l'huile et le sel.

2. Ajoutez ensuite la farine, petit à petit, en mélangeant à la vitesse la moins rapide jusqu'à ce que presque toute la farine soit absorbée et que la pâte forme une boule. Continuez à pétrir pendant 4 à 5 minutes jusqu'à ce que la pâte soit douce et satinée, mais encore ferme, en ajoutant un peu de farine pour l'empêcher de coller.

3. Mettez la pâte dans une terrine, couvrez-la d'un film plastique et mettez-la dans le réfrigérateur. Laissez la pâte lever pendant 8 à 12 heures jusqu'à ce qu'elle ait doublé ou triplé de volume. (Vous pouvez garder la pâte dans la réfrigérateur pendant 2 à 3 jours ; il suffit simplement d'enfoncer la pâte avec le poing quand elle augmente de volume.) Utilisez cette pâte pour la recette de tarte, de pizza ou de petit pain de votre choix.

LE PAIN DE SEIGLE DE RITA

Il y a des années, mon ami Yale Kramer m'envoya cette recette qu'il avait dédiée à sa femme Rita. Il fit cuire ce pain un soir et le lui proposa le lendemain matin en cadeau. « C'est un pain délicieux au petit déjeuner pour accompagner du gouda ou du gruyère et, à mon avis, c'est le pain idéal pour le croque-monsieur », avait-il écrit en commentaire. Bien plus tard, un jour que je confectionnais ce pain à Chanteduc pour nous, il précisa sa pensée : « C'est de toute évidence un pain spécial, et pas un pain pour accompagner le repas. Il est divin grillé avec du beurre, ou en complément du plateau de fromages. »

POUR 1 PAIN

1 c. à café de levure du boulanger	550 g environ de farine de seigle
1 c. à café de sucre	670 g de farine à pain complète
75 cl d'eau tiède (40 °C environ)	4 c. à soupe de graines de cumin
1 c. à soupe de sel de mer fin	1 c. à soupe de graines de fenouil
	2 c. à soupe de miel

1. Dans le bol d'un robot ménager équipé d'une spatule, mélangez la levure, le sucre et 25 cl d'eau. Mélangez et laissez reposer 5 minutes jusqu'à l'apparition d'une mousse. Ajoutez le sel et le reste d'eau, mélangez, puis ajoutez lentement la farine de seigle et mélangez à la vitesse la plus basse possible jusqu'à ce que toute la farine soit absorbée. Ajoutez ensuite la farine à pain lentement, puis les graines de cumin et le fenouil, ainsi que le miel. Continuez à mélanger à vitesse lente jusqu'à ce que la pâte forme une boule, puis mélangez toujours, jusqu'à ce qu'elle devienne douce et satinée, mais encore ferme, pendant 4 à 5 minutes, en ajoutant un peu de farine supplémentaire pour empêcher la pâte de coller. La boule de pâte doit se détacher des parois du bol.

2. Couvrez et laissez reposer la pâte à température ambiante pendant 2 à 3 heures pour qu'elle lève et double de volume. Enfoncez-la avec le poing et laissez-la lever à nouveau pendant 2 à 3 heures jusqu'à ce qu'elle ait encore doublé de volume.

3. Façonnez la pâte en une grosse boule aplatie ; elle doit être assez collante. Pour la manipuler plus facilement, farinez-vous les mains avant de la toucher. Posez un grand torchon fariné dans un grand moule à pain ou un paneton rectangulaire, et placez la pâte, face lisse dessous, dans le moule ou le paneton. Rabattez les pans du torchon par-dessus sans serrer. Laissez lever à température ambiante pendant 2 à 3 heures jusqu'à ce qu'elle ait doublé de volume.

4. Au moins 40 minutes avant d'enfourner la pâte, préchauffez le four à 260 °C (thermostat 9). Si vous utilisez une pierre à four, placez-la dans le four pour la préchauffer.

5. Farinez légèrement une plaque sans rebords et retournez la boule de pâte dessus. Faites plusieurs entailles obliques sur le dessus de la boule avec une lame de rasoir pour que la pâte puisse gonfler régulièrement pendant la cuisson. D'un mouvement rapide du poignet, faites glisser le pain sur la plaque. Avec un vaporisateur, humidifiez généreusement l'intérieur du four. Puis vaporisez à nouveau trois fois au cours des 6 minutes qui suivent. La vapeur ainsi créée favorise la formation d'une belle croûte et permet à la pâte de monter dans de bonnes conditions. Une fois que le pain est légèrement doré – au bout de 10 minutes – baissez la chaleur à 210 °C (thermostat 7) et faites pivoter le pain pour qu'il se colore régulièrement. Poursuivez la cuisson jusqu'à ce que le pain soit bien doré et qu'il sonne creux quand on le tape par en dessous, environ 30 minutes de plus (pour une cuisson totale de 40 minutes environ). Faites refroidir le pain sur une grille. Attendez au moins une heure avant de le couper en tranches, car il continue à cuire pendant le refroidissement.

PAIN DE SEIGLE AU CUMIN

Cette recette appartient au répertoire de mon enfance. C'est même l'une des saveurs que je préférais lorsque j'étais petite, ce goût mélangé de seigle et de cumin, souvent sous la forme de petits pains ronds garnis de gros sel. En voici mon interprétation personnelle. Comme la farine de seigle est très pauvre en gluten, elle est souvent difficile à travailler, car elle a tendance à devenir très collante. En commençant par le levain au seigle, le pain est ensuite plus facile à travailler.

POUR 1 PAIN

POUR LE LEVAIN	*75 g de farine de maïs*
1 c. à café de levure du boulanger	*135 g de farine de seigle*
1 c. à café de sucre	*550 g de farine à pain complète*
25 cl d'eau tiède (40 °C)	*6 c. à soupe de graines de cumin*
200 g de farine de seigle	*1 œuf*
POUR LE PAIN	*1 c. à soupe d'eau froide*
50 cl d'eau	*1 c. à café de gros sel de mer*
1 c. à soupe de sel fin de mer	

1. Préparez d'abord le levain. Dans le bol mélangeur d'un robot électrique équipé d'une spatule plate, mélangez la levure, le sucre et l'eau. Mixez, puis laissez reposer pendant 5 minutes jusqu'à ce que le mélange mousse. Ajoutez 200 g de farine de seigle et mixez le plus doucement possible jusqu'à ce que toute la farine soit incorporée. Grattez la spatule. Laissez le levain dans le bol. Couvrez hermétiquement et mettez-le dans le réfrigérateur pendant 8 à 12 heures.

2. Sortez le levain du réfrigérateur. Remettez le bol sur le robot et ajoutez au levain 50 cl d'eau, le sel, la farine de maïs et le reste de seigle (135 g) petit à petit, en faisant tourner le robot à la vitesse la plus basse jusqu'à ce que toute la farine soit absorbée. Commencez à incorporer la farine à pain et 5 cuillérées à soupe de cumin, en continuant à mixer lentement jusqu'à ce que la pâte forme une boule. Continuez à pétrir jusqu'à ce qu'elle soit douce et satinée, mais encore ferme, pendant 4 à 5 minutes, en ajoutant de la farine pour empêcher la pâte de coller aux parois. Grattez la spatule.

3. Façonnez la pâte en un gros pain. Disposez un grand torchon fariné dans un moule à pain ou un paneton rectangulaire, puis posez la boule de pâte, face lisse dessous, dans le moule ou le paneton. Rabattez le torchon par-dessus et laissez lever à température ambiante pendant 3 à 4 heures. La pâte doit doubler de volume.

4. Au moins 40 minutes avant de mettre le pain dans le four, préchauffez celui-ci à 260 °C (thermostat 9). Si vous utilisez une pierre à four, mettez-la dans le four pour la préchauffer.

5. Farinez légèrement une tôle à pâtisserie sans rebords, renversez la pâte dessus et pratiquez plusieurs incisions sur le dessus de la pâte avec une lame de rasoir, pour qu'elle puisse lever régulièrement à la cuisson. Dorez le pain avec le mélange de jaune d'œuf et d'eau, puis parsemez le dessus avec le reste de cumin et le gros sel. Avec un rapide mouvement du poignet, faites glisser le pain sur la pierre à four ou sur la tôle du four. Avec un vaporisateur, humidifiez généreusement le fond et les parois du four avec de l'eau. Vaporisez à nouveau 3 fois pendant les 6 minutes suivantes. (La vapeur ainsi créée permet au pain de mieux lever et d'avoir une belle croûte dorée.) Une fois que le pain est légèrement doré (au bout de 10 minutes de cuisson environ), baissez la température du four à 210 °C (thermostat 7) et faites pivoter le pain pour qu'il dore uniformément. Poursuivez la cuisson pendant encore 30 minutes jusqu'à ce que la croûte soit brun doré et que le pain sonne creux quand on le tape par en dessous. Le temps de cuisson total est de 40 minutes. Faites refroidir le pain sur une grille. Attendez encore au moins une heure avant de le couper en tranches, car il continue à cuire pendant le refroidissement.

NOTE : Bien que le cumin convienne à la cuisine et à la pâtisserie, il faut éviter de le chauffer trop longtemps, sinon il devient amer et finit par déséquilibrer le plat. En réalité, pour les longues cuissons (celle du bortsch par exemple), on ne l'ajoute qu'au dernier moment.

FOUGASSE

C e pain plat troué en forme de lyre, que l'on appelle ici une fougasse, est ma pizza provençale. Je prends ma pâte à pain de base, je la façonne en pains individuels, puis je les aromatise avec les parfums que j'ai sous la main : olives noires ou vertes, anchois au sel, petits artichauts marinés, câpres, miettes de fromage de chèvre, un filet d'huile pimentée, ou simplement un badigeon d'huile d'olive, quelques pincées de thym frais et du gros sel. La fougasse traditionnelle est enrichie de lardons, mais on trouve aussi des fougasses sucrées, préparées en pâte briochée, parfumées à la fleur d'oranger.

POUR 5 FOUGASSES

pâte à pain

1. Préparez la pâte à pain d'après la recette de la p. 158.

2. Au moins 40 minutes avant de placer les fougasses dans le four, préchauffez celui-ci à 260 °C (thermostat 9).

3. Enfoncez la pâte avec le poing et partagez-la en 5 portions. Façonnez chacune d'elles en boule. Sur le plan de travail légèrement fariné, abaissez chaque boule de pâte en un rectangle de 20 cm sur 12,5 cm. Avec une raclette, pratiquez des fentes longitudinales dans la pâte, trois dans la partie inférieure du rectangle, et une seule dans le haut, pour qu'elles évoquent les veinures d'une feuille.

4. Saupoudrez une plaque à pâtisserie avec une poignée de semoule de maïs et posez délicatement les fougasses dessus. Écartez légèrement les fentes pour les ouvrir. Posez un torchon propre sur les fougasses et laissez reposer pendant 10 minutes.

5. Badigeonnez légèrement les fougasses avec un peu d'huile ou de miel, et disposez la garniture aromatique de votre choix dessus.

IDÉES DE GARNITURES SALÉES : Badigeonnez les fougasses d'huile d'olive, puis ajoutez : des olives noires ou vertes dénoyautées et coupées en deux ; des câpres égouttées ; des filets d'anchois égouttés ; du fromage de chèvre frais émietté ; une fine couche de sauce tomate, des petits artichauts à l'huile bien égouttés. Vous pouvez très bien associer plusieurs ingrédients à votre goût.

IDÉES DE GARNITURES SUCRÉES : Badigeonnez les fougasses avec du miel fondu, puis ajoutez des noix hachées ; des amandes entières ; des petits morceaux de fruits séchés, figues, abricots, kumquats ; du zeste de citron ou d'orange ; ajoutez éventuellement quelques graines de fenouil ; vous pouvez ici aussi associer plusieurs ingrédients à votre goût.

GALETTE DE PAIN
À L'OIGNON ET AU CARVI

L es galettes de pain sont une solution idéale aussi bien pour les amuse-gueule que pour les desserts, et j'en fais très souvent. Cette recette à l'oignon et au carvi se sert en entrée ou en plat de résistance, avec une salade. Pour des amuse-gueule, il suffit de découper la galette en petits carrés. Je termine avec un bon coup de moulin à poivre noir, de préférence du poivre indien Tellicherry. Son arrière-goût de gingembre et de pin, loin d'être agressif, constitue un condiment puissant et hardi.

POUR 10 À 12 PERSONNES

pâte à pain	2 c. à café de sucre
1 c. à café de graines de cumin	1 bouquet garni (romarin frais,
4 oignons moyens (750 g environ)	1 feuille de laurier) en bottillon
6 c. à soupe d'huile d'olive	1 gros œuf
extra-vierge	1 c. à café de graines de carvi
1 c. à café de sel	poivre noir du moulin

1. Préparez la pâte à pain d'après la recette de la p. 158, en y ajoutant le cumin.

2. Coupez les oignons en deux dans la hauteur. Posez les moitiés à plat sur la planche à découper et émincez-les très finement dans le sens transversal.

3. Au moins 40 minutes avant de faire cuire la galette, préchauffez le four à 230 ˚C (thermostat 8).

4. Dans une grande sauteuse, mettez les oignons, l'huile, le sel, le sucre et le bouquet garni, puis mélangez pour enrober d'huile les oignons. Couvrez et faites suer sur feu très doux pendant 30 minutes jusqu'à ce que les oignons soient très tendres et légèrement dorés. Retirez le bouquet garni et rectifiez l'assaisonnement. Cassez l'œuf dans un bol, battez-le en omelette et incorporez-le à la fondue d'oignons. Ajoutez le carvi et mélangez intimement.

5. Enfoncez la boule de pâte à pain avec le poing et étalez-la en rectangle. Sur le plan de travail fariné, abaissez-la en un rectangle de 30 × 40 cm, assez grand pour prendre place sur une tôle à pâtisserie à revêtement antiadhésif. Posez la pâte sur la tôle et appuyez dessus pour qu'elle y colle bien.

6. Étalez la garniture aux oignons en une couche régulière en allant jusque dans les angles. Enfournez à mi-hauteur et faites cuire pendant 25 minutes environ jusqu'à ce que le dessus soit bien doré. Sortez la galette du four et posez-la sur une planche à découper. Coupez-la en portions et servez-les aussitôt.

7

POISSONS ET FRUITS DE MER

Notre village a beau être situé à plusieurs heures de route de la Méditerranée, la profusion du marché de Vaison en matière de petite friture, d'anchois, de lottes, de loups, de daurades ou de thon témoigne de l'appétit des Provençaux pour les produits de la mer. Et grâce aux progrès du transport moderne, les homards, crabes, saint-jacques et huîtres de Bretagne complètent un approvisionnement irréprochable. La marchande de poissons, Éliane Berenger, est une mine de renseignements, de recettes et de conseils, tandis que son assortiment ultra-frais chaque mardi sur le marché nous incite à faire un festin de carpaccio de lotte, à choisir un beau thon argenté à rôtir en papillote avec un pistou chaud, à poêler des tranches de cabillaud enveloppées de pancetta ou à cuire un gros poisson en croûte de sel. La menthe fraîche du jardin me sert à préparer une délicieuse salade de crabe, tandis que les premières petites olives vertes de la saison ne manqueront pas de relever un saumon à la vapeur servi avec une vinaigrette chaude au citron.

GAMBAS AU GINGEMBRE

C e plat est un mélange relevé de gingembre, d'ail et de vin blanc, plein de force et de caractère, un peu comme ma chère Maria Guarnaschelli, mon éditeur. Je l'ai imaginé un dimanche matin en me rendant au marché de la rue Poncelet à Paris. J'y avais repéré la veille de magnifiques gambas et j'imaginais toutes les saveurs qui allaient me réjouir. J'ai donc réuni dans un seul plat mes arômes préférés et différents ingrédients que j'aime. Cherchant comment accompagner ce plat tout en saveur, j'ai pensé au riz basmati que Maria m'avait rapporté d'un récent voyage à New York. Comme le contrat de ce livre venait d'être signé, j'ai dégusté ces crustacés avec mon mari, en portant un toast à Maria, et en regrettant simplement qu'elle ne soit pas avec nous pour le partager.

Dans cette recette, le vin (sauvignon blanc ou jeune côtes-du-rhône blanc) est légèrement réduit ce qui donne du caractère à la sauce.

POUR 4 PERSONNES

16 à 20 queues de gambas décortiquées	*7 belles gousses d'ail finement hachées*
2 c. à soupe d'huile d'olive extra-vierge	*1/2 litre de vin blanc sec*
4 c. à soupe de gingembre frais râpé	*4 c. à soupe de basilic frais ciselé*
sel de mer fin	*riz basmati (p. 136)*

1. Rincez les gambas et épongez-les. Dans une sauteuse assez grande pour toutes les contenir en une seule couche, mélangez l'huile, le gingembre et l'ail, ajoutez une pincée de sel et remuez le tout. Faites cuire sur feu modéré pendant 2 à 3 minutes jusqu'à ce que l'ail soit doré, mais non roussi. Ajoutez le vin en le répartissant sur tout le fond de la sauteuse. Réglez le feu pour faire frémir le liquide et faites réduire de moitié à découvert pendant 7 minutes (à partir du moment où le vin frémit).

2. Ajoutez les gambas et faites-les cuire pendant 3 à 4 minutes en remuant de temps en temps jusqu'à ce qu'elles soient bien roses. Servez-les sur un lit de riz basmati parsemé de basilic ciselé.

Servez un vin blanc à l'arôme floral, bien frappé, comme un viognier ou un châteauneuf-du-pape blanc.

HOMARD AUX XÉRÈS
ET AU GINGEMBRE

D ans cette recette, inspirée par le chef parisien Alain Passard, la queue du homard est servie détaillée en morceaux allongés, toujours dans la carapace, ce qui donne une présentation originale et élégante à la fois. Cette technique présente également un double avantage gustatif et pratique : la chair moelleuse absorbe mieux la sauce (si délicieuse qu'on pourrait la déguster toute seule à la petite cuiller !) et elle est plus facile à décortiquer. Pour que la queue du homard reste bien droite pendant la cuisson, ligotez-la sur une cuiller en acier inoxydable. Le homard est rapidement ébouillanté, puis cuit au four et réchauffé dans une sauce parfumée au xérès et au gingembre, adoucie d'une touche de miel. Alain Passard prépare sa sauce avec un vin jaune du Jura, qui évoque le xérès, et de l'huile de noisette, alors que j'utilise une réduction de xérès avec du miel, de l'huile d'olive et une touche de gingembre. Pour cette recette, je recommande le homard bleu de Bretagne.

POUR 2 PERSONNES

2 homards vivants de 500 g chacun	*6 c. à soupe d'huile d'olive extra-vierge*
1/2 litre de xérès sec de qualité	*sel de mer fin*
2 c. à soupe de miel	*1/2 c. à café de gingembre en poudre*

1. Préparez les homards : lavez-les abondamment à l'eau courante. Remplissez d'eau une grande marmite et mettez-la à bouillir sur feu vif. Prenez un homard en le tenant par le cou entre le pouce et l'index. Placez une cuiller en inox le long de la queue, à l'intérieur, ficelez-le ainsi en faisant un tour de ficelle à chaque articulation en serrant bien. Faites un nœud au bout, puis coupez les élastiques qui retiennent les pinces avec une paire de ciseaux. Préparez le second homard de la même façon.

2. Cuisson des homards : plongez les homards tête la première dans l'eau bouillante. Faites-les cuire 4 minutes à partir du moment où ils entrent dans l'eau. (Vous pouvez faire cuire les homards l'un après l'autre.) Sortez délicatement les homards de l'eau, égouttez-les et laissez-les refroidir pendant 10 minutes, pour permettre à la chair de se raffermir.

3. Préchauffez le four à 220 ˚C (thermostat 7/8).

4. Mettez les homards dans une grande sauteuse dotée d'un couvercle. Enfournez à mi-hauteur et faites cuire pendant 10 minutes. Sortez la sauteuse du four et posez les homards à plat sur le plan de travail. Passez le liquide de cuisson dans un petit bol et réservez-le.

5. Préparation de la sauce : versez le xérès dans une grande casserole en inox et faites-le bouillir sur feu vif. Baissez ensuite le feu et laissez mijoter jusqu'à ce que le vin soit réduit de moitié environ et que l'alcool soit évaporé (5 minutes). Ajoutez le jus de cuisson des homards et faites cuire encore 2 minutes. Ajoutez le miel et remuez pour le faire dissoudre. Retirez la casserole du feu et ajoutez l'huile d'olive cuillerée par cuillerée en mélangeant la préparation avec un mixer plongeant jusqu'à l'obtention d'une émulsion épaisse. (Vous pouvez aussi mixer la préparation directement dans un robot, puis la remettre dans la casserole.) Ajoutez enfin le gingembre et goûtez pour rectifier l'assaisonnement. Réservez.

6. Décortiquez les homards : arrachez les pinces en les tordant, cassez-les délicatement avec une pince à homard, un casse-noix ou un marteau, en essayant de ne pas abîmer la chair. Extrayez la chair avec une fourchette à crustacés : elle doit venir en principe d'un seul morceau. Réservez-la. Détachez délicatement la queue du reste du corps. Retirez et réservez le foie situé dans la partie supérieure de la cavité ventrale. Retirez et réservez soigneusement le corail s'il y en a. (Le foie et le corail ne sont pas utilisés dans cette recette ; vous pouvez les congeler et les ajouter dans la sauce d'une autre préparation de homard.) Jetez la tête. Préparez le second homard de la même façon.

7. Préparez la queue : retirez la cuiller ficelée à la queue et la ficelle. Posez une queue de homard, l'intérieur vers le dessus, sur le plan de travail. Avec un couteau de cuisine à large lame, faites une incision au centre en descendant vers le bas de la queue. En imprimant une pression supplémentaire sur le couteau, vous devez pouvoir couper la carapace extérieure et couper par conséquent la queue du homard en deux dans la longueur. Recoupez chaque demi-queue en deux de manière à obtenir quatre portions allongées pour chaque homard. (La chair doit rester attachée à la carapace.) Réservez ces portions et répétez la même opération pour le second homard.

8. Finition : Versez la sauce dans un grand poêlon et faites-la chauffer sur feu modéré. Ajoutez délicatement les languettes de homard dans leur carapace sur une seule couche, ainsi que les pinces décortiquées, et faites rouler ces morceaux dans la sauce pour les réchauffer et finir la cuisson pendant 3 à 4 minutes.

9. Pour servir : disposez quatre morceaux de queue allongés au milieu de chaque assiette de service chauffée, ajoutez une pince de part et d'autre. Versez un peu de sauce entre les morceaux, sur eux et tout autour. Servez aussitôt.

Ce plat mérite un grand bourgogne blanc. Ma préférence se porte sur un chassagne-montrachet de la maison Olivier Leflaive. Quant au xérès qui entre dans la préparation, je vous suggère un Tio Pepe de Gonzalez Byass ou La Ina Fino de Pedro Domecq.

CARPACCIO DE LOTTE

J'ai goûté ce plat pour la première fois dans l'un des meilleurs restaurants de poisson de Paris, sur la Rive Gauche, chez les frères Minchelli. Le poisson est détaillé à la manière d'un carpaccio classique, disposé dans un plat préalablement nappé d'un peu d'huile d'olive avec une pincée de sel, puis arrosé ensuite d'un filet d'huile. Le poisson est ensuite passé rapidement sous le gril avant d'être relevé d'un jus de citron et de quelques brins de ciboulette. Ce n'est pas plus difficile que ça et c'est un mets de roi. Comme accompagnement, il suffit de glisser quelques tranches de pain bien frais dans le grille-pain et vous avez aussitôt un véritable festin. La réussite de ce plat dépend de l'extrême fraîcheur du poisson. Il doit être d'une qualité irréprochable.

POUR 4 PERSONNES EN ENTRÉE,
POUR 2 PERSONNES EN PLAT PRINCIPAL

250 g de queue de lotte	*sel de mer fin*
en un seul morceau, dépouillée	*2 c. à café de jus de citron*
2 c. à soupe d'huile d'olive	*2 c. à soupe de ciboulette*
extra-vierge	*finement ciselée*

1. Préchauffez le gril du four.

2. Arrosez un grand plat allant dans le four avec une cuillerée d'huile d'olive. Saupoudrez légèrement de sel de mer (fleur de sel si possible).

3. Avec un couteau très bien aiguisé (un couteau à filets de sole est idéal), détaillez la lotte horizontalement en fines tranches de 2 mm d'épaisseur. (La longueur et la largeur des tranches importent peu, c'est surtout la finesse qui compte.) Rangez les lamelles de lotte côte à côte dans le plat, en les faisant se chevaucher légèrement. Arrosez-les avec le reste d'huile d'olive.

4. Glissez le plat sous le gril à 5 cm de la source de chaleur environ. Laissez griller pendant 30 à 60 secondes jusqu'à ce que le poisson devienne nacré et opaque. Sortez le plat du four, arrosez de jus de citron et parsemez de ciboulette. Servez aussitôt en proposant à part de l'huile d'olive, du sel, du jus de citron et du pain grillé.

Cette rapide « grillade » demande un vin blanc plein de charme ou un excellent rosé, un vin jeune et parfumé. Mon choix se porte sur un rosé de Provence, un pinot grigio d'Italie ou un muscadet-sur-lie.

COMME UN TABLEAU DE CARPACCIO. Le carpaccio tel qu'on l'entend en gastronomie doit son existence à la manière dont un chef italien eut à résoudre un jour un petit problème. Il était une fois une comtesse du nom de Nagu Mocenigo à laquelle son médecin avait recommandé d'éviter de manger de la viande cuite. Le chef Giuseppe Cipriani, ancien propriétaire du *Harry's Bar* de Venise, imagina pour répondre à cette demande le plus simple et le plus délicieux des plats. Inspiré semble-t-il par le célèbre peintre Carpaccio, connu pour ses sublimes compositions à base de rouges et de blancs, Cipriani combina de fines tranches de bœuf cru avec une variante translucide de mayonnaise légère. Le carpaccio classique à base de filet de bœuf a donné lieu à des interprétations à base de poissons et même de légumes. Ce sont les ingrédients qui comptent le plus dans cette préparation : une huile d'olive de très bonne qualité, un jus de citron frais, un assaisonnement bien équilibré pour le poisson quand il est posé dans l'assiette. Autre détail qui a son importance : servir sur des assiettes très froides. Même si elles sont tièdes cela suffit à « cuire » les fines tranches de lotte.

BONITE EN PAPILLOTE
AU PISTOU CHAUD

C'était en Provence, juste avant Noël, à un déjeuner organisé par les propriétaires d'oliveraies de la région des Baux. Chaque plat utilisait l'huile d'olive nouvellement pressée de l'un d'entre eux. Mon plat préféré, ce jour-là, fut un loup de mer entier en papillote, accompagné de purée de basilic et de tomates. J'avais vraiment l'impression de me trouver en plein soleil au bord de la mer, dans le parfum des tomates mûres, du basilic frais et de l'huile d'olive la plus aromatique qui soit. Heureusement, en rentrant chez moi, je me suis aperçue qu'il me restait un peu de pistou dans le congélateur, le poissonnier me livra une bonite et quelques amis vinrent partager mon repas. On peut faire la même recette avec des maquereaux, des steaks de thon, de mahi mahi ou d'espadon (en plaçant le pistou et les fines herbes sur la portion) et en comptant 10 minutes de cuisson par papillote individuelle.

POUR 4 PERSONNES

1 bonite entière de 750 g environ	4 feuilles de laurier
sel de mer	3 c. à soupe d'huile d'olive
poivre noir du moulin	extra-vierge
5 c. à soupe de pistou (p. 270)	2 tomates moyennes
un beau brin de thym frais	jus de citron frais

1. Préchauffez le four à 230 °C (thermostat 8).

2. Posez le poisson sur une grande feuille de papier d'aluminium ménager (assez grande pour l'emballer sans serrer). Salez et poivrez l'intérieur et l'extérieur. Glissez 3 cuillerées de pistou dans la cavité ventrale, ajoutez le thym et le laurier. Rabattez soigneusement les deux bords du papier d'aluminium et refermez-les en les ourlant. Il est prudent de faire plusieurs plis bien serrés pour assurer une fermeture hermétique.

3. Placez la papillote sur une grande plaque à pâtisserie et mettez-la dans le four à mi-hauteur. Faites cuire pendant 20 minutes.

4. Pendant ce temps, pelez, épépinez et concassez les tomates. Faites chauffer doucement la tomate avec le reste du pistou et l'huile d'olive. Goûtez et rectifiez l'assaisonnement en ajoutant un peu de jus de citron.

5. Sortez la papillote du four et ouvrez-la délicatement avec une paire de ciseaux. Attention au dégagement de vapeur brûlante. Laissez reposer pendant 3 minutes pour permettre à la chair de se raffermir afin de pouvoir lever les filets. Répartissez-les sur des assiettes de service

chaudes, en ajoutant une cuillerée de pistou sur chaque portion. Ajoutez la sauce tomate tout autour et proposez à part un cruchon d'huile d'olive extra-vierge. J'ai servi ce plat avec des lasagne de céleri (p. 101), garniture qui se marie parfaitement avec le poisson et le pistou.

Nous avons goûté ce plat avec un bandol rouge du Domaine Tempier, un vin dont l'exubérance et la sophistication vont très bien avec un poisson robuste comme la bonite. Ce plat est également exquis avec l'arôme de citron d'un blanc comme le viognier : mon préféré vient du Domaine les Gouberts à Gigondas.

COMMENT LEVER LES FILETS D'UN POISSON CUIT. La meilleure façon de s'attaquer à un poisson de taille moyenne est de prendre tout simplement un couteau et une fourchette. La méthode dite « des deux cuillers » est également possible, comme on le fait dans les restaurants de poissons. Le poisson étant posé à plat sur le côté, on appuie doucement le dos de la fourchette contre le filet pour empêcher le poisson de bouger. On commence par l'extrémité du filet qui rejoint la tête et l'on découpe à 1 cm de profondeur en suivant tout le long du dos jusqu'à la queue. On place le couteau à peu près au niveau de l'estomac du poisson et l'on enfonce délicatement le couteau dans la chair jusqu'à ce que celle-ci soit entièrement dégagée de l'arête. Prenez la fourchette pour maintenir la partie ventrale désormais dégagée, puis faites glisser le couteau jusqu'à la queue de sorte que la moitié inférieure du filet est détachée de l'arête. Remontez doucement le couteau vers le haut en détachant également la moitié supérieure du filet. Posez aussitôt la portion sur un plat de service. Pour le second filet, servez-vous des dents de la fourchette pour le dégager petit à petit de l'arête. Commencez par la queue et progressez vers la tête. La fourchette soulève la chair au fur et à mesure que le couteau déloge les arêtes. La tête est naturellement libérée lorsque l'arête principale est entièrement retirée. Posez le second filet à côté du premier, ou par-dessus, sur le plat de service et dégustez sans tarder !

SAUMON FRAIS À LA VAPEUR ET VINAIGRETTE CHAUDE AU CITRON

A tous ceux qui redoutent la préparation du poisson, je recommande la cuisson à la vapeur. C'est une technique plus facile et plus précise que le pochage et qui convient parfaitement à la délicatesse de la chair.

POUR 4 PERSONNES

125 g d'olives vertes (picholines de préférence)	4 c. à soupe d'huile d'olive extra-vierge
4 c. à soupe de câpres	sel de mer fin
4 filets de saumon avec la peau de 200 g chacun	poivre noir du moulin
4 c. à soupe de jus de citron	vert de fenouil frais ou aneth finement ciselé

1. Faites bouillir de l'eau dans une grande casserole. Ajoutez les olives et faites-les blanchir pendant 2 minutes pour les débarrasser de leur excès de sel. Égouttez-les bien et réservez.

2. Égouttez les câpres, rincez-les et faites-les tremper dans de l'eau froide pendant 10 minutes, puis réservez.

3. Faites frémir 1 litre d'eau dans le fond d'une marmite à vapeur. Posez les filets de saumon dans le panier de cuisson, peau dessous. Salez légèrement et poivrez largement. Placez le panier dans la marmite, couvrez et faites cuire pendant 5 à 6 minutes jusqu'à ce que la chair du poisson soit opaque (6 à 8 minutes si vous aimez le saumon un peu plus cuit). La cuisson est à point lorsque la pointe d'un couteau entre sans forcer dans la partie la plus épaisse du morceau.

4. Pendant ce temps, égouttez les câpres. Dans une petite casserole mélangez l'huile d'olive, le jus de citron, les câpres et les olives blanchies, remuez et faites chauffer doucement.

5. Pour servir, déposez chaque filet de saumon sur une assiette de service chaude, nappez de sauce et parsemez d'aneth ou de vert de fenouil. Servez aussitôt avec des pommes de terre en robe des champs.

Servez n'importe quel vin blanc de caractère. Si votre budget le permet, offrez un meursault ou un chablis grand cru.

PETITE FRITURE

Chaque mardi à Vaison-la-Romaine, sur le marché, on compte plus d'une demi-douzaine d'étals de poisson, sans compter la *Poissonnerie des Voconces*. On y trouve de minuscules poissons argentés, vendus sous le terme de « petite friture » et qui sont d'une fraîcheur absolue. Simplement farinés et frits rapidement, ces petits poissons sont devenus le plat rituel du déjeuner du jour du marché, servis avec des quartiers de citron et du sel de mer fin. Après de nombreux essais, je me suis aperçue que les poissons ont meilleur goût s'ils ne sont pas lavés avant d'être frits. Mais je vous laisse juge. Dévorez ces petits poissons juste cuits et saupoudrés de sel.

POUR 6 À 8 PERSONNES

135 g de farine   *sel de mer fin*
1 litre d'huile à friture   *1/4 de c. à café de poivre*
500 g de petite friture   *de Cayenne*

1. Mettez la farine dans un grand sac en plastique, ajoutez le poivre de Cayenne et 1/2 cuillerée à café de sel. Fermez le sac et secouez pour mélanger.

2. Préchauffez le four à 100 ˚C.

3. Versez l'huile dans une grande casserole de 6 litres ou une friteuse. (L'huile doit monter sur 5 cm de hauteur environ.) Plongez une écumoire dans l'huile pour qu'elle chauffe en même temps : lorsque vous retirerez la friture, elle n'attachera pas à l'écumoire. Faites chauffer l'huile à 190 ˚C.

4. Mettez une poignée de poissons dans le sac de farine et secouez-le pour bien les enrober. Placez ensuite les poissons farinés dans une passoire en fil métallique et secouez pour faire tomber l'excès de farine. Plongez délicatement les poissons par petites portions dans l'huile bouillante et faites-les cuire 1 à 2 minutes jusqu'à ce qu'ils soient légèrement dorés. Avec une écumoire, retirez-les de l'huile, égouttez-les et épongez-les sur du papier absorbant, salez-les aussitôt. Mettez-les dans le four, porte entrouverte, pour les tenir au chaud. Continuez à faire frire les poissons par poignées successives, en laissant chaque fois la température de l'huile revenir à 190 ˚C. Servez aussitôt, avec des quartiers de citrons.

Servez un vin blanc léger : sauvignon,
bordeaux ou riesling.

POISSON RÔTI
EN CROÛTE DE SEL

Quel bonheur d'enfouir un loup bien luisant dans un tas de gros sel de Bretagne odorant ! C'est en effet la méthode que je préfère pour préparer un poisson : le faire rôtir entier, recouvert de gros sel de mer. Facile, simple, c'est une technique qui permet au poisson, cuit entier avec l'arête, de rester intact, parfaitement moelleux, savoureux et d'une texture parfaite.

Le sel, très riche en eau, se solidifie sous l'effet de la chaleur et enferme le poisson dans une croûte hermétique. (On peut utiliser avec le même succès n'importe quelle variété de gros sel.) On peut faire cuire de cette façon de nombreuses espèces de poissons, notamment daurade et même saumon. N'écaillez pas le poisson, car les écailles non seulement ajoutent de la saveur mais protègent la chair pendant la cuisson, et, comme elles restent ensuite prises dans le sel, il est facile de lever les filets une fois la cuisson terminée. Je glisse en général plusieurs feuilles de lauriers fraîches à l'intérieur du poisson et j'en ajoute plusieurs dans le tas de sel pour parfumer davantage le plat. Les restes sont délicieux le lendemain, avec du pistou (p. 270).

POUR 4 PERSONNES

1 bar de 1 kilo non écaillé   2 kilos de gros sel marin
laurier frais (facultatif)   huile d'olive extra-vierge, citron

1. Préchauffez le four à 230 °C (thermostat 8).

2. Lavez soigneusement le poisson à l'intérieur et à l'extérieur pour éliminer toute trace de sang. Retirez les ouïes. Essuyez avec du papier absorbant. Salez l'intérieur et glissez-y quelques feuilles de laurier.

3. Étalez 250 g de gros sel dans le fond d'un plat à rôtir. Posez le poisson dessus et versez le reste de sel sur le poisson et autour de lui pour le recouvrir entièrement de la tête à la queue. Il faut que le plat donne l'impression de ne contenir que du gros sel. (Si le poisson est gros, le bout de la queue risque de ne pas être entièrement recouvert, ce qui n'a pas d'importance et n'influe pas sur la cuisson.)

4. Mettez le plat dans le four à mi-hauteur et faites rôtir en comptant 10 minutes par 500 g. Comptez 5 minutes supplémentaires par demi-livre en plus.

5. Sortez le plat du four. Laissez reposer 3 minutes pour que la chair se raffermisse et soit plus facile à lever. Retirez le plus de sel possible. Avec un couteau plat (couteau à poisson par exemple), soulevez et retirez délicatement la peau. Retirez les feuilles de laurier. Incisez délicatement la chair au centre en partant de la tête, pour partager le filet

supérieur en deux. Parez en écartant la peau superflue et les lambeaux de chair sur le côté. Vous obtiendrez ainsi des filets bien nets et faciles à lever. Avec deux grandes cuillers, prélevez délicatement la moitié du filet supérieur, puis l'autre moitié. Déposez chaque portion directement sur des assiettes de service chaudes. Retirez l'arête centrale. Répétez la même opération pour le filet du dessous.

6. Servez aussitôt, avec un cruchon d'huile d'olive et des quartiers de citron.

Servez un vin blanc de choix : un bourgogne (chassagne-montrachet par exemple).

SALADE DE CRABE
À LA MENTHE

R apide à préparer, voici un plat principal excellent pour un déjeuner. N'oubliez pas de laisser infuser les feuilles de menthe dans
la vinaigrette chaude pour obtenir un mariage subtil et bien équilibré
entre la menthe fraîche et le crabe moelleux. Vous pouvez servir ce
plat avec des tranches de pompe à l'huile (p. 140) juste grillées.

POUR 4 PERSONNES

500 g de chair de crabe fraîche   *30 g de feuilles de menthe ciselée*
4 c. à soupe de vinaigre de cidre   *sel de mer fin*
6 c. à soupe d'huile d'olive extra-vierge   *poivre noir du moulin*

1. Mélangez dans une petite casserole le vinaigre de cidre et l'huile,
portez à la limite de l'ébullition sur feu modéré. Ajoutez la moitié de
la menthe, retirez du feu et laissez infuser à découvert pendant
30 minutes pour permettre à la menthe de parfumer délicatement la
vinaigrette puis passez la vinaigrette dans un bol et jetez la menthe.

2. Placez la chair de crabe égouttée et effeuillée en gros morceaux
dans une jatte. Versez la vinaigrette dessus et ajoutez le reste de la
menthe. Mélangez intimement. Salez et poivrez. La menthe doit être
ajoutée au tout dernier moment sinon elle vire au brun et risque de
devenir amère. Répartissez dans des petites assiettes bien froides. Servez aussitôt.

Si vous êtes d'humeur festive, servez un champagne
pétillant. Vous pouvez aussi choisir un blanc
bien frappé, comme un sauvignon, un
riesling, un viognier ou un pouilly-fumé de la Loire.

CEVICHE DE POISSON
AU GINGEMBRE
ET CITRON VERT

L e ceviche appartient à la cuisine traditionnelle chilienne. C'est en fait plus une technique, qu'une recette proprement dite. Cette préparation m'a toujours semblé une sorte de miracle. On arrose la chair de poisson, de coquillages ou de crustacés de jus de citron et on laisse l'acide la cuire. Traditionnellement on utilise le citron vert, plus aromatique. J'ai préparé du ceviche avec de la lotte, de la daurade, du loup, mais aussi des coquilles saint-jacques. Les produits doivent être extrêmement frais. Évitez le cabillaud et autres poissons de la même famille : ils sont un peu trop parasités.

POUR 4 PERSONNES EN ENTRÉE
OU 2 PERSONNES EN PLAT PRINCIPAL

250 g de poisson blanc *1 c. à soupe de gingembre frais râpé*
4 c. à soupe de jus de citron vert *sel de mer fin*

Avec un couteau bien aiguisé, découpez le poisson horizontalement en lamelles de 2 mm d'épaisseur. C'est la finesse qui compte. Salez légèrement un grand plat. Disposez les lamelles dedans, côte à côte, en les faisant se chevaucher légèrement. (Vous pouvez aussi les répartir directement sur les assiettes de service.) Arrosez de jus de citron et parsemez de gingembre. Couvrez et mettez au réfrigérateur pendant 20 minutes. Servez avec une salade verte et du pain de campagne grillé.

Servez une bière bien fraîche, l'acidité du jus de citron
étant trop présente pour permettre
d'apprécier un vin blanc.

DAUBE DE THON
À LA CATALANE

L e thon possède une chair dense et ferme qui convient tout particulièrement aux longues cuissons. Cette daube qui mijote lentement dans le four utilise à merveille divers ingrédients parfumés qui se fondent en un seul plat d'une belle intensité de saveurs. L'acidité du citron, des tomates et du vin finissent par attendrir la chair du thon et la rendent moelleuse et fondante à souhait. Cette daube est également délicieuse le lendemain servie froide.

POUR 6 À 8 PERSONNES

1 kilo de thon en morceau	3 poivrons verts
de 5 cm d'épaisseur	6 c. à soupe d'huile d'olive
4 filets d'anchois plats	extra-vierge
à l'huile d'olive	poivre noir du moulin
4 c. à soupe de lait entier	le zeste d'un citron
1 c. à soupe de câpres	400 g de tomates entières au naturel
1 oignon moyen	1 bouquet garni (persil, céleri, thym
4 gousses d'ail	enveloppés dans un vert de poireau)
20 grains de poivre noir	1/3 de litre de bon vin blanc sec
sel de mer fin	1/2 c. à café de poivre de Cayenne

1. Rincez les anchois, retirez les arêtes, épongez et hachez finement. Mettez le hachis dans un bol avec le lait et laissez tremper pendant 15 minutes. Égouttez et réservez.

2. Égouttez les câpres, rincez-les et faites-les tremper dans de l'eau froide pendant 10 minutes. Égouttez et réservez.

3. Coupez l'oignon en deux dans la longueur, posez les deux moitiés à plat sur la planche à découper et émincez-les finement dans l'autre sens.

4. Dans un mortier écrasez les grains de poivre avec l'ail et 1/2 cuillerée à café de sel fin jusqu'à l'obtention d'une pâte. Réservez.

5. Faites griller les poivrons directement sur la flamme du gaz jusqu'à ce que la peau soit calcinée, puis pelez-les, retirez les grains et taillez-les en lanières, en récupérant le maximum de jus. Réservez.

6. Préchauffez le four à 175 °C (thermostat 4/5).

7. Faites chauffer sur feu vif 2 cuillerées à soupe d'huile dans une grande poêle. Avant qu'elle ne commence à fumer, posez les morceaux de thon dedans et saisissez-les sur feu vif pendant 2 minutes. Retournez-les pour les saisir de l'autre côté. Salez et poivrez largement. Posez les morceaux de thon dans un plat, salez et poivrez largement le deuxième côté.

8. Dans une grande cocotte en fonte allant au four, mélangez le reste d'huile avec l'oignon émincé, la pâte d'ail et de poivre, le zeste de citron prélevé en larges lanières et le bouquet garni. Remuez les ingrédients pour les enrober d'huile, puis faites cuire sur feu modéré jusqu'à ce que l'oignon soit tendre et le mélange bien fondu (environ 10 minutes). Versez le vin en le répartissant sur toute la surface de la cocotte. Réglez le feu pour que le liquide se mette à frémir et faites cuire à découvert pendant 7 minutes pour que l'alcool s'évapore. Ajoutez les morceaux de thon, puis les tomates et leur jus, le poivre de Cayenne, les poivrons et leur jus, les anchois et les câpres.

9. Couvrez et mettez au four à mi-hauteur. Faites cuire pendant 1 heure jusqu'à ce que le poisson soit très tendre. Sortez la cocotte. Égouttez les morceaux de thon, retirez la peau. Posez un morceau sur chaque assiette de service et nappez de sauce. Servez avec du riz ou des pommes de terre à la vapeur.

Choisissez un côtes-du-rhône rouge assez corsé :
un vacqueyras, par exemple.

THON FRAIS
À LA PROVENÇALE

A vec cette recette, le thon cuit rapidement dans une sauce tomate, juste assez pour attendrir les oignons. C'est une préparation légère, sans matière grasse. Je l'ai faite aussi avec des oignons rouges.

POUR 4 PERSONNES

1 tranche de thon de 700 g
sel de mer et poivre noir du moulin
4 petits oignons
400 g de tomates entières au naturel
2 c. à café de câpres

2 c. à soupe d'huile d'olive extra-vierge
1 bouquet garni (persil, céleri, thym
enveloppés dans du vert de poireau)
2 c. à café de vinaigre de vin rouge
de xérès

Prenez une sauteuse juste un peu plus grande que la tranche de thon. Salez-la et poivrez largement des deux côtés. Posez-la dans la sauteuse et glissez l'oignon coupé en quartiers tout autour. Versez sur le poisson les tomates avec leur jus, ajoutez les câpres, l'huile et le bouquet garni. Salez et poivrez. Couvrez et faites mijoter sur feu doux pendant 25 minutes jusqu'à ce que le thon s'effeuille avec une fourchette. Arrosez de vinaigre, couvrez à nouveau et laissez reposer pendant 1 à 2 minutes. Coupez la tranche de thon en quatre. Retirez la peau et le bouquet garni. Placez chaque morceau sur une assiette chaude. Arrosez avec la sauce. Servez aussitôt.

Servez avec un vin rouge pas trop corsé,
comme un chinon de la vallée de la Loire,
un merlot bordelais ou un santenay de Bourgogne.

LES HUÎTRES CHAUDES
DE WALTER

U ne année, à la demande générale, mon mari Walter confectionna son fameux ragoût d'huîtres, dont la recette est une adaptation de la formule du *Charleston Receipts*, un recueil publié en 1950 par la Charleston Junior League et attribué à Miss Jane Christie Hammond. Mais un ingrédient essentiel fut très difficile à trouver, les crackers au sel. On s'aperçut alors que les pains azymes, ou matzos, plus faciles à trouver, donnaient au plat davantage de texture et de saveur.

Cette préparation d'huîtres chaudes se sert en accompagnement d'une volaille rôtie.

POUR 6 À 8 PERSONNES

4 douzaines d'huîtres	*1/2 c. à café de noix de muscade*
125 g de miettes de pain azyme	*fraîchement moulue*
120 g de beurre	*sel de mer fin*
25 cl de crème fraîche épaisse	*poivre noir du moulin*

1. Ouvrez ou faites ouvrir les huîtres le plus tard possible.

2. Préchauffez le four à 175 °C (thermostat 4/5).

3. Décoquillez les huîtres en gardant 25 cl de leur jus.

4. Dans un bol, mélangez en fouettant la crème fraîche et la noix de muscade. Réservez.

5. Dans une petite casserole, faites fondre le beurre sur feu doux. Ajoutez le pain azyme et mélangez intimement. Salez et poivrez.

6. Étalez environ la moitié du mélange dans le fond d'un plat à gratin de 5 cm de profondeur et de 30 cm de long. Rangez les huîtres par-dessus. Recouvrez avec le reste du mélange et nappez de crème. Mouillez légèrement avec deux cuillerées à soupe du jus des huîtres. Enfournez à mi-hauteur et faites cuire pendant 20 à 25 minutes jusqu'à évaporation presque complète du liquide et jusqu'à ce que le dessus soit doré. (Attention à ne pas dépasser le temps de cuisson, sinon les huîtres seront caoutchouteuses.) Servez aussitôt en accompagnement d'une volaille rôtie.

8

VOLAILLES
ET GIBIERS

De saison en saison, les volailles ou gibiers de poils et de plumes se succèdent dans ma cuisine, qu'il s'agisse de beaux poulets dodus et des dindes de Bresse, des cailles et des pigeons de la région, des lapins et des lièvres, sans oublier les canards mallards bien tendres qu'élève notre vigneron. Donnez-moi un joli poulet bien dodu et j'en ferai un vrai festin, en glissant des fines herbes sous la peau et en le faisant rôtir jusqu'à ce que sa peau devienne dorée et croustillante. Les lapins ont de toute éternité fait partie de l'histoire de notre domaine, et tout naturellement, ils prennent le chemin de la table, soit dans la recette provençale du lapin à l'ail et au citron, soit dans une version italienne du lapin braisé au vin rouge. Mon boucher Roland Henny m'a également confié l'un de ses secrets, l'excellente bouillabaisse de lapin, tandis que lors d'un voyage en Suisse, où j'ai eu l'occasion de dîner chez le grand Fredy Girardet, je m'en suis inspirée pour créer un nouveau plat bientôt grand favori chez nous, le canard au citron vert et au miel.

POULET AUX FINES HERBES

D ans cette recette, la poitrine du poulet (qui a toujours tendance à sécher pendant la cuisson) bénéficie d'une couche de beurre protectrice que l'on glisse avec les doigts sous la peau, ce qui donne ensuite une appétissante présentation et une volaille délicieusement moelleuse. C'est une bonne recette pour un pique-nique car le poulet est absolument magnifique le lendemain du jour où il a été cuit, servi à température ambiante. Il n'est pas nécessaire de l'arroser, la peau reste croustillante.

POUR 4 À 6 PERSONNES

un plat à rôtir, juste un peu plus grand que le poulet, équipé d'une grille

1 poulet fermier de 2,5 kilos	5 c. à soupe de fines herbes ciselées
1 citron non traité	(cerfeuil, estragon, ciboulette
sel de mer et poivre noir du moulin	et persil plat)
1 bouquet de thym frais	75 g de beurre

1. Préchauffez le four à 220 °C (thermostat 7/8).

2. Passez le citron sous l'eau froide et essuyez-le. Attendrissez-le en le faisant rouler d'avant en arrière sur une surface plane. Avec une fourchette à deux dents, une aiguille à brider ou un pique-fruit, percez l'écorce une vingtaine de fois, pour que le citron rende son jus plus facilement. Salez et poivrez généreusement l'intérieur du poulet. Glissez les abattis, le citron et le bouquet de thym dans la cavité ventrale, puis bridez.

3. Dans un bol, mélangez les fines herbes, une demi-cuillerée à café de sel et de poivre, et 60 g de beurre. Écrasez le tout avec une fourchette en mélangeant bien.

4. Retirez de vos doigts les bagues qui pourraient déchirer la peau du poulet. En partant de l'extrémité du cou, introduisez vos doigts sous la peau, du côté de la poitrine, et séparez la peau de la chair. Avec le bout des doigts, étalez la moitié du beurre aux herbes sur un côté de la poitrine. Faites la même chose de l'autre côté. En appuyant de l'extérieur, aplatissez et répartissez bien le beurre aux herbes en lissant la peau. Frottez la peau avec le reste du beurre (15 g), salez et poivrez généreusement.

5. Posez le poulet sur la grille dans le plat à rôtir, sur un côté. Enfournez à mi-hauteur et faites rôtir à découvert pendant 20 minutes. Retournez le poulet sur l'autre côté et faites-le rôtir encore 20 minutes. Placez ensuite le poulet, poitrine en haut, et faites rôtir encore 20 minutes. Le temps total de cuisson doit être de 1 heure environ : à ce stade, la peau doit être bien dorée. Baissez la température du four à 190 °C

(thermostat 5). Retournez le poulet poitrine en dessous, en biais dans la mesure du possible, avec la tête en bas et le croupion en l'air. (Le poulet aura ainsi davantage de goût car le jus aura imprégné toute la chair.) Laissez rôtir pendant encore 15 minutes, jusqu'à ce que le jus soit clair quand on pique la chair avec une aiguille.

6. Sortez le poulet du four, salez et poivrez généreusement. Posez-le sur un plat, à nouveau en biais, appuyé contre une assiette retournée, avec la tête en bas et le croupion en l'air. Posez une feuille d'aluminium par-dessus. Éteignez le four et remettez le poulet dedans, porte ouverte. Laissez-le reposer de 10 minutes minimum à 30 minutes. De cette façon, le poulet continue à cuire.

7. Pendant ce temps, préparez la sauce : posez le plat à rôtir sur feu modéré et grattez les sucs de cuisson restés attachés au fond. Faites cuire pendant 2 à 3 minutes en grattant jusqu'à ce que le liquide soit presque caramélisé. Ne le laissez pas brûler. Dégraissez le jus. Ajoutez plusieurs cuillerées d'eau froide pour déglacer (ne prenez pas d'eau chaude qui troublerait le liquide). Portez à ébullition. Réduisez la chaleur et laissez mijoter pendant 5 minutes jusqu'à ce que la sauce épaississe légèrement.

8. Pendant que cuit la sauce, découpez le poulet et posez les morceaux sur un plat chaud.

9. Passez la sauce au chinois et versez-la dans une saucière. Servez aussitôt avec le poulet. (Si vous servez le poulet à température ambiante, prenez la sauce pour préparer une vinaigrette qui assaisonnera une salade d'accompagnement.)

Choisissez un vin blanc sec ou un vieux vin rouge.
Mon choix se porte sur un bon bourgogne,
un volnay par exemple.

POULET À L'ESTRAGON ET AU VINAIGRE DE XÉRÈS

L e poulet au vinaigre est un plat traditionnel de la Bresse, région réputée pour l'excellence de ses volailles. Le poulet à l'estragon est un autre grand classique. Dans cette recette, j'ai réuni ces deux ingrédients parfumés et hautement aromatiques, en ajoutant un mélange savoureux d'oignons, d'ail et d'échalotes. La sauce est également enrichie de bouillon réduit, avec une touche de moutarde et de crème fraîche. Servez ce plat avec des pâtes fraîches ou du riz brun.

POUR 4 À 6 PERSONNES

1 poulet fermier de 1,5 à 2 kilos, coupé en 8 morceaux
sel de mer et poivre noir du moulin
3 c. à soupe d'huile d'olive extra-vierge
1 c. à soupe de beurre
2 oignons moyens
4 échalotes
1 tête d'ail entière

1 bouquet garni (estragon, persil plat, romarin frais, laurier, céleri) en bottillon
6 c. à soupe de vinaigre de xérès
50 cl de bouillon de volaille
1 c. à soupe de concentré de tomate
1 c. à soupe de moutarde de Dijon
12,5 cl de crème fraîche
4 c. à soupe d'estragon frais ciselé

1. Coupez les oignons en deux, posez-les à plat face coupée sur la planche à découper et retaillez-les dans l'autre sens en fines lamelles. Émincez également les échalotes. Réservez.

2. Salez et poivrez largement les morceaux de poulet. Dans une grande sauteuse, faites chauffer l'huile et le beurre sur feu vif. Déposez-y les morceaux de poulet et faites-les revenir, peau dessous, pendant 5 minutes, jusqu'à ce qu'ils soient bien dorés. Retournez-les et faites-les dorer de l'autre côté pendant encore 5 minutes. Ne les faites pas revenir tous à la fois, faites plusieurs fournées. Lorsque tous les morceaux sont dorés, réservez-les dans un plat.

3. Videz la graisse fondue, mais conservez-en 1 cuillerée à soupe. Ajoutez les oignons, les échalotes, l'ail et le bouquet garni, puis remettez les morceaux de poulet. Ajoutez 3 cuillerées à soupe de vinaigre et couvrez. Laissez mijoter doucement pendant 25 minutes en remuant de temps en temps pour éviter que les légumes attachent au fond. Retirez le bouquet garni.

4. Égouttez les morceaux de poulet et les légumes, et mettez-les dans un plat chaud, couvrez de papier d'aluminium et tenez au chaud dans le four à chaleur douce.

5. Il ne doit rester dans le fond de la sauteuse qu'une mince pellicule de jus de cuisson. Sur feu modéré, ajoutez doucement le reste de vinaigre en grattant les sucs adhérant à la sauteuse. Versez le bouillon de volaille, augmentez le feu de cuisson et faites réduire pendant 1 minute. Mélangez dans un bol le concentré de tomate et la moutarde, puis incorporez le mélange à la sauce. Remuez intimement et faites réduire pendant encore 1 minute. Passez la sauce au chinois, remettez-la dans la sauteuse et incorporez la crème fraîche. Goûtez et rectifiez l'assaisonnement. Nappez les morceaux de poulet de cette sauce, répartissez-les ensuite sur des assiettes de service chaudes, parsemez l'estragon finement ciselé. Servez aussitôt avec du riz brun ou des pâtes fraîches.

Choisissez un bordeaux léger mais élégant,
un pommard d'un certain âge
par exemple.

POULET AUX ÉCHALOTES, THYM ET CITRON

R ares sont les plats aussi appétissants et chaleureux que ce poulet doré et moelleux, braisé à la cocotte et accommodé de vin blanc, d'aromates et d'échalotes.

POUR 4 À 6 PERSONNES

1 poulet fermier de 1,5 kilo
sel de mer et poivre noir du moulin
1 citron non traité
2 gros bouquets de thym frais
45 g de beurre
2 c. à soupe d'huile d'olive extra-vierge
75 cl de vin blanc (riesling ou bourgogne blanc)
20 échalotes entières

1 bouquet garni (estragon frais, persil plat, céleri, laurier, brins de thym) en bottillon
2 c. à soupe de crème fraîche
3 jaunes d'œufs
2 à 3 c. à soupe de jus de citron
1/4 de c. à café de noix de muscade fraîchement râpée
1 c. à soupe de feuilles de thym frais

1. Salez et poivrez généreusement l'intérieur du poulet. Lavez le citron et percez l'écorce une douzaine de fois avec une fourchette à deux dents. Placez-le ainsi qu'un des deux bouquets de thym dans la cavité ventrale, recousez l'ouverture et bridez. Réservez.

2. Sur feu modéré, faites fondre le beurre avec l'huile dans une grande cocotte en fonte. Posez-y le poulet et faites-le dorer sur toutes les faces pendant 10 minutes. Évitez de faire roussir la peau. Retirez le poulet et posez-le sur un plat, salez et poivrez généreusement. Jetez la graisse de cuisson, puis déglacez avec le vin blanc sur feu modéré. Portez à ébullition et laissez bouillir vivement pendant 5 minutes pour faire évaporer l'alcool. Remettez le poulet dans la cocotte, poitrine vers le haut. Ajoutez le bouquet garni, le second bouquet de thym et les échalotes entières. Couvrez et laissez mijoter tout doucement pendant 50 minutes jusqu'à ce que le poulet soit cuit.

3. Pendant ce temps, réunissez dans une jatte la crème fraîche, les jaunes d'œufs, le jus de citron et la noix de muscade. Mélangez intimement et réservez.

4. Posez le poulet et les échalotes dans un plat de service chaud, couvrez de papier d'aluminium et laissez-le reposer dans le four éteint mais encore chaud. Jetez le bouquet garni et le thym. Passez le jus de cuisson dans une passoire fine et remettez-le dans la cocotte (il doit y en avoir environ 35 cl). Remettez la cocotte sur le feu et incorporez le contenu de la jatte en fouettant. Faites mijoter, sans laisser bouillir, environ 5 minutes en fouettant régulièrement jusqu'à ce que la sauce commence à épaissir légèrement. Goûtez et rectifiez l'assaisonnement. Passez la sauce dans une passoire fine et versez-la dans une saucière.

5. Découpez le poulet et disposez les morceaux sur des assiettes de service chaudes. Ajoutez les échalotes en garniture. Arrosez avec la moitié de la sauce et parsemez de thym frais. Servez chaud avec du riz basmati (p. 136) et le reste de sauce.

Servez de préférence le même vin que celui qui a servi à la préparation (riesling ou bourgogne blanc), mais n'importe quel vin peut convenir ici, qui présente une acidité bien équilibrée (viognier de la vallée du Rhône ou simple blanc de blanc des côtes-du-rhône).

PINTADE AU CHOU

POUR 4 À 6 PERSONNES

1 pintade de 1 kilo	*1 bouquet garni (persil plat, céleri,*
1 gros chou vert frisé	*laurier, thym) en bottillon*
sel de mer	*1 fine tranche de jambon fumé*
poivre noir du moulin	*1 carotte*
90 g de beurre	*1 oignon*
2 c. à soupe d'huile d'olive	*50 cl de bouillon de volaille*
2 échalotes	*1 c. à soupe de vinaigre de xérès*

1. Pelez les échalotes et coupez-les en deux. Pelez et émincez l'oignon et la carotte. Lavez le chou, supprimez les premières feuilles et coupez-le en quatre. Émincez la tranche de jambon fumé.

2. Salez et poivrez généreusement la pintade à l'intérieur et à l'extérieur. Dans la cavité ventrale, glissez les échalotes, le jambon et le bouquet garni. Recousez l'ouverture et bridez. Réservez.

3. Faites chauffer 15 g de beurre et l'huile dans une grande cocotte en fonte sur feu modéré. Avant que le mélange ne commence à fumer, posez-y la pintade et faites-la dorer sur toutes les faces pendant 10 minutes. Posez-la sur un plat et jetez la graisse de cuisson. Salez et poivrez. Dans la cocotte sur feu modéré, faites à nouveau fondre 15 g de beurre. Faites-y revenir l'oignon et la carotte pendant 5 minutes. Ajoutez la volaille, versez le bouillon, couvrez et laissez braiser doucement pendant 50 minutes jusqu'à ce que la volaille soit entièrement cuite.

4. Pendant ce temps, faites chauffer 3 litres d'eau dans une grande marmite. Ajoutez 3 cuillerées à soupe de sel et plongez les quartiers de chou dans l'eau bouillante pour les faire blanchir pendant 5 minutes. Égouttez-les à fond.

5. Dans une grande sauteuse, faites chauffer le reste de beurre sur feu modéré. Ajoutez le vinaigre, puis le chou, salez et poivrez, retournez les quartiers de chou délicatement en essayant de ne pas les effeuiller. Couvrez et laissez cuire doucement pendant 20 minutes. Goûtez et rectifiez l'assaisonnement.

6. Pendant ce temps, découpez la pintade. Disposez les morceaux sur un plat chaud. Nappez-les avec le jus de cuisson, ajoutez le jambon et les échalotes qui ont cuit à l'intérieur de la carcasse. Garnissez de chou et servez aussitôt.

J'aime servir ce plat avec un riesling.

CANARD AUX OLIVES
ET AUX ARTICHAUTS

Q uelques jours avant Noël, notre vigneron, Daniel Combe, nous proposa une belle volaille de ferme, un poulet, un canard ou une oie. Nous avions vraiment l'embarras du choix ! Comme je n'avais pas cuisiné de canard depuis un bon moment, je me décidai pour lui. Je parcourus mes vieilles recettes provençales et pris le parti d'adapter une recette de canard aux olives et aux artichauts, deux parmi mes ingrédients préférés. Ce fut l'un des meilleurs canards que j'aie jamais mangés. Pendant plusieurs semaines, la graisse rendue par le canard m'a permis de cuisiner de délicieuses pommes de terre sautées.

POUR 4 PERSONNES

un plat à rôtir équipé d'une grille

1 canard de 2 kilos et son foie	*4 fonds de gros artichauts frais ou*
les abattis hachés (p. 200)	*congelés*
sel de mer et poivre noir du moulin	*4 c. à soupe de jus de citron*
1 bouquet garni (estragon, thym,	*4 c. à soupe d'huile d'olive extra-vierge*
romarin, persil plat) en bottillon	*125 g d'olives noires (Nyons par*
3 gousses d'ail	*exemple) dénoyautées*
1 petite carotte	*125 g d'olives vertes (picholines par*
1 petit oignon	*exemple) dénoyautées*

1. Préchauffez le four à 220 ˚C (thermostat 7/8).

2. Pelez l'ail et coupez les gousses en deux. Épluchez la carotte et débitez-la en rondelles épaisses. Épluchez l'oignon et coupez-le en grosses rondelles. Préparez les fonds d'artichauts (note p. 81).

3. Réunissez dans une jatte les fonds d'artichauts, le jus de citron, l'huile d'olive et les olives, mélangez intimement et réservez.

4. Salez et poivrez l'intérieur et l'extérieur du canard. Glissez à l'intérieur le foie, les parures hachées (note ci-dessous), le bouquet garni, l'ail, la carotte et l'oignon. Bridez la volaille.

5. Posez le canard sur le côté sur la grille du plat à rôtir. Enfournez de manière que la partie la plus charnue (la poitrine) soit tournée vers le fond du four. Faites rôtir pendant 10 minutes. Retournez le canard sur l'autre côté et poursuivez la cuisson pendant 10 minutes. (Si le canard rend trop de graisse, jetez-en les deux tiers.) Retournez le canard sur le dos et faites rôtir encore 10 minutes. Sortez le canard du four et entourez-le de sa garniture d'olives et d'artichauts. Arrosez-le avec le jus de cuisson trois à quatre fois pendant la cuisson. Débridez les cuisses et salez-les. (La volaille est désormais assez cuite pour garder sa forme. Les cuisses vont cuire ainsi d'une manière plus uniforme.)

Remettez le canard dans le four et poursuivez la cuisson pour un total de 13 à 15 minutes par livre. (S'il n'y a plus assez de graisse pour empêcher la garniture de roussir, ajoutez quelques cuillerées d'eau froide.) Le temps de cuisson total dépend de la taille du canard et de votre propre goût : il est par exemple de 38 minutes pour un canard de 1 kilo 250 et de 1 heure 5 pour un canard de 2 kilos 500.

6. Sortez le canard du four et assaisonnez-le encore une fois. Mettez-le sur un plat et maintenez-le incliné pour que le canard ait la tête en bas et le croupion en l'air. Ainsi, le jus va pénétrer toute la chair et la parfumer. Couvrez de papier d'aluminium. Remettez ensuite dans le four éteint, porte entrouverte. Laissez reposer pendant 20 minutes (jusqu'à 1 heure). Le canard continue à cuire pendant ce temps. Mettez le mélange d'olives et d'artichauts dans une jatte, couvrez et tenez au chaud.

7. Au moment de servir, découpez le canard et disposez les morceaux sur un plat, garnissez d'olives et d'artichauts et servez aussitôt.

Servez un vin de fête, un gigondas de Provence, par exemple.

NOTE : Pour retirer le maximum de saveur de tous les abattis d'une volaille – le cou, le cœur et les ailerons –, hachez-les aussi finement que possible.
Pour une sauce rapide et délicieuse, faites sauter ce hachis dans un peu de matière grasse, ajoutez des aromates (carottes, oignons, ail et thym), déglacez avec un peu d'eau ou de vin. Faites réduire ensuite sur feu doux pendant 4 à 5 minutes, puis passez la sauce.

CANARD AU CITRON VERT ET AU MIEL

En voyage de travail en Suisse, je me trouvai seule pendant quelques jours, et de dîner sans compagnie chez Fredy Girardet à Crissier, l'une des plus grandes tables du monde, me peinait quand arriva à ma table une volaille entière cuisinée rien que pour moi : ce canard au citron vert et au miel, auquel j'allais penser pendant des semaines. Girardet aime beaucoup le citron et en use largement. Je laissai ce souvenir me hanter quelque temps, puis je me mis à concocter un mélange de citrons entiers, de zeste de citron, avec une touche de miel et de vinaigre, et un peu d'estragon. Comme la chair d'une volaille absorbe les parfums que l'on place dans la cavité ventrale, les citrons rendent tout leur jus parfumé pendant que le canard est en train de rôtir. Lorsque le jus de citron, souligné d'estragon, rejoint la chair dense du canard, les saveurs évoquent un plat asiatique. Avec ce canard, servez simplement une salade verte.

POUR 4 PERSONNES

un plat à rôtir équipé d'une grille

1 canard de 1 à 2 kilos et son foie	*3 gousses d'ail*
les abattis hachés (p. 200)	*1 petite carotte*
4 citrons verts non traités	*1 petit oignon*
sel de mer	*1 c. à soupe de miel crémeux*
poivre noir du moulin	*4 à 5 c. à soupe de vinaigre de xérès*
1 branche d'estragon frais	*ou de vinaigre de vin*
1 beau brin de thym frais	*45 g de beurre*

1. Préchauffez le four à 220 ˚C (thermostat 7/8).

2. Pelez l'ail et coupez les gousses en deux. Épluchez la carotte et débitez-la en grosses rondelles. Épluchez l'oignon et émincez-le.

3. Rincez les citrons à l'eau froide et essuyez-les. Attendrissez 2 citrons en les faisant rouler sur une surface plane et dure d'avant en arrière. Avec une aiguille à brider, une brochette ou un pique-fruit, faites une vingtaine de trous dans l'écorce pour que le jus sorte plus facilement. Salez et poivrez le canard, à l'intérieur et à l'extérieur. Glissez à l'intérieur le foie, les deux citrons entiers et l'estragon. Bridez.

4. Râpez le zeste des 2 autres citrons, puis pressez-en le jus. Réservez.

5. Posez le canard sur le côté dans le plat à rôtir, sur la grille. Enfournez le plat en veillant à ce que la partie la plus charnue du canard – la poitrine – soit dirigée vers le fond du four. Faites rôtir à découvert pendant 10 minutes. Retournez-le sur l'autre côté et poursuivez la cuisson pendant 10 minutes. (Si le canard rend beaucoup de graisse, jetez-en environ les deux tiers.) Retournez ensuite le canard sur le dos et faites rôtir pendant encore 10 minutes. Sortez-le du four et entourez-le des abattis hachés, en ajoutant l'ail, la carotte, l'oignon et le thym. Arrosez-le du jus de citron, ainsi que du jus de cuisson 3 à 4 fois pour qu'il reste bien moelleux pendant le reste de la cuisson. Débridez les cuisses et salez-les. (À ce moment, le canard est assez cuit pour conserver sa forme. Les cuisses vont cuire plus uniformément.) Remettez le canard dans le four pendant 13 à 15 minutes au total par livre. (S'il n'y a pas assez de graisse pour empêcher les parures de roussir, ajoutez quelques cuillerées à soupe d'eau froide.) Le temps de cuisson total varie selon la taille du canard et votre propre goût. Pour un canard de 1 kilo 250, comptez environ 38 minutes ; et pour un canard de 2 kilos 500, comptez 1 heure 5 minutes.

6. Pendant ce temps, préparez le zeste : faites bouillir de l'eau dans une petite casserole, placez le zeste dans une passoire et plongez celle-ci dans l'eau pour faire blanchir pendant 2 minutes. Rincez-le sous le robinet d'eau froide, égouttez et réservez.

7. Sortez le canard du four et assaisonnez-le encore une fois. Posez-le sur un plat et maintenez-le incliné, la tête en bas et le croupion en l'air, pour que le jus pénètre dans la chair et la parfume en totalité. Couvrez de papier d'aluminium. Éteignez le four et remettez le canard dedans, avec la porte entrouverte. Laissez reposer pendant au moins 20 minutes (jusqu'à 1 heure). Le canard continue à cuire pendant ce temps.

8. Préparez la sauce : posez le plat à rôtir avec les parures et les abattis sur feu vif. Faites cuire pendant 1 à 2 minutes, jusqu'à ce qu'ils soient bien dorés. Égouttez-les et jetez tout le liquide du plat (pratiquement de la graisse fondue) pour éviter d'avoir une sauce trop grasse et indigeste. Ajoutez le miel, mélangez et faites cuire pendant 1 à 2 minutes. Déglacez avec plusieurs cuillerées à soupe de vinaigre et faites cuire pendant 1 minute. Ajouter enfin 12,5 cl d'eau (suffisamment pour obtenir une sauce consistante) et laissez mijoter pendant 5 minutes.

9. Passez la sauce dans une passoire fine placée sur une sauteuse propre, en appuyant bien sur les parures pour en extraire le maximum de saveur et de jus. Portez à ébullition sur feu vif, goûtez et ajoutez éventuellement encore un peu de vinaigre. Retirez du feu et ajoutez enfin le beurre par petites parcelles en fouettant sans arrêt jusqu'à ce qu'il soit parfaitement incorporé. Ajoutez le zeste et mélangez intimement.

10. Découpez le canard et disposez les morceaux sur un plat. Nappez-les avec la moitié de la sauce. Versez le reste de sauce dans une saucière et servez aussitôt.

Servez un vin rouge robuste du Sud-Ouest, par exemple un madiran comme le château-montus du Gers, ou un viognier au parfum de citron.

DÉCOUPER UN CANARD. Lorsque le canard a subi un temps de repos suffisant après la cuisson et que le jus s'est bien réparti dans les chairs, il est temps de le découper. Commencez par l'aile (repérer l'articulation de l'épaule qui tient l'aile en place et percez la peau à cet endroit avec un couteau pointu). Appuyez fermement sur le couteau pour que la pression parvienne à couper l'articulation et libérer l'aile. Découpez ensuite la peau autour de la cuisse en traçant un demi-cercle, qui doit commencer en dessous et finir à la hauteur du bréchet. Ainsi, le couteau n'aura plus qu'à se glisser ensuite entre la cuisse et le flanc du canard. Le morceau vient facilement, en ouvrant l'articulation qui relie la cuisse au corps. Une fois la cuisse détachée, coupez-la en deux morceaux en séparant le haut du bas. Il ne reste plus qu'à prélever la poitrine : découpez-la entière en conservant le magret intact. Une fois cette opération faite, enfoncez le couteau plus profondément pour libérer la poitrine. Il ne vous reste plus qu'à la poser sur la planche à découper et à prélever les aiguillettes. Répétez les mêmes opérations pour l'autre côté.

CAILLES GRILLÉES
AU CUMIN, CORIANDRE
ET ZESTE DE CITRON

J'aime beaucoup l'arôme légèrement exotique qui se dégage du cumin fraîchement grillé. Ici, son parfum, renforcé par un mélange de gros sel, de zeste de citron, de coriandre fraîche et de cumin en poudre, va imprégner la chair des cailles. Si vous n'aimez pas la coriandre fraîche, vous pouvez la remplacer par du persil plat. Bien que les cailles soient ouvertes en deux et aplaties pour êtres grillées, elles restent néanmoins entières. Pigeons et poussins peuvent se préparer de la même façon en comptant alors 20 minutes pour la cuisson.

POUR 4 PERSONNES

4 cailles de 180 g chacune
2 c. à soupe de graines de cumin
grillées et moulues
sel de mer

3 c. à soupe d'huile d'olive extra-vierge
4 c. à soupe de coriandre ciselée
le zeste râpé d'un citron non traité
gros sel de mer

1. Posez les cailles côté poitrine sur la planche à découper. Avec une paire de cisailles à volaille, fendez-les sur le dos, le long de la colonne vertébrale. Ouvrez-les et aplatissez-les avec la paume de la main. Retournez-les et appuyez encore dessus pour bien les aplatir. Avec un couteau pointu, pratiquez une petite incision dans la peau près du bout de chaque pilon. Enfoncez le pilon opposé dans la fente en croisant les pattes de l'oiseau. La caille doit être aussi plate que possible pour que la cuisson soit régulière.

2. Mélangez dans un bol une cuillerée à soupe de cumin grillé puis moulu avec l'huile pour obtenir une sorte de pâte. Avec un pinceau à pâtisserie, badigeonnez-en les cailles sur toutes les faces. Laissez imprégner pendant 30 minutes.

3. Préchauffez le gril du four, ou préparez un feu de charbon de bois (cheminée ou barbecue). Le feu est prêt lorsque les braises sont rouges et recouvertes de cendres.

4. Salez les cailles. Placez-les sous le gril ou sur la grille du barbecue à 12 cm de la source de chaleur, peau dessous, pour qu'elles cuisent régulièrement sans brûler. Faites-les cuire pendant 5 minutes environ. Lorsque la peau est bien colorée, retournez-les avec des pincettes pour ne pas percer la peau et faites-les cuire encore 5 minutes de l'autre côté. Poursuivez la cuisson en les retournant jusqu'à ce que le jus coule clair quand on perce une cuisse avec une brochette. Le temps de cuisson total est de 15 minutes.

5. Retirez les cailles du gril et salez-les encore une fois. Couvrez-les de papier d'aluminium et laissez-les reposer, poitrine dessous, pendant 5 minutes au moins.

6. Posez chaque caille (une par personne) sur une assiette individuelle chaude. Ajoutez en garniture, côte à côte, un petit tas de gros sel, un peu de cumin en poudre, du zeste de citron et de la coriandre ciselée. On trempe chaque bouchée dans le ou les condiments de son choix. Prévoyez des rince-doigts (les cailles se mangent avec les doigts).

> J'apprécie avec ce plat un riesling,
> qui se marie bien au parfum de cumin.

FAIRE GRILLER LES GRAINES DE CUMIN : Faites chauffer une petite poêle en fonte sur feu moyen pendant 2 minutes. Ajoutez le cumin et faites-le griller sur feu moyen en remuant et en secouant la poêle sans arrêt pour empêcher les graines de brûler. Pendant la première minute, le cumin rend un liquide et on a l'impression que rien ne se passe. Surveillez attentivement, car le cumin roussit rapidement. (Baissez le feu si vous avez l'impression qu'il va griller trop vite.) Laissez-le griller pendant 4 minutes jusqu'à ce qu'il soit brun foncé et très parfumé. Versez-le aussitôt dans une assiette pour le faire refroidir. Pour le moudre, mettez-le une fois refroidi dans un moulin à café propre, un moulin à épices ou un moulin électrique et réduisez-le en poudre fine.

LAPIN AUX GOUSSES D'AIL ET AUX CITRONS CONFITS

Cette recette est un plat de printemps, lorsque apparaissent les premières têtes d'ail de la saison. À défaut d'ail frais, prenez les têtes les plus belles et les plus dodues que vous trouverez. L'ail est cuit entier : on ne coupe que le tiers supérieur de la tête. On peut imaginer des variantes de ce plat en ajoutant des pommes de terre en quartiers, ou des olives noires dénoyautées, ou même les deux. J'aime servir ce plat avec du couscous (p. 137) ou de la semoule au parmesan (p. 138). La recette peut également s'appliquer au poulet fermier de même poids.

POUR 4 À 6 PERSONNES

6 belles têtes d'ail fraîches
1 lapin de 1,5 kilo coupé en morceaux
3 c. à soupe d'huile d'olive extra-vierge
25 cl de vin blanc sec léger

2 feuilles de laurier et un gros bouquet de thym liés en bottillon
12 tranches de citrons confits (p. 260), plus 4 c. à soupe de la marinade des citrons

1. Parez les têtes d'ail en coupant le tiers supérieur de chaque tête. Réservez.

2. Faites chauffer l'huile dans une grande cocotte sur feu modéré. Posez les morceaux de lapin dans l'huile chaude, avant qu'elle ne fume. Baissez aussitôt le feu et couvrez (pour garder à la chair du lapin tout son moelleux) ; faites cuire les morceaux pendant 5 minutes de chaque côté, en les remuant de temps en temps jusqu'à ce qu'ils soient bien tendres. Procédez éventuellement en plusieurs fois. (Le temps de cuisson précis dépend de la taille des morceaux.) Au fur et à mesure que les morceaux sont prêts, retirez-les et posez-les dans un plat, salez et poivrez.

3. Dans la graisse qui reste dans la cocotte, faites dorer les têtes d'ail, face coupée contre le fond, jusqu'à ce qu'elles soient bien colorées, pendant 2 à 3 minutes. Remettez les morceaux de lapin dans la cocotte, ajoutez le bouquet garni, les citrons confits et leur marinade, ainsi que le vin. Couvrez et réglez sur feu très doux, laissez mijoter doucement en remuant de temps en temps pendant 1 heure, jusqu'à ce que le lapin soit tendre et moelleux.

4. Pour servir, répartissez les morceaux et les têtes d'ail sur des assiettes chaudes, nappez de sauce et dégustez aussitôt.

Servez un blanc léger, comme le sablet blanc de blanc de la vallée du Rhône, un pinot bianco ou, encore, un sauvignon californien.

LA BOUILLABAISSE
DE LAPIN DE M. HENNY

U n matin de printemps, je faisais la queue chez mon boucher en Provence, M. Roland Henny. Dès qu'il me vit, il me fit signe de monter dans sa cuisine. Il était si fier de sa dernière création que non seulement il voulait que je goûte sa bouillabaisse de lapin, mais il voulait que j'en rédige la recette. Il savait bien que j'allais adorer ce plat. Qui pourrait, en effet, résister à ce mélange de chair tendre de lapin, de safran coloré, de fenouil parfumé, le tout lié d'une mayonnaise à l'ail ? Servez un bandol rosé.

POUR 4 PERSONNES

1 lapin de 1,5 kilo coupé en morceaux	4 feuilles de laurier
sel de mer et poivre noir du moulin	2 c. à soupe de concentré de tomate
3 c. à soupe d'huile d'olive extra-vierge	2 c. à soupe de pastis
1 grosse tête d'ail	500 g de petites pommes de terre à chair jaune
une pincée de filaments de safran	75 cl d'eau
1 c. à café de graines de fenouil	25 cl de très bon vin blanc (riesling)
plusieurs brins de thym frais	de la rouille (p. 271)

1. Pelez et taillez les pommes de terre en fines rondelles.

2. Salez et poivrez généreusement les morceaux de lapin. Faites chauffer l'huile dans une grande cocotte sur feu moyen. Avant qu'elle ne commence à fumer, mettez-y les morceaux de lapin, baissez aussitôt le feu (sinon la chair va trop se dessécher) et couvrez. Laissez cuire pendant 5 minutes de chaque côté, jusqu'à ce que les morceaux soient tendres, en secouant la cocotte de temps en temps. (Le temps de cuisson varie selon la taille des morceaux.) Mettez les morceaux dans un plat, couvrez de papier d'aluminium et réservez.

3. Mettez dans la cocotte les gousses d'ail entières, le safran, le fenouil, le thym, le laurier, le concentré de tomate, le pastis, l'eau et le vin. Couvrez et laissez mijoter pendant 30 minutes. Retirez et jetez le laurier et le thym. Avec un mixer à main ou plongeant, réduisez rapidement en purée le contenu de la cocotte. Vous pouvez aussi utiliser un robot ou un moulin à légumes.

4. Remettez les morceaux de lapin dans la cocotte, ajoutez les pommes de terre, couvrez et faites mijoter doucement pendant 25 minutes.

5. Pour servir, répartissez les morceaux de lapin et les pommes de terre dans des assiettes creuses. Nappez de sauce. Proposez la rouille à part, pour que les convives en ajoutent une cuillerée ou deux dans leur assiette. Servez en même temps des croûtons de pain grillés.

LE LAPIN BRAISÉ DE PINA

Fermez les yeux et essayez d'imaginer une petite trattoria. Pas d'enseigne, juste une porte-fenêtre avec des rideaux blancs. Pas de menu, mais une succession de spécialités préparées avec amour. Pas de carte des vins, mais une série de bouteilles alignées sur une étagère. Une seule pièce, un menu qui change peu. La cuisine ? Des parfums et des arômes à la fois riches et intenses, subtils et simples, des plats séduisants qui viennent tout droit de la cuisine de Pina Bongiovanni, souriante et accueillante, dans son *Osteria dell'Unione* à Tresio près d'Alba, dans le Piémont. Son plat de prédilection est un délicieux lapin braisé au barolo avec des poivrons rouges, de la cannelle et du clou de girofle. Une recette économique mais qui demande du temps. La chair se détache des os, la sauce ressemble à un sirop épais, les épices rappellent les plats de gibier de jadis. Pour réussir, prenez un vin assez fort en alcool (13 à 14°). La marinade, assez courte, sert à attendrir la viande sans la dénaturer.

POUR 4 PERSONNES

1 lapin de 1,5 kilo coupé en morceaux	1 bâton de cannelle fendu en deux
50 cl de vin rouge riche en tanin	2 clous de girofle
3 c. à soupe d'huile d'olive	1 oignon
2 feuilles de laurier	2 gros poivrons rouges
1 bouquet de thym ficelé	sel de mer et poivre noir du moulin

1. Mettez les morceaux de lapin dans une terrine, ajoutez le vin, 2 cuillerées à soupe d'huile d'olive, le laurier, le thym et le bâton de cannelle. Épluchez l'oignon, coupez-le en deux, piquez chaque moitié d'un clou de girofle et ajoutez-les dans la terrine. Laissez mariner à température ambiante pendant 1 à 2 heures en retournant les morceaux de temps en temps.

2. Pendant ce temps, faites rôtir les poivrons directement sur la flamme du gaz ou sous le gril, aussi près que possible de la source de chaleur, en les retournant souvent jusqu'à ce qu'ils soient noircis. Mettez-les dans un sac en papier et laissez-les reposer pendant 10 minutes. Retirez la peau noire qui les recouvre, éliminez les pédoncules, les graines et les cloisons intérieures. Taillez-les en lanières et réservez.

3. Faites chauffer le reste d'huile d'olive dans une grande cocotte sur feu modéré. Égouttez le lapin, épongez les morceaux, puis posez-les dans l'huile chaude avant qu'elle ne commence à fumer. Baissez aussitôt le feu (ainsi la chair ne desséchera pas), couvrez et laissez cuire doucement jusqu'à ce que les morceaux soient tendres, en remuant la cocotte de temps en temps (5 minutes de cuisson sur chaque face).

Vous pouvez procéder en plusieurs fois. Le temps de cuisson précis varie selon la taille des morceaux. Chaque fois qu'un morceau est cuit, salez et poivrez légèrement.

4. Ajoutez tous les ingrédients de la marinade dans la cocotte, ainsi que les lanières de poivron. Portez à la limite de l'ébullition, puis baissez sur feu très doux. Laissez mijoter à couvert pendant 1 heure en retournant les morceaux de temps en temps jusqu'à ce que la viande se détache des os. Retirez le couvercle et continuez à faire mijoter pendant 15 minutes, pour que la sauce réduise et épaississe un peu. Il doit en rester environ 25 cl (elle doit être consistante et luisante). Pour servir, retirez le bouquet garni, la cannelle et les oignons piqués. Goûtez et rectifiez l'assaisonnement. Servez aussitôt.

Nous avons dégusté ce lapin braisé avec un barbaresco local, traditionnel pour accompagner la cuisine piémontaise. On peut aussi servir avec un vin rouge assez robuste : un cornas ou un châteauneuf-du-pape, par exemple.

9

VIANDES

Dès notre installation en Provence, le boucher du village, Roland Henny, a joué un rôle décisif dans notre vie. Le meilleur agneau de la région, le bœuf label rouge des races auvergnates les plus prisées, le porc le plus délicieusement moelleux et le veau de toute première qualité se succèdent sur notre table grâce à son talent et à son exigence d'une qualité incomparable. Demandez un gigot d'agneau, et il vous sort de la chambre froide un agneau entier qu'il va se mettre à désosser avec la précision d'un chirurgien. Le rôti de porc n'est jamais préparé à l'avance, mais prélevé à la demande sur le bon morceau, puis ficelé avec un art consommé. Et avec chaque morceau de viande, il vous donne en prime une recette et de précieux conseils. Il vous confiera les secrets d'une daube de bœuf provençale plus que parfaite (il faut réunir plusieurs morceaux différents et leur ajouter des languettes de couenne). Il ne manquera pas d'orner votre gigot d'agneau avec art et pourra même parfois courir dans son « atelier », au premier étage, pour vous proposer son curry particulier si jamais il entend que vous avez envie de préparer un curry d'agneau pour le dîner.

DAUBE DE VEAU AU THYM ET AUX OLIVES VERTES

L'un des meilleurs morceaux du veau pour les longues cuissons mijotées est le tendron, moelleux et un peu gélatineux. Pour cette recette, vous pouvez aussi prendre de la poitrine, de l'épaule, du flanchet ou de haut-de-côtes. C'est un plat qui rappelle à juste titre qu'il est toujours préférable de faire cuire une viande ou une volaille avec l'os pour obtenir une saveur plus concentrée. Pour que le plat ne soit pas trop riche dégraissez les morceaux.

POUR 6 À 8 PERSONNES

---

4 c. à soupe d'huile d'olive
extra-vierge
1 1/2 kilo de tendron de veau
coupé en morceaux
3 oignons moyens
400 g de tomates entières au naturel

1 bouquet de thym frais et de laurier
lié en bottillon
300 g d'olives vertes dénoyautées
50 cl de vin blanc (chardonnay)
sel de mer
poivre noir du moulin

1. Faites chauffer l'huile dans une grande cocotte. Quand elle est bien chaude, faites-y dorer les morceaux de veau sur toutes les faces. Cette opération est essentielle pour que la viande conserve toute sa saveur. Les morceaux doivent dorer en plusieurs fournées, en comptant 5 minutes à chaque fois. Réglez soigneusement le feu pour éviter de faire roussir la viande. Chaque fois qu'une partie des morceaux est bien dorée, retirez-les, salez-les et poivrez-les.

2. Dans la graisse qui reste au fond de la cocotte, ajoutez les oignons émincés et une pincée de sel, faites-les cuire sur feu modéré (environ 10 minutes) jusqu'à ce qu'ils soient tendres et translucides. Ajoutez le vin et les tomates égouttées, écrasez-les avec une cuiller en bois et poursuivez la cuisson pendant 2 à 3 minutes.

3. Remettez tous les morceaux de veau dans la cocotte, avec le jus qu'ils ont rendu et portez à la limite du frémissement sur feu doux. Ajoutez le bouquet garni, couvrez et laissez mijoter pendant 2 heures – en retournant les morceaux pour bien les enrober de sauce – jusqu'à ce qu'ils soient très tendres et que la viande se détache presque de l'os.

4. Pendant ce temps, faites bouillir de l'eau dans une grande casserole. Mettez-y les olives et faites-les blanchir pendant 2 minutes. Égouttez-les et ajoutez-les dans la cocotte. Goûtez et rectifiez l'assaisonnement. Faites mijoter sur feu très doux pendant encore 30 minutes.

5. Vous pouvez préparer cette daube la veille ou l'avant-veille. Si c'est le cas, laissez refroidir à température ambiante, puis couvrez et mettez au réfrigérateur jusqu'au moment de servir. Pour servir, retirez la graisse qui a figé à la surface. Faites réchauffer doucement. Répartissez les morceaux de veau dans des assiettes creuses bien chaudes. Faites réduire la garniture sur feu vif pour la faire épaissir, puis nappez-en les morceaux. Servez avec de la semoule au laurier et au parmesan (p. 138).

Choisissez, par exemple, un bourgogne jeune
comme le savigny-lès-beaune
de chez Tollot-Beaut.

CONSEILS DE CUISSON POUR LA VIANDE

• Placez le morceau de viande côté gras dessus pour qu'en fondant, la graisse arrose la viande, lui donne davantage de goût et l'attendrisse.

• N'oubliez pas de sortir la viande du réfrigérateur plusieurs heures avant de la faire rôtir. Vous pouvez même la sortir le matin pour le soir. La viande doit être à température ambiante quand on la met dans le four ; sinon, elle va dégager de la vapeur et ne pas cuire régulièrement.

• Comptez 1 kilo de côte de bœuf pour 4 personnes. Si vous êtes très nombreux, prévoyez des entrecôtes.

• N'assaisonnez pas la viande avant de la faire rôtir. Le sel a tendance à faire sortir le jus et à affadir la viande. En revanche, assaisonnez généreusement la viande à la sortie du four, ce qui lui donnera une bien meilleure saveur.

• Laissez toujours reposer un rôti. La viande continue de cuire pendant cette période de repos : le jus se répartit à l'intérieur des muscles ce qui donne une chair plus juteuse et plus savoureuse.

LA DAUBE DE BŒUF
DE M. HENNY

C'est la recette de daube la plus riche et la plus moelleuse, la plus sublime que je connaisse. L'une des plus jolies également. Roland Henny conseille de réunir au moins trois morceaux de bœuf différents comme le plat de côtes, le tende de tranche et le paleron. Les clous de girofle et la noix de muscade parfument le plat et mettent en relief l'essence même de la saveur du bœuf. M. Henny ajoute par ailleurs dans sa daube des os à moelle et d'épaisses languettes de couenne de porc, ingrédients qui viennent renforcer la saveur, le parfum et la texture du plat. Il souligne son accent provençal en ajoutant une touche aigre-douce de zeste d'orange et le salé de quelques olives noires. La daube de M. Henny est luisante comme un vrai joyau et la sauce possède cette consistance épaisse, lisse et onctueuse qui vous met l'eau à la bouche. Le récipient idéal pour préparer la daube est naturellement la daubière en terre cuite, un ustensile parfaitement bien conçu qui réduit la surface exposée et du même coup diminue l'évaporation du précieux jus. Sa forme permet également de retirer plus facilement la graisse qui monte à la surface.

POUR 8 À 10 PERSONNES

6 oignons moyens	sel de mer et poivre noir du moulin
6 clous de girofle	3 c. à soupe de concentré de tomate
2 kilos de bœuf à braiser	1 kilo de carottes
2 bouteilles de 75 cl chacune de vin	1 boîte (480 g) de tomates entières
rouge corsé (côtes-du-rhône)	au naturel
1 poignée de thym frais	4 os à moelle coupés
5 feuilles de laurier	90 g de couenne de porc
1 1/2 c. à café de noix de	le zeste râpé d'une orange ou
muscade râpée	1 écorce d'orange séchée
3 c. à soupe d'huile d'olive	125 g d'olives noires dénoyautées
extra-vierge	(Nyons de préférence)

1. Pelez puis coupez cinq oignons en deux dans la hauteur, posez-les à plat sur le plan de travail et émincez-les finement dans l'autre sens. Coupez le dernier oignon en deux et enfoncez trois clous de girofle dans chaque moitié.

2. Dans une grande terrine ou un saladier, mélangez les morceaux de viande, les oignons, le vin, le thym, les feuilles de laurier et la noix de muscade. Couvrez et laissez mariner à température ambiante pendant au moins 24 heures.

3. Le lendemain, égouttez le contenu de la terrine et séparez les oignons des morceaux de viande. Réservez la marinade. Dans une

grande cocotte à couvercle (ou mieux, une daubière), faites chauffer l'huile sur feu modéré jusqu'à ce qu'elle soit très chaude mais qu'elle ne fume pas. Ajoutez les oignons et baissez le feu, puis faites dorer doucement pendant 4 à 5 minutes. Avec une écumoire, retirez les oignons et mettez-les sur une assiette. Dans la graisse qui reste, commencez à faire revenir les morceaux de viande, en réglant soigneusement le feu pour éviter de les faire roussir. Cette opération est essentielle : les morceaux de bœuf doivent être dorés régulièrement pour rester savoureux. Il faut procéder en plusieurs fois en comptant une dizaine de minutes à chaque fois pour que tous les morceaux soient bien dorés sur toutes les faces. Lorsque les morceaux sont dorés, retirez-les avec des pincettes – éviter de percer la viande avec une fourchette – et mettez-les dans un plat. Salez et poivrez généreusement.

4. Une fois que tous les morceaux de viande sont dorés, remettez-les dans la cocotte, ainsi que les oignons, ajoutez le concentré de tomate et la marinade. Salez et poivrez. Faites chauffer jusqu'à ce que le liquide se mette à frémir, puis couvrez et laissez cuire pendant 1 heure. Ajoutez les carottes émincées, les tomates égouttées, les os à moelle et la couenne. Remuez pour répartir équitablement les ingrédients. Faites à nouveau chauffer pour atteindre le frémissement, couvrez et faites cuire pendant 2 heures. Goûtez et rectifiez l'assaisonnement. Vérifiez que la viande est bien tendre. Si nécessaire, poursuivez la cuisson pendant encore 1 heure. Au cours des 30 dernières minutes de cuisson, ajoutez le zeste d'orange et les olives noires.

5. La daube sera encore plus savoureuse et moins grasse si vous la laissez reposer pendant 24 heures avant de la déguster. Laissez-la refroidir complètement à température ambiante, puis couvrez et mettez-la dans le réfrigérateur. Avant de servir, retirez la couche de graisse figée à la surface, faites réchauffer la daube doucement et servez dans des assiettes creuses.

N'importe quel bon vin rouge corsé peut accompagner cette daube. Essayez, par exemple, un jeune côtes-du-rhône ou un corbières du Languedoc.

LA BROUFADE D'ARLES

La « broufade », « boufaddo » ou « bœuf aux câpres », est une recette de daube très ancienne qu'appréciaient fort les mariniers du Rhône, absents de chez eux pendant plusieurs jours d'affilée. Car c'est un plat qui supporte bien d'être réchauffé, qui est meilleur le lendemain et même le jour suivant.

POUR 4 À 6 PERSONNES

1 kilo de bœuf à braiser (épaule, collier, jumeau, macreuse, gîte) détaillé en 5 à 6 fines tranches, comme des steaks
4 filets d'anchois au sel
4 c. à soupe de lait entier
2 c. à soupe de câpres
2 oignons moyens
10 gousses d'ail coupées en deux

765 g de tomates entières au naturel
6 petits cornichons émincés
sel de mer
75 cl de vin blanc de la vallée du Rhône, sablet ou gigondas
1 feuille de laurier
plusieurs brins de thym enveloppés dans une mousseline
poivre noir du moulin

1. Rincez les anchois. Faites-les tremper dans le lait pendant 10 minutes pour les dessaler.

2. Égouttez les câpres, rincez-les et faites-les tremper dans de l'eau froide pendant 10 minutes pour les dessaler.

3. Coupez les oignons en deux dans la hauteur, posez chaque moitié à plat sur la planche à découper et émincez-les très finement. Mettez-les dans une terrine, ajoutez l'ail, les tomates égouttées et les cornichons. Rincez les anchois et les câpres, ajoutez-les dans la terrine. Ajoutez 1 cuillerée à café de sel et mélangez intimement en écrasant légèrement les tomates avec le dos d'une cuiller.

4. Versez le vin dans une grande casserole, portez à la limite de l'ébullition et laissez mijoter pendant 10 minutes jusqu'à ce que l'arôme alcoolisé du vin ne soit plus perceptible. Réservez.

5. Versez le tiers du mélange aux tomates dans le fond d'une grande cocotte. Ajoutez le laurier et le thym, puis étalez une couche de bœuf dessus, salez et poivrez légèrement chaque tranche. Continuez à remplir la cocotte en alternant la viande et les condiments. Versez juste assez de vin pour couvrir le mélange. Posez un couvercle sur la cocotte et faites mijoter sur feu modéré. Laissez cuire tout doucement pendant 2 à 3 heures. Vérifiez la cuisson de temps en temps en remuant les ingrédients : ils doivent être bien répartis et la viande doit toujours être couverte de liquide. Ne laissez jamais bouillir. Goûtez et rectifiez l'assaisonnement. Retirez le thym et le laurier.

6. Vous pouvez servir la daube aussitôt ou bien la réserver pour le lendemain ou le jour suivant. Si c'est le cas, laissez-la refroidir complètement à température ambiante, couvrez et mettez-la dans le réfrigérateur jusqu'au moment de la servir. Retirez alors la graisse figée en surface et faites réchauffer doucement. Servez dans des assiettes creuses chaudes, avec en garniture du riz brun de Camargue ou de la semoule au laurier et au parmesan (p. 138).

On pense toujours au vin rouge avec le bœuf, mais le vin
blanc serait un compagnon parfait
pour cette daube, par exemple, un hermitage
ou un blanc du Rhône ;
si vous préférez un rouge, prenez un côtes-du-rhône.

Clos Chanteduc, le vin de la propriété des Wells.

DAUBE DE BŒUF
À LA MOUTARDE
ET AU VIN BLANC

L a daube a parfois une réputation d'être un plat lourd et difficile à digérer. À force d'avoir préparé des daubes de toutes sortes, j'ai compris qu'il existe une méthode pour avoir un plat léger et digeste : équilibrer soigneusement les saveurs, les acides et les condiments. La recette que je donne ici en est l'exemple : du bœuf à braiser, mis à cuire avec du vin blanc, de la moutarde et une bonne dose de fines herbes, tous ces ingrédients complémentaires visant à attendrir et imprégner les morceaux de viande pour qu'ils absorbent le maximum de saveurs. C'est une excellente daube de printemps, saison où l'on aime encore quelque chose de chaud, mais aussi de léger et parfumé. N'oubliez pas d'ajouter un peu d'estragon dans le bouquet garni, car son parfum s'accorde parfaitement avec le vin blanc et la moutarde. Cette daube est très simple à faire, délicieuse à déguster, accompagnée d'un gratin d'oignons au parmesan (p. 106). Les morceaux de viande peuvent paraître un peu gros au début, mais ils réduisent à la cuisson.

POUR 4 À 6 PERSONNES

1 kilo de bœuf à braiser (épaule, macreuse, gîte ou paleron), détaillé en cubes de 7,5 cm de côté
3 oignons moyens, pelés
3 c. à soupes d'huile d'olive extra-vierge
sel de mer et poivre noir du moulin

2 c. à soupe de moutarde de Dijon
480 g de tomates pelées au naturel
75 cl de vin blanc sec (chardonnay)
3 gousses d'ail
1 bouquet garni (brins de persil plat, thym, estragon, laurier) lié en bottillon

1. Coupez les oignons en deux dans la hauteur, posez les deux moitiés à plat sur la planche à découper et émincez-les finement. Réservez.

2. Faites chauffer l'huile sur feu modéré dans une grande cocotte en fonte. Avant qu'elle ne commence à fumer, ajoutez les morceaux de bœuf petit à petit et faites-les dorer sans les entasser en les retournant sur toutes les faces. Réglez le feu pour les empêcher de roussir. Retirez-les au fur et à mesure, salez-les et poivrez-les.

3. Il doit rester une fine couche de graisse fondue dans le fond de la cocotte. (S'il y en a trop, videz-en un peu.) Ajoutez le vin en le répartissant sur tout le fond de la cocotte et en grattant les sucs de cuisson caramélisés avec une spatule. Faites frémir doucement et laissez cuire à découvert pour faire évaporer l'alcool, pendant 7 minutes environ à partir du moment où le liquide se met à frémir. Incorporez la moutarde et fouettez pour mélanger.

4. Remettez les morceaux de viande dans la cocotte avec le jus qu'ils ont rendu. Ajoutez les tomates et leur jus, les oignons, les gousses d'ail fendues en deux et le bouquet garni. Couvrez et faites mijoter sur feu modéré pendant 2 à 3 heures jusqu'à ce que la viande soit tendre. Retirez le bouquet garni. Avec une écumoire, prélevez les morceaux de viande, les oignons et les tomates et mettez-les dans un plat. Faites bouillir la sauce pendant 10 minutes pour la réduire d'un tiers, puis remettez tous les ingrédients dans la cocotte et faites réchauffer doucement. Servez dans des assiettes creuses bien chaudes. (Vous pouvez préparer la daube 1 ou 2 jours à l'avance ; dans ce cas, laissez-la refroidir complètement à température ambiante, puis couvrez-la et mettez-la dans le réfrigérateur. Pour servir, retirez la graisse figée en surface et faites réchauffer doucement.)

Servez, par exemple, un savennières blanc de la vallée de la Loire ou un mâcon-villages.

CÔTE DE BŒUF
AU GROS SEL

L a côte de bœuf, magnifiquement marbrée, cuite pour être servie tendre et saignante, constitue le meilleur choix pour quiconque a envie d'une viande rôtie préparée rapidement et simplement. Depuis que je fais la cuisine, j'ai pris l'habitude d'appeler ce plat le « steak version ville » et je le dédie à tous ceux qui n'ont pas de barbecue. La côte de bœuf est posée sur une couche de gros sel et rôtie à four très chaud pendant environ 8 minutes (pour une côte de 1 kilo). Comme sauce, je sers simplement le jus qui s'écoule de la viande quand elle a reposé et je propose en même temps les fausses frites (p. 115), ainsi que la salade du fromager (p. 65).

POUR 4 PERSONNES

un thermomètre à viande

1 côte de bœuf de 1 kilo	*1 c. à café d'huile d'olive extra-vierge*
375 g de gros sel de mer	*sel de mer fin et poivre noir du moulin*

1. Préchauffez le four à 260 ˚C (thermostat 9).

2. Étalez le gros sel sur une plaque à pâtisserie en une couche assez fine et régulière. Badigeonnez légèrement d'huile les deux côtés de la viande. Posez-la sur le gros sel, côté le plus gras dessus. Enfournez la plaque dans le bas du four et laissez rôtir pendant environ 18 minutes jusqu'à ce que la peau soit croustillante et dorée, et que le jus et la graisse commencent à perler. Pour vérifier la cuisson, enfoncez le thermomètre à viande dans la partie la plus charnue pendant au moins 15 secondes : à 50 ˚C, la viande est bleue ; à 55 ˚C, elle est saignante.

3. Sortez la plaque du four et retirez la côte de son lit de sel. Assaisonnez-la généreusement de sel et de poivre des deux côtés. Posez-la sur une grille placée sur un plat creux pour recueillir le jus qui s'écoule. Couvrez d'une feuille de papier d'aluminium sans serrer et laissez reposer pendant au moins 15 minutes dans un endroit chaud.

4. Pour servir : avec un grand couteau à découper et une fourchette, détacher la viande de l'os, en suivant les contours de celui-ci. Détailler la viande en tranches diagonales épaisses et posez-les sur des assiettes chaudes. Versez le jus qui s'est écoulé pendant le temps de repos dans une saucière et servez à part.

La simplicité de ce plat permet de proposer un grand vin rouge, par exemple un châteauneuf-du-pape assez vieux. Ma préférence va au château-du-beaucastel.

GIGOT À LA PROVENÇALE

1 gigot d'agneau avec l'os de 2,5 kilos environ
6 têtes d'ail entières
2 c. à soupe d'huile d'olive extra-vierge
sel de mer et poivre noir du moulin

2 gros bouquets garnis, préparés chacun avec plusieurs brins de persil, de thym, de sarriette, de romarin, quelques feuilles de laurier, liés en bottillon avec de la ficelle de cuisine romarin (facultatif)

1. Préchauffez le four à 220 °C (thermostat 7/8).

2. Coupez le tiers supérieur des têtes d'ail et jetez-le. Mettez-les dans le plat, face coupée dessus, et arrosez-les d'huile. Disposez les bouquets garnis autour. Placez une petite grille à rôtir rectangulaire sur le plat. (À moins que vous ne posiez le gigot sur un lit de romarin.) Enduisez le gigot d'huile d'olive, salez-le et poivrez-le généreusement. Posez-le sur la grille (ou le lit de romarin) de manière qu'il puisse rôtir régulièrement. Mettez le plat dans le four et faites rôtir en comptant 10 à 12 minutes par livre pour une cuisson saignante, 15 minutes si on le désire un peu plus cuit. Retournez le gigot plusieurs fois pendant la cuisson en l'arrosant de temps en temps.

3. Sortez le gigot du four et assaisonnez-le encore une fois généreusement. Sur une grande planche à découper, posez une petite assiette à l'envers sur une grande assiette. Posez le gigot, os en l'air, relevé contre l'assiette renversée. Recouvrez-le d'une feuille d'aluminium sans serrer et laissez reposer pendant au moins 25 minutes et jusqu'à 1 heure.

4. Posez les gousses d'ail sur une grande assiette, en laissant le jus dans le plat. Couvrez-les et tenez-les au chaud dans le four à chaleur douce jusqu'à ce que le gigot soit prêt.

5. Pendant ce temps, préparez la sauce : posez le plat à rôtir sur feu modéré et grattez les sucs de cuisson qui attachent au fond. Faites cuire pendant 2 à 3 minutes en grattant et en remuant jusqu'à ce que le jus soit presque caramélisé. Ne le laissez pas brûler. Retirez l'excès de graisse avec une cuiller. Ajoutez ensuite plusieurs cuillerées d'eau froide pour déglacer le plat (l'eau chaude risquerait de troubler la sauce). Portez à ébullition, puis baissez le feu et laissez mijoter pendant 5 minutes jusqu'à ce que la sauce épaississe.

6. Passez la sauce au chinois et versez-la dans une saucière. Découpez le gigot en tranches très fines. Rangez-les sur de grandes assiettes de service chaudes et entourez-les de gousses d'ail.

Un bon bordeaux, de préférence un Pauillac, serait le meilleur choix.

GIGOT D'AGNEAU
AUX ARTICHAUTS ET
AUX POMMES DE TERRE

L' artichaut et l'agneau font partie de mes ingrédients favoris et je n'ai jamais à me forcer pour les cuisiner. Les artichauts et les pommes de terre se marient bien et bénéficient simplement du jus de cuisson de l'agneau qui les arrose en rôtissant.

POUR 8 PERSONNES

1 gigot d'agneau de 2,5 kilos avec l'os	3 c. à soupe d'huile d'olive extra-vierge
4 gros artichauts ou cœurs d'artichauts surgelés	2 c. à soupe de jus de citron
1 kilo de pommes de terre à chair jaune de taille moyenne	4 bouquets garnis (persil plat, thym, sarriette, romarin, laurier) ficelés en bottillon
1 c. à soupe de thym frais	sel de mer
2 têtes d'ail fraîches	poivre noir du moulin

1. Préchauffez le four à 220 ˚C (thermostat 7/8).

2. Mélangez dans une grande terrine les artichauts, les pommes de terre débitées en quartiers, le thym, les gousses d'ail entières, 2 cuillerées à soupe d'huile et le jus de citron. Enrobez bien d'huile tous les ingrédients. Placez 2 bouquets garnis au fond du plat à rôtir, versez dessus le mélange de légumes et d'aromates, salez et poivrez. Mettez les autres bouquets garnis dessus.

3. Posez une grille sur le plat ainsi rempli. Badigeonnez le gigot avec le reste d'huile, salez et poivrez. Posez le gigot sur la grille, ce qui lui permettra de rôtir régulièrement. Mettez le tout dans le four et faites cuire en comptant 10 à 12 minutes par livre pour un gigot saignant, 15 minutes par livre pour un gigot un peu plus cuit. Retournez la viande plusieurs fois pendant la cuisson et arrosez-la de temps en temps.

4. Sortez le gigot du four et assaisonnez-le encore une fois généreusement. Posez une petite assiette renversée sur une grande assiette, le tout sur une grande planche à découper. Posez le gigot, os dressé en l'air, appuyé contre l'assiette renversée. Couvrez de papier d'aluminium et laissez reposer pendant au moins 25 minutes et jusqu'à 1 heure.

5. Pendant ce temps, vérifiez si les légumes sont bien cuits et poursuivez éventuellement la cuisson pendant quelques instants, puis goûtez et rectifiez l'assaisonnement. Jetez les bouquets garnis. Mettez les légumes sur un plat. Couvrez et tenez au chaud jusqu'à ce que le gigot soit prêt.

6. Posez le plat à rôtir avec le jus de cuisson sur feu modéré et faites cuire pendant 2 à 3 minutes pour faire caraméliser le jus. Faites attention à ne pas le laisser brûler. Retirez l'excès de graisse avec une cuiller et ajoutez plusieurs cuillerées d'eau froide pour déglacer le plat, en grattant les sucs de cuisson qui attachent dans le fond. Baissez le feu et laissez réduire de moitié sur feu doux pendant 5 à 7 minutes. Passez au chinois. Goûtez et rectifiez l'assaisonnement et versez ce jus dans une saucière chaude. Tenez-la au chaud.

7. Pour servir, découpez le gigot en fines tranches. Ajoutez dans la saucière le jus qui s'écoule du gigot. Disposez les tranches de gigot avec les légumes sur des assiettes de service. Servez avec la saucière à part.

Le cabernet est traditionnel avec l'agneau, mais l'acidité
du mélange artichauts-pommes de terre suggère
un vin plus vif, plus floral : j'aime bien ici
un côtes-du-rhône blanc ou bien,
si je me sens d'humeur en fête, un châteauneuf-du-pape
ou un hermitage blanc. Si vous préférez
un rouge, prenez un côtes-du-rhône assez léger.

CURRY D'AGNEAU AU
YAOURT ET AUX POMMES

L e curry traditionnel a besoin d'une base acide – des tomates, généralement – pour équilibrer le plat, mais dans ma recette, j'emploie
un peu de yaourt et des pommes râpées, un ingrédient rafraîchissant.
Veillez à bien dégraisser la viande avant cuisson pour obtenir un plat
plus léger, plus savoureux. Et n'allez surtout pas fouiner au fond du
placard pour y dénicher quelques vieux flacons d'épices : achetez-en
des frais, bien parfumés. Si vous désirez un curry moins piquant et plus
subtilement parfumé, réduisez ou supprimez le poivre de Cayenne.

POUR 4 À 6 PERSONNES

1,5 kilo d'épaule d'agneau, os à part, détaillée en cubes de 5 cm de côté	1 c. à soupe de cumin fraîchement moulu
6 c. à soupe d'huile d'olive extra-vierge	2 c. à soupe de graines de coriandre fraîchement moulues
4 oignons moyens émincés	1 c. à café de poivre de Cayenne
4 gousses d'ail émincées	25 cl de yaourt au lait entier
60 g de gigembre frais finement haché	1 pomme acide à chair ferme (granny smith) râpée
1 c. à soupe de curcuma en poudre	sel de mer et poivre noir du moulin

1. Faites chauffer 3 cuillerées à soupe d'huile dans une cocotte. Lorsqu'elle est bien chaude, commencez à faire dorer les morceaux de
viande sur toutes leurs faces, sans les entasser et en procédant patiem-
ment. Cette opération est essentielle pour bien concentrer les saveurs.
Faites dorer les morceaux en plusieurs fois en comptant environ
5 minutes pour chaque fournée. Réglez le feu pour éviter de faire roussir les morceaux. Retirez-les au fur et à mesure qu'ils sont bien dorés,
salez et poivrez généreusement.

2. Ajoutez le reste d'huile à la matière grasse qui reste dans la cocotte,
puis ajoutez les oignons et une pincée de sel, faites cuire sur feu
modéré pendant 15 minutes jusqu'à ce que les oignons soient tendres
et bien dorés. Ajoutez le gigembre et l'ail, poursuivez la cuisson pendant encore une minute. Ajoutez le cumin, la coriandre, le curcuma et
le cayenne et faites cuire 15 secondes en remuant jusqu'à ce que le
parfum se dégage. Ajoutez les morceaux de viande et le jus qu'ils ont
rendu, ainsi que le yaourt, la pomme râpée et 25 cl d'eau bouillante.
Mélangez intimement. Le liquide doit juste couvrir la viande. Posez le
couvercle sur la cocotte et faites mijoter tranquillement pendant
1 heure 30 – en remuant régulièrement les morceaux pour les enrober
de sauce – jusqu'à ce que la viande soit très tendre. Goûtez et rectifiez
l'assaisonnement. Retirez l'os. (Vous pouvez préparer ce ragoût à

l'avance : laissez refroidir dans la cocotte, puis mettez-la dans le réfrigérateur pendant 24 heures ; retirez éventuellement la graisse figée en surface et faites réchauffer doucement, avant de servir, goûtez et rectifiez l'assaisonnement.) Pour servir, répartissez le curry dans des assiettes de service bien chaudes et proposez en même temps du riz basmati (p. 136).

On peut proposer deux sortes de vins avec ce plat,
soit un rouge riche et tannique,
comme un gigondas des côtes-du-rhône,
soit un vin blanc aromatique comme le gewurztraminer,
un blanc floral comme le viognier,
ou un bandol rosé aux arômes de fleurs et d'épices.

CÔTELETTES D'AGNEAU
AU CITRON ET AU THYM

La cuisson sèche sur feu vif donne une viande croustillante mais avec un intérieur tendre et saignant. Pour ce type de cuisson, il faut une viande naturellement tendre, comme des côtelettes d'agneau d'excellente qualité ou des tranches de gigot. Pour que l'intérieur reste bien moelleux pendant la cuisson, et ne se dessèche pas (pour empêcher aussi que la viande ne colle au gril ou à la poêle), on la fait d'abord mariner dans un mélange classique de bonne huile d'olive et de jus de citron. Ne salez pas la viande, sinon vous faites sortir tout le jus. Ces côtelettes fines et savoureuses sont à déguster avec les doigts.

POUR 4 PERSONNES

8 côtes d'agneau premières
(de 180 à 270 g chacune),
partiellement désossées
3 c. à soupe de jus de citron
fraîchement pressé

4 c. à soupe d'huile d'olive
extra-vierge
1 c. à café de feuilles de thym
sel de mer
poivre noir du moulin

1. Faites mariner les côtelettes dans un grand plat où vous aurez mis le jus de citron, l'huile et le thym, à température ambiante, pendant 20 minutes, en les retournant de temps en temps.

2. Préchauffez sur feu vif pendant 5 minutes une lourde poêle ou un gril en fonte, ou préparez un feu de braises : il est prêt lorsque les braises sont rouges et couvertes de cendres.

3. Si vous vous servez d'une poêle, baissez le feu, posez les côtelettes et faites-les cuire pendant 2 minutes de chaque côté jusqu'à ce qu'elles soient bien dorées ; salez et poivrez au terme de la cuisson.

Si vous utilisez un feu de braises, faites-les cuire également 2 minutes de chaque côté, salez et poivrez au terme de la cuisson.

(Pour vérifier le bon degré de cuisson, appuyez sur la viande avec le bout du doigt : si elle est très tendre, la viande est juste saignante ; si elle résiste un peu, elle est cuite ; si elle est ferme, elle est très cuite.)

Pour servir, arrosez les côtelettes avec le reste de la marinade, ou utilisez celle-ci pour assaisonner une salade d'accompagnement. Servez aussitôt.

Le meilleur accord entre l'agneau et le vin n'est autre qu'un bon bordeaux rouge.

NOTE : L'expression « agneau de printemps » est souvent utilisée sans que l'on sache véritablement pourquoi. À l'origine, l'agneau de printemps est un jeune animal né au tout début de l'année et abattu au printemps. Comme les croisements de différentes espèces ont permis d'avoir des naissances tout au long de l'année, l'expression a fini par désigner un agneau très tendre, âgé de moins d'un an et abattu au printemps ou en été. On utilise également l'expression d'agneau de Pâques ou d'agneau de lait, ce qui veut dire généralement que l'agneau a été nourri exclusivement avec le lait de sa mère (sans fourrage ni herbe) et qu'il est abattu à moins de dix semaines. Ces agneaux, très jeunes, sont de petite taille, pesant de 10 à 15 kilos. Même si l'agneau est plus vieux, à l'âge de 6 mois, avec un poids de 30 kilos, il a toujours droit à l'appellation de jeune agneau.

RÔTI DE PORC EN SAUMURE À LA BROCHE

George Germon et Johanne Killeen ont avec nous une même passion pour la cuisine et la bonne table, et nous partageons la même prédilection pour la cuisson au feu de bois. George est un rôtisseur né et aime tout particulièrement construire les feux. Lorsque ce rôti de porc à la broche figure au menu, je le laisse se charger de l'opération et il édifie son feu dans le foyer que nous avons aménagé au milieu de notre cuisine. George tient beaucoup à utiliser les herbes et les épices qu'il trouve chez nous, les baies des genévriers sauvages qui poussent dans le bois de pins et de chênes, ainsi que les graines de fenouil que nous ramassons sur les plantes une fois qu'elles ont donné leurs semences.

Choisissez un rôti de porc qui ne soit pas entièrement dégraissé. La graisse doit fondre et enrober le rôti pendant la cuisson en le gardant bien moelleux et tendre. La graisse en excès va tomber goutte à goutte pour arroser les légumes placés en dessous. Pour ceux que rebuterait le rôtissage sur le feu de bois, les indications sont également prévues pour la cuisson au four.

POUR 12 PERSONNES

1 rôti de porc de 1,5 à 2 kilos ficelé	10 brins de romarin frais
100 g de sucre	10 brins de thym frais
150 g de gros sel	6 feuilles de laurier fraîches
15 grains de poivre	8 carottes parées et pelées
8 baies de genièvre	4 grosses têtes d'ail coupées
2 c. à soupe de graines de fenouil	sur le dessus et parées

1. Dans un grand récipient en inox, mélangez le sucre, le sel, les grains de poivre, les baies de genièvre, les graines de fenouil, 5 brins de romarin, 5 brins de thym et le laurier. Ajoutez 1 litre d'eau bouillante et mélangez pour faire fondre entièrement le sucre et le gros sel. Ajoutez 3 litres d'eau froide.

2. Plongez le rôti de porc dans cette préparation en vous assurant qu'il est entièrement submergé. Si la viande se met à flotter, posez une assiette dessus pour qu'elle s'enfonce. Couvrez le récipient et mettez-le dans le réfrigérateur. Laissez le porc mariner de 24 à 48 heures, selon le degré de saveur que vous voulez donner à la viande. La saumure fait évacuer l'humidité de la viande et ressortir son goût naturel un peu doux. Plus la marinade se prolonge, plus la viande prend un goût prononcé de sel.

3. Plusieurs heures avant de faire rôtir la viande, sortez-la de la saumure et posez-la sur une grille pour qu'elle s'égoutte. Laissez-la revenir à la température ambiante. Mettez de côté un peu de saumure pour arroser le rôti pendant la cuisson.

4. Épongez soigneusement le rôti avec du papier absorbant. Glissez le reste des brins de thym et de romarin dans les tours de ficelle.

5. Pour une cuisson sur feu de bois : construisez un feu avec des essences de bois aromatiques. Placez un tournebroche devant le feu, avec une lèchefrite en dessous. Disposez les carottes et les têtes d'ail dans le plat à rôtir. Assurez-vous que votre broche est soit en acier chromé soit en acier inoxydable ; les autres métaux pourraient donner mauvais goût à la viande. Enfoncez la broche à travers le rôti de sorte qu'il soit bien équilibré quand il tournera. Prenez votre temps pour cette opération : si la broche ne tourne pas bien, la cuisson risque d'être irrégulière. La distance entre le feu et le tournebroche est fonction de l'intensité de la chaleur.

Placez la broche sur son support, la viande se trouvant à environ 15 cm du feu. Après environ 20 minutes, la graisse qui entoure le rôti doit commencer à fondre et à arroser la viande. Si cela ne se produit pas au bout de 30 minutes, rapprochez la viande du feu. Mais si le rôti commence à dorer trop vite, au contraire éloignez-le du feu. N'oubliez pas que, même si vous faites cuire un rôti sur un vrai feu, la chaleur ne doit pas être excessive. C'est la chaleur résiduelle des flammes qui va rôtir doucement le rôti, et cette opération doit prendre à peu près le même temps qu'une cuisson dans un four traditionnel. Ne vous en faites pas si les herbes se carbonisent et fument un petit peu. C'est ainsi qu'elles font finir par parfumer la viande petit à petit. Maintenez la chaleur du feu en ajoutant éventuellement davantage de bois si nécessaire.

Faites cuire le porc jusqu'à ce qu'il atteigne à l'intérieur une température de 65 °C. À partir de 60 °C la viande de porc est considérée comme cuite. Le temps total de cuisson prend de 1 à 2 heures, selon l'intensité du feu. Retirez la broche du support, puis du rôti lui-même. Continuez ensuite à l'étape 7.

6. Pour une cuisson dans le four traditionnel : préchauffez le four à 260 °C (thermostat 9). Posez le rôti sur une grille dans un plat à rôtir. Disposez tout autour du rôti les carottes et les têtes d'ail. (La grille empêche la viande d'attacher au plat et permet une cuisson plus régulière.) Enfournez le plat à mi-hauteur et faites rôtir jusqu'à ce que la peau soit dorée et croustillante, et que la viande laisse couler le jus et la graisse, pendant 20 à 30 minutes.

Baissez le feu à 175 °C (thermostat 4/5) et arrosez le rôti avec le jus du plat, en ajoutant éventuellement un peu de saumure (environ 12,5 cl), pour maintenir en permanence une couche de liquide dans le fond du plat. Arrosez le rôti toutes les 20 minutes.

Comptez un temps de cuisson de 25 minutes par livre, jusqu'à ce que la viande atteigne une température intérieure de 65 ˚C. Sortez-la du four.

7. Posez le rôti sur une grille placée sur un plat pour recueillir le jus qui s'écoule. Recouvrez-le de papier d'aluminium sans serrer et laissez reposer dans un endroit chaud pendant environ 20 minutes. Pour servir, déficelez le rôti, jetez la ficelle et les herbes. Coupez le rôti en tranches épaisses et posez-les sur des assiettes de service chaudes, avec les carottes et les têtes d'ail. Arrosez avec un peu de jus recueilli pendant le temps de repos et servez aussitôt.

Un vin rouge léger, un blanc corsé ou même de la bière, serait un bon choix. Essayez un riesling bien frais, un dolcetto d'Alba ou un zinfandel californien.

10

DESSERTS

Avec des vergers de cerisiers, de pruniers sauvages et de reines-claude, des figuiers à fruits blancs et violets, trois variétés de poires, une de pêches sauvages, quelques abricotiers, deux amandiers et un buisson de noisetiers, il n'est pas étonnant que les desserts aux fruits figurent en majorité aux menus de Chanteduc. De mai à décembre, je peux confectionner tartes et gratins aux cerises, croquettes aux amandes, tartes aux abricots et au miel, gâteaux du vigneron, croustillants aux pommes. Même la verveine du jardin entre en pâtisserie en venant parfumer la crème glacée au citron. À la fin de l'été, je ramasse tous les fruits que je peux trouver et les réunis dans un plat arrosés de miel et de beaumes-de-venise ; je les passe au four pour un délicieux dessert fondant.

LE GÂTEAU DE VIGNERON

A la saison des vendanges, je prépare souvent ce gâteau avec les petites grappes qui restent sur les pieds de vignes après la récolte.

POUR 8 À 12 PERSONNES

un moule à gâteau de 24 cm de ⌀ à fond amovible

2 gros œufs	3/4 de c. à café de levure chimique
135 g de sucre	une pincée de sel
60 g de beurre	le zeste râpé d'un citron
4 c. à soupe d'huile d'olive	non traité
extra-vierge	le zeste râpé d'une orange
6 c. à soupe de lait entier	non traitée
1/2 c. à café d'extrait de vanille	300 g de grains de raisin noir
200 g de farine	sucre glace

1. Préchauffez le four à 175 °C (thermostat 4/5).

2. Beurrez généreusement, puis farinez le moule en le tapotant pour faire tomber l'excès de farine. Réservez.

3. Dans le bol mélangeur d'un robot électrique équipé d'une spatule, mettez les œufs et le sucre, mélangez jusqu'à consistance mousseuse. Ajoutez l'huile, le beurre, le lait et la vanille, mélangez à nouveau.

4. Tamisez la farine avec la levure et le sel dans une grande terrine. Ajoutez les deux zestes et mélangez pour bien les incorporer à la farine. Versez ce mélange à la cuiller dans le bol du robot et mixez jusqu'à consistance homogène. Grattez la pâte restée collée aux parois et mixez de nouveau. Laissez reposer pendant 10 minutes pour permettre à la farine d'absorber le liquide.

5. Ajoutez environ les trois quarts des grains de raisin à la pâte et mélangez intimement. Versez la pâte dans le moule et lissez le dessus avec une spatule.

6. Mettez le moule dans le four à mi-hauteur. Faites cuire pendant 15 minutes, puis parsemez le dessus du gâteau avec les grains de raisin restants. Continuez à faire cuire jusqu'à ce que le dessus soit bien doré et que le gâteau soit assez ferme quand on appuie dessus (le temps de cuisson total est de 55 minutes). Faites refroidir hors du four, puis démoulez en laissant la tôle servant de support. Saupoudrez de sucre glace. Servez à température ambiante.

Ce gâteau est idéal pour accompagner un *vino santo*, un muscat de Beaumes-de-Venise ou un coteau-du-layon.

TARTE AUX ABRICOTS, MIEL ET AMANDES

L a réalisation de cette tarte est d'une facilité déconcertante. L'association abricots, amandes, miel est absolument divine. Lorsque la saison des abricots est passée, j'utilise des prunes ou un mélange de plusieurs fruits à noyaux.

POUR 8 PERSONNES

un moule à tarte de 24 cm de Ø

POUR LA PÂTE	POUR LA GARNITURE
beurre pour le moule	*12,5 cl de crème fraîche épaisse*
120 g de beurre fondu et refroidi	*1 gros œuf légèrement battu*
6 gouttes d'extrait d'amande	*1/2 c. à café d'extrait d'amande*
6 gouttes d'extrait de vanille	*1/2 c. à café d'extrait de vanille*
100 g de sucre	*2 c. à soupe de miel de lavande*
une pincée de sel fin	*1 c. à soupe de farine extra-fine*
180 g de farine	*750 g d'abricots frais, dénoyautés et*
2 c. à soupe d'amandes	*coupés en deux (non pelés)*
en poudre	*sucre glace*

1. Préchauffez le four à 190 °C (thermostat 5).

2. Préparez la pâte. Mélangez dans une grande terrine le beurre et le sucre, ajoutez les autres ingrédients et mélangez jusqu'à l'obtention d'une pâte ferme assez sableuse. Ne la ramassez pas en boule. Beurrez le moule à tarte. Mettez-y la pâte au milieu, puis, avec le bout de vos doigts, étalez-la jusqu'aux bords.

3. Mettez le moule dans le four à mi-hauteur et faites cuire pendant 12 à 15 minutes jusqu'à ce que la croûte soit prise. Saupoudrez-la d'amandes en poudre pour empêcher qu'elle ne devienne spongieuse.

4. Pendant ce temps, dans une terrine de taille moyenne, mélangez la crème, l'œuf, les parfums et le miel ; mélangez intimement et incorporez la farine en fouettant. Versez le mélange sur la croûte cuite à blanc. Posez par-dessus les demi-abricots, face coupée dessus, en plusieurs cercles concentriques en allant du bord vers le centre. Mettez les derniers demi-abricots au milieu. Enfournez à mi-hauteur et faites cuire pendant 50 à 60 minutes jusqu'à ce que la garniture soit ferme et que la croûte soit bien dorée. Les abricots auront un peu réduit. Faites refroidir hors du four. Saupoudrez de sucre glace juste avant de servir.

VARIANTE : Vous pouvez préparer de la même façon une tarte aux framboises. Il en faut 380 g environ. Elles ne passeront pas au four. Vous les mettrez sur la crème, en une seule couche, au sortir du four.

CRÈME GLACÉE À
LA VANILLE ET AUX CERISES

E n cuisine ou en pâtisserie, on aime parfois renchérir encore sur la perfection. La tarte aux amandes et aux cerises est exquise toute seule, mais avec cette crème glacée aux cerises, elle devient un vrai chef-d'œuvre. La crème fraîche épaisse donne une crème glacée avec un petit goût acidulé qui s'accorde à merveille avec les cerises.

POUR 1 LITRE DE CRÈME

une sorbetière d'une capacité de 1 litre

4 gousses de vanille	*150 g de sucre*
1/2 litre de lait entier	*15 cl de crème fraîche épaisse*
6 gros jaunes d'œufs	*250 g de cerises fraîches dénoyautées*

1. Aplatissez les gousses de vanille et fendez-les en deux dans la hauteur. Avec une petite cuiller, grattez les petites graines noires et mettez-les dans un bol. Réservez.

2. Versez le lait dans une grande casserole avec les gousses de vanille. Portez sur feu vif à la limite de l'ébullition. Retirez la casserole du feu, couvrez et laissez infuser pendant 15 minutes.

3. Dans le bol mélangeur d'un robot équipé d'un fouet, mélangez les graines de vanille, les jaunes d'œufs et le sucre. Fouettez jusqu'à ce que le mélange soit épais et jaune citron. Réservez.

4. Filtrez le lait dans une passoire fine placée sur une autre grande casserole. Retirez les gousses et mettez-les de côté. Faites chauffer le lait sur feu modéré jusqu'à ce qu'il frémisse. Versez un tiers du lait bouillant sur le mélange aux jaunes d'œufs en fouettant sans arrêt. Remettez la préparation dans la casserole, baissez le feu et faites cuire en remuant sans arrêt jusqu'à consistance d'une crème. Ne laissez pas bouillir. Pour vérifier si c'est assez cuit, passez votre doigt sur le dos de la cuiller : si la crème est assez cuite, la trace tient. L'opération dure environ 5 minutes.

5. Retirez la casserole du feu et incorporez aussitôt la crème fraîche en mélangeant bien pour stopper la cuisson. Passez le mélange à travers une passoire fine et faites-le refroidir complètement avant de le verser dans la sorbetière. (Pour accélérer le processus, versez la crème dans une terrine froide et placez-la dans une terrine un peu plus grande remplie d'eau froide avec des glaçons et remuez de temps en temps ; plongez un doigt dans la crème, elle doit être froide au toucher. Cette opération prend environ 30 minutes.)

Si vous désirez un parfum de vanille plus prononcé, préparez la crème plusieurs jours à l'avance et mettez-la au réfrigérateur dans un récipient fermant hermétiquement.

6. Lorsque la crème est bien froide, incorporez les cerises dénoyautées et coupées en quatre et versez le tout dans la sorbetière. Faites prendre en glace en suivant le mode d'emploi.

TARTE AUX CERISES
ET AUX AMANDES

L es cerises et les amandes vont naturellement bien ensemble et ce dessert fait partie de mes grands classiques à la pleine saison des cerises. Si vous proposez en même temps une crème glacée à la vanille et aux cerises (p. 269), attendez-vous à voir vos invités se pâmer.

POUR 8 PERSONNES

un moule à tarte de 27 cm de Ø, à fond amovible

POUR LA PÂTE	POUR LA GARNITURE
beurre pour le moule	*500 g de cerises fraîches dénoyautées*
120 g de beurre fondu et refroidi	*5 c. à soupe de crème fraîche*
100 g de sucre	*1 gros œuf légèrement battu*
une pincée de sel fin	*1/2 c. à café d'extrait d'amande*
180 g de farine	*1/2 c. à café d'extrait de vanille*
6 gouttes d'extrait d'amande	*2 c. à soupe d'amandes en poudre*
6 gouttes d'extrait de vanille	*1 c. à soupe de farine*
	1 c. à soupe de kirsch
	50 g de sucre, sucre glace

1. Préchauffez le four à 175 °C (thermostat 4/5).

2. Préparez la pâte. Mettez le beurre et le sucre dans une terrine et mélangez-les intimement. Ajoutez les autres ingrédients et travaillez le mélange jusqu'à l'obtention d'une pâte assez sableuse. Beurrez le moule. Posez la boule de pâte au centre et, avec le bout de vos doigts, étalez-la jusqu'aux bords.

3. Mettez le moule dans le four à mi-hauteur et faites cuire pendant 10 minutes jusqu'à ce que le fond ait légèrement gonflé et un peu doré.

4. Pendant ce temps, mélangez dans une jatte la crème, l'œuf et les parfums en fouettant légèrement. Incorporez ensuite le sucre, la farine, la poudre d'amande et le kirsch.

5. Saupoudrez le fond de tarte avec 2 cuillerées à soupe de poudre d'amande, ce qui empêchera la pâte d'être spongieuse.

6. Disposez les cerises sur le fond de tarte en une seule couche. Versez la garniture par-dessus et saupoudrez-la avec le reste de poudre d'amande. Enfournez à mi-hauteur et faites cuire pendant 45 minutes jusqu'à ce que la garniture soit ferme et la pâte bien dorée. Sortez la tarte pour la faire refroidir. Saupoudrez de sucre glace juste avant de servir.

CROQUANTS DE PROVENCE

C es petits gâteaux secs aux amandes et au miel sont un grand classique de la pâtisserie provençale. Ils se conservent plusieurs semaines dans une boîte hermétique.

POUR 60 CROQUANTS ENVIRON

3 gros œufs	2 c. à café d'eau de fleurs d'oranger
180 g de miel	(facultatif)
200 g de sucre	une pincée de sel
1/2 c. à café d'extrait de vanille	300 g d'amandes entières
1/2 c. à café d'extrait d'amande	300 à 335 g de farine

1. Préchauffez le four à 175 °C (thermostat 4/5).

2. Dans le bol mélangeur d'un robot électrique équipé d'un fouet, mélangez les œufs, le miel, le sucre, les extraits d'amande et de vanille, l'eau de fleurs d'oranger et le sel en fouettant à vitesse moyenne pendant 2 minutes jusqu'à ce que le mélange soit homogène. Incorporez les amandes avec une cuiller en bois, puis ajoutez lentement la farine, cuillerée par cuillerée, jusqu'à l'obtention d'une pâte molle.

3. Farinez-vous les mains abondamment et partagez la pâte en quatre portions. Elle doit être molle et collante. Façonnez chaque portion de pâte en un boudin de 7 cm de large sur 2,5 cm de long. Posez les boudins sur une plaque à pâtisserie.

4. Enfournez à mi-hauteur et faites cuire pendant 25 à 30 minutes jusqu'à ce que la pâte ait pris une légère couleur dorée uniforme. Sortez la plaque du four et déposez les boudins sur une grille pour les faire refroidir pendant 10 minutes. N'éteignez pas le four.

5. Posez les boudins l'un après l'autre sur une planche pour les découper en tranches diagonales de 1 cm d'épaisseur avec un couteau bien aiguisé. Rangez les tranches debout sur la plaque à pâtisserie. Remettez au four à mi-hauteur et poursuivez la cuisson pendant 10 à 15 minutes jusqu'à ce que les croquants soient bien dorés. Sortez la plaque et faites refroidir sur une grille. Une fois bien froids, mettez les croquants dans une boîte hermétique, où ils se conserveront sans problème pendant un mois.

Tous les vins doux de dessert peuvent convenir,
aussi bien la liqueur à l'orange qu'un muscat
de Beaumes-de-Venise ou un *vino santo*.

LE FIADONE CORSE

L e *fiadone* est un gâteau au fromage relevé d'une touche de citron. Le premier que j'ai eu l'occasion de goûter, c'était un petit gâteau individuel, dans un café de village en plein cœur de l'île de Beauté, une limonade acidulée, mariage parfait pour un après-midi de juillet torride.

POUR 16 À 20 PERSONNES

un moule à gâteau de 24 cm de Ø, à fond amovible

beurre et farine pour le moule
2 c. à café d'extrait de vanille
6 gros œufs, blancs et jaunes séparés
130 g de sucre

1 kilo de broccio au lait entier
(ou de ricotta)
le zeste râpé de 2 citrons non traités
sucre glace

1. Préchauffez le four à 165 ˚C (thermostat 4).

2. Beurrez généreusement et saupoudrez le moule de farine, en le tapotant ensuite pour en faire tomber l'excédent. Réservez.

3. Dans le bol mélangeur d'un robot équipé d'un fouet, mélangez l'extrait de vanille, les jaunes d'œufs et le sucre à vitesse rapide pendant 3 minutes jusqu'à ce que le mélange soit épais et jaune pâle. Baissez la vitesse et incorporez peu à peu le fromage et le zeste de citron. Mélangez jusqu'à ce que la préparation soit lisse et homogène.

4. Dans un autre bol propre, fouettez les blancs d'œufs en neige très ferme. Incorporez-en un tiers à la préparation au fromage et mélangez intimement. Incorporez délicatement le reste des blancs en neige, en procédant avec douceur et délicatesse. Ne travaillez pas trop le mélange qui doit être homogène, les blancs étant bien répartis.

5. Versez la pâte dans le moule. Mettez-le au four à mi-hauteur et faites cuire jusqu'à ce que le *fiadone* soit bien doré, assez ferme au centre et qu'il se détache des parois du moule (environ 1 heure 30) ; un pique-olive enfoncé au centre doit ressortir propre. Mettez à refroidir sur une grille. Une fois le gâteau refroidi, enveloppez-le d'une feuille de plastique et placez-le plusieurs heures au réfrigérateur (vous pouvez préparer le *fiadone* la veille). Pour servir, laissez le gâteau sur le fond amovible. Saupoudrez largement de sucre glace et coupez-le en tranches très fines.

CLAFOUTIS AUX PETITS FRUITS ROUGES

En été, les fruits sont abondants aussi bien sur les marchés que dans les jardins et les vergers. Il est facile d'en réunir un beau mélange, avec les dernières cerises et les premières framboises, les groseilles et les myrtilles, que l'on complète avec les mûres cueillies dans les haies.

POUR 8 PERSONNES

1 kilo de petits fruits et baies mélangés	2 c. à soupe de sucre semoule
2 c. à soupe de kirsch	6 c. à soupe de crème fraîche
2 gros œufs	6 c. à soupe de lait entier
100 g de sucre	sucre glace

1. Préchauffez le four à 220 °C (thermostat 7/8).

2. Dans un plat allant au four, mélangez les fruits (cerises dénoyautées, framboises, mûres, myrtilles, groseilles, par exemple), 1 cuillerée à soupe de kirsch et 2 cuillerées à soupe de sucre semoule. Mélangez pour faire fondre le sucre. Mettez le plat à mi-hauteur dans le four et faites cuire pendant 10 minutes jusqu'à ce que les fruits soient bien chauds. Sortez le plat et égouttez les fruits. (Réservez le jus pour un autre emploi.) Laissez reposer pendant 5 minutes.

3. Réglez le four sur 175 °C (thermostat 4/5).

4. Battez les œufs dans le bol mélangeur d'un robot pendant 1 à 2 minutes jusqu'à ce qu'ils soient mousseux. Ajoutez le sucre et fouettez pour bien mélanger, pendant encore 1 à 2 minutes. Ajoutez enfin la crème fraîche, le lait et le reste de kirsch. Mixez pour mélanger intimement et réservez.

5. Mettez les fruits dans un plat allant au four sur une seule couche et versez délicatement la pâte par-dessus.

6. Enfournez à mi-hauteur et faites cuire pendant 35 à 40 minutes jusqu'à ce que le clafoutis soit doré et ferme. Faites refroidir hors du four.

7. Allumez le gril du four.

8. Lorsque le clafoutis est froid, recouvrez-le de sucre glace, en une couche assez épaisse. Posez le plat sur la tôle à pâtisserie et glissez-le sous le gril, à 2,5 cm de la chaleur. Laissez-le jusqu'à ce que le sucre soit caramélisé (pendant 1 minute environ), puis faites refroidir hors du four.

9. Servez à température ambiante. Vous pouvez accompagner le clafoutis d'une crème Chantilly parfumée d'une touche de kirsch, ou d'une crème glacée à la vanille aux cerises (p. 240).

TARTE AU CITRON

C e dessert est idéal quand il fait froid, et qu'on apprécie la chaleur d'un feu. Vous pouvez le confectionner plusieurs heures à l'avance.

un moule à tarte de 23 cm de Ø, à fond amovible

POUR LE FOND DE TARTE	POUR LA GARNITURE
beurre pour le moule	*2 gros œufs entiers*
120 g de beurre fondu et refroidi	*à température ambiante*
1/4 de c. à café d'extrait de vanille	*3 gros jaunes d'œufs*
1/4 de c. à café d'extrait d'amande	*à température ambiante*
le zeste râpé de 1 citron non traité,	*200 g de sucre*
blanchi et rafraîchi	*120 g de beurre*
30 g de sucre glace	*à température ambiante*
une pincée de sel fin	*le zeste râpé de 2 citrons non traités,*
180 g de farine	*blanchi et rafraîchi*
	12,5 cl de jus de citron

1. Préchauffez le four à 175 ˚C.

2. Beurrez le moule.

3. Préparez le fond de tarte. Dans une jatte, réunissez le beurre, les extraits de vanille et d'amande, le zeste râpé de citron, le sucre et le sel. Mélangez avec une cuiller en bois. Incorporez ensuite suffisamment de farine pour former une pâte lisse et molle. (Elle doit ressembler à une pâte à biscuit.) Posez la boule de pâte au centre du moule beurré. Avec le bout des doigts, pressez la pâte en l'étalant régulièrement sur tout le fond et contre les parois. La pâte doit être assez fine. (Il est inutile de piquer le fond ou de mettre des légumes secs.)

4. Mettez le fond de tarte dans le four à mi-hauteur et faites cuire pendant 12 à 15 minutes jusqu'à ce qu'il soit ferme et légèrement doré. Sortez du four et laissez reposer pendant environ 10 minutes avant de garnir.

5. Préparez la garniture. Dans une casserole à bain-marie placée sur eau frémissante (sans qu'elle touche celle-ci), mélangez les œufs entiers, les jaunes d'œufs et le sucre. Fouettez sans arrêt jusqu'à ce que le mélange soit jaune pâle et épais, pendant 8 à 10 minutes.

6. Ajoutez ensuite le beurre coupé en 8 morceaux, morceau par morceau, en attendant que chaque parcelle soit bien fondue avant d'ajouter la suivante. Ajoutez enfin le zeste et le jus des citrons, toujours en fouettant régulièrement sur eau frémissante, jusqu'à ce que la crème épaississe et que des petites bulles apparaissent à la surface (environ 4 minutes). Le mélange ne doit pas bouillir.

7. Versez la crème sur le fond de tarte. Lissez à la spatule et laissez la crème se raffermir pendant environ 30 minutes. Servez la tarte froide, découpée en minces portions.

GRATIN DE CERISES
AU FROMAGE DE CHÈVRE

C ette recette illustre un vieux dicton selon lequel la nécessité est
mère de l'invention. Alors que j'étais « coincée » chez moi, attendant une livraison, je voulus préparer ce gratin avec de la crème
fraîche, mais je m'aperçus que je n'en avais plus. Je n'avais sous la
main que du yaourt et un fromage de chèvre très frais. J'optai pour le
second, et grand bien me fit ! J'avais créé une nouvelle recette, qui
ouvrait une multitude de possibilités. Essayez ce gratin avec un
mélange de baies rouges, des pêches, des framboises, ou simplement
des abricots. La légère acidité du fromage de chèvre frais fait merveille,
de même que son parfum inattendu après cuisson.

POUR 6 À 8 PERSONNES

un plat à gratin de 27 cm de Ø

beurre pour le plat	*90 g d'amandes blanchies,*
750 g de cerises dénoyautées	*moulues en poudre fine*
125 g de fromage de chèvre très frais	*une pincée de sel*
et très tendre	*1/2 c. à café d'extrait de vanille*
65 g de sucre	*1/2 c. à café d'extrait d'amande*
2 gros œufs	*sucre glace*

1. Préchauffez le four à 190 °C.

2. Beurrez le plat à gratin. Rangez les cerises dans le fond sur une
seule couche.

3. Dans le bol d'un robot, mélangez tous les autres ingrédients et
mixez, puis versez le mélange sur les cerises.

4. Mettez le plat dans le four à mi-hauteur et faites cuire pendant
30 minutes jusqu'à ce que le gratin soit ferme et bien doré. Faites-le
refroidir hors du four. Saupoudrez légèrement de sucre glace et servez.

PETITS POTS DE CRÈME
AU CITRON

L égers et onctueux, avec une bonne acidité de citron, ces petits pots
  jaune d'or font un dessert exquis, délicieux avec des croquants de
Provence (p. 244).

POUR 8 PERSONNES

huit ramequins individuels

12,5 cl de jus de citron	*6 gros jaunes d'œufs*
(4 citrons environ)	*35 cl de crème fraîche*
100 g de sucre	

1. Préchauffez le four à 165 °C.

2. Mélangez dans un bol le jus de citron et le sucre en remuant jusqu'à
dissolution complète. Dans un bol plus grand, fouettez doucement les
jaunes d'œufs, puis incorporez la crème fraîche. Mélangez intimement
les deux préparations, puis passez le tout dans une passoire fine ou à
travers plusieurs épaisseurs de mousseline. Laissez reposer pendant 2 à
3 minutes, puis retirez la mousse qui monte à la surface.

3. Placez les ramequins dans un grand plat allant au four (ils ne
doivent pas être trop serrés). Répartissez la crème régulièrement, en
ne remplissant les ramequins qu'à moitié. Versez de l'eau chaude dans
le plat pour qu'elle arrive à mi-hauteur des ramequins. Couvrez d'une
feuille de papier d'aluminium pour empêcher la formation d'une peau
et enfournez à mi-hauteur. Faites cuire pendant 30 à 35 minutes, jusqu'à ce que la crème soit juste prise sur les côtés et encore un peu
tremblotante au centre.

4. Sortez le plat du four, retirez délicatement les ramequins de l'eau,
couvrez-les et faites refroidir, puis mettez-les dans le réfrigérateur pendant au moins 2 heures (jusqu'à 24 heures). Servez bien froid sans
démouler.

Y Servez un gewurztraminer
« sélection de grains nobles »,
légèrement frappé.

GOURMANDISE
AU CHOCOLAT

Un dessert au chocolat chaud et crémeux, à mi-chemin entre le soufflé et la mousse, dont la recette est due à Claude Udron, ancien chef et copropriétaire du restaurant *Pile ou Face*, à Paris. La cuisson doit se faire juste avant de servir, mais la préparation peut être effectuée plusieurs heures à l'avance.

POUR 4 PERSONNES

quatre ramequins individuels de 25 cl

beurre et farine pour	*120 g de beurre*
les ramequins	*3 gros œufs*
120 g de chocolat noir râpé	*150 g de sucre*
(Lindt Excellence par exemple)	*35 g de farine*

1. Dans une casserole à bain-marie placée sur eau frémissante (sans qu'elle touche celle-ci), mettez le chocolat et le beurre coupé en morceaux. Fouettez jusqu'à ce que le mélange soit fondu. Réservez.

2. Dans le bol mélangeur d'un robot équipé d'un fouet, mélangez les œufs, le sucre et la farine en fouettant pour obtenir une préparation homogène. Incorporez petit à petit le mélange de beurre et de chocolat. Laissez reposer pendant au moins 1 heure pour que les saveurs se mélangent.

3. Préchauffez le four à 200 °C (thermostat 6/7).

4. Beurrez grassement les ramequins et farinez-les. Rangez-les sur une plaque à pâtisserie. Répartissez délicatement la préparation dans les ramequins. Mettez la plaque dans le four à mi-hauteur et faites cuire pendant 10 à 12 minutes jusqu'à ce que les bords soient pris et l'intérieur encore un peu liquide. Posez les ramequins sur des assiettes à dessert et servez aussitôt.

Le chocolat et certains vins doux se marient
à la perfection. J'aime ce dessert avec
un rasteau rouge légèrement frappé,
un vin doux naturel du Domaine de la Soumade.
Vous pouvez aussi choisir un muscat
de Beaumes-de-Venise, un maury du Mas Amiel dans
le Roussillon ou un petit verre de rhum agricole.

MOUSSE AU CHOCOLAT
ET AU MIEL

V oici une variante d'une mousse au chocolat telle qu'elle est servie dans un restaurant madrilène, *El Olivo*. Elle est présentée dans une grande coupe et chacun se sert avec une grosse cuiller en argent. Ce dessert, facile à faire, peut se préparer à l'avance. Je le sers parfois dans des coupes à champagne, ce qui donne un petit air de fête.

POUR 6 À 8 PERSONNES

50 cl de crème fraîche épaisse
250 g de chocolat noir râpé
(Lindt Excellence par exemple)

1 c. à soupe de miel crémeux
de lavande
4 blancs d'œufs

1. Versez la moitié de la crème fraîche dans une casserole et faites-la frémir sur feu moyen. Retirez la casserole du feu, ajoutez le chocolat et mélangez jusqu'à ce qu'il soit entièrement fondu et que la crème soit homogène. Versez dans une terrine, ajoutez le miel et mélangez intimement. Laissez tiédir.

2. Fouettez les blancs d'œufs dans une terrine ou à l'aide d'un mixer jusqu'à ce qu'ils donnent une neige bien ferme mais pas trop sèche. Réservez.

3. Dans le bol mélangeur d'un robot équipé d'un fouet, fouettez le reste de crème fraîche, en faisant marcher l'appareil à vitesse moyenne et en augmentant progressivement la vitesse jusqu'à ce que la crème soit légèrement fouettée et que l'on obtienne des pics fermes quand on retire le fouet. Réservez.

4. Ajoutez un tiers des blancs en neige dans la crème au chocolat, mélangez vigoureusement, puis, avec une large spatule, incorporez délicatement le reste des blancs. Procédez doucement et avec patience. Ne travaillez pas trop le mélange et assurez-vous qu'il est homogène ; on ne doit plus voir de traînée blanche. Ajoutez alors la crème fouettée.

5. Versez la mousse dans un moule à soufflé ou une coupe de service, ou encore dans des petites coupes individuelles ou des ramequins. Couvrez d'un film plastique et mettez au réfrigérateur pendant 4 heures. Servez très frais, avec des croquants de Provence (p. 244).

Proposez un malaga de plusieurs années, ou un vin doux naturel du Roussillon.

CONFIT DE POMMES ET
DE POIRES AU GINGEMBRE

C e dessert tout doré à base de poires et de pommes noyées dans un sirop épais et translucide, est exquis servi chaud avec de la crème fraîche. La méthode de cuisson est typique de tous les confits : les fruits rendent d'abord leur jus, puis ils le réabsorbent lentement, ce qui les fait gonfler doucement pendant la cuisson.

POUR 10 À 12 PERSONNES

500 g de poires variées
2,5 kilos de pommes variées
le zeste râpé de 2 oranges,
blanchi et rafraîchi
le zeste râpé de 2 citrons,
blanchi et rafraîchi
230 g de sucre

un morceau de gingembre
gros comme une noix
10 clous de girofle dans un sachet
de mousseline
1 c. à café d'extrait de vanille
3 c. à soupe d'eau-de-vie
de poire

1. Pelez les fruits, coupez-les en quartiers, retirez cœur et pépins. Mettez-les dans une grande terrine et mélangez-les avec le sucre et les zestes d'agrumes. Assurez-vous que tous les morceaux sont bien enrobés de sucre.

2. Versez les fruits ainsi préparés dans une grande sauteuse à fond épais et faites-les cuire à feu le plus doux possible pendant 20 minutes jusqu'à ce que le jus et le sucre soient réduits en sirop. Remuez de temps en temps. Ajoutez le sachet d'épice et poursuivez la cuisson environ 3 heures le plus doucement possible jusqu'à ce que le jus soit épais : les fruits doivent conserver leur forme et une légère fermeté. Veillez surtout à ce que le feu soit le plus doux possible : le sucre et le jus des fruits doivent se fondre et se mélanger très progressivement.

3. Lorsque les fruits ont atteint la consistance nécessaire, retirez et jetez le sachet de mousseline, puis incorporez l'extrait de vanille et l'eau-de-vie. N'ajoutez ces parfums volatiles qu'en fin de cuisson. Laissez ensuite refroidir hors du feu. Servez tiède avec un peu de crème fraîche. Vous pouvez aussi conserver ce confit dans un bocal au réfrigérateur pendant 1 mois.

LE GRATIN
AUX POMMES D'ÉLI

Pour ce dessert, choisissez des pommes à cuire un peu acides et, si possible, mélangez plusieurs variétés pour que le parfum soit plus intense et la texture meilleure. C'est un dessert rapide à préparer, facile, séduisant et économique. Éli Zabar est un ami. Il fait pousser dans son verger plusieurs variétés de pommes délicieuses.

POUR 8 PERSONNES

beurre pour le plat	*1 1/2 c. à café d'extrait de vanille*
45 g de beurre	*1/2 c. à café de cannelle en poudre*
1 kilo de pommes à cuire	*2 gros œufs*
2 c. à soupe de jus de citron	*6 c. à soupe de sucre*
fraîchement pressé	*25 cl de crème fraîche*

1. Préchauffez le four à 200 °C (thermostat 6/7).

2. Pelez, épépinez les pommes, coupez-les en 8 quartiers.

3. Beurrez généreusement un plat à gratin de 27 cm de diamètre. Réservez.

4. Mélangez dans une grande sauteuse le beurre, les pommes, le jus de citron et la moitié de la cannelle. Faites cuire jusqu'à ce que les fruits soient tendres (environ 7 minutes). Incorporez ensuite 1/2 cuillerée à café d'extrait de vanille.

5. Versez les pommes dans le plat à gratin et lissez avec une spatule.

6. Mélangez dans une jatte les œufs et le sucre en fouettant légèrement. Incorporez la crème fraîche, le reste d'extrait de vanille et de cannelle. Fouettez pour bien mélanger et versez la préparation sur les pommes.

7. Mettez le plat dans le four à mi-hauteur et faites cuire pendant 30 à 45 minutes jusqu'à ce que le dessus soit bien doré. Ne sortez pas le plat trop tôt du four, sinon le dessert risque d'être trop mou, alors qu'il doit être croustillant. Découpez le dessert en portions et servez avec de la crème fraîche.

GLACE À LA PÊCHE

POUR 4 PERSONNES

une sorbetière d'un litre

6 à 8 pêches mûres   *50 g de sucre*
2 c. à soupe de jus de citron frais   *25 cl de crème fraîche épaisse*

1. Faites bouillir une grande casserole d'eau et plongez-y les pêches pendant quelques secondes. Égouttez-les dans une passoire, puis pelez-les et coupez-les en deux pour retirer les noyaux. Mettez les pêches dans une terrine et écrasez-les avec vos mains jusqu'à ce qu'il ne reste plus de gros morceaux, mais ne les réduisez pas en purée. Vous devez obtenir environ 1 litre de chair. Ajoutez le jus de citron et le sucre, mélangez intimement pour faire fondre le sucre. Couvrez d'un film plastique et mettez au réfrigérateur pour refroidir complètement.

2. Lorsque le mélange est bien froid, incorporez la crème fraîche et versez le tout dans la sorbetière pour faire prendre en glace.

GLACE À LA VERVEINE

POUR 4 PERSONNES

une sorbetière d'un litre

50 cl de crème fraîche   *135 g de sucre*
25 cl de lait   *60 feuilles de verveine fraîche*

Versez dans une casserole la crème fraîche et le lait, ajoutez le sucre et les feuilles de verveine ; faites chauffer sur feu modéré jusqu'à ce que des petites bulles apparaissent le long du bord. Retirez la casserole du feu et laissez reposer à découvert pendant 1 heure. Passez la crème dans une passoire fine et jetez la verveine. Mettez au réfrigérateur jusqu'à refroidissement complet, puis versez la crème dans une sorbetière et faites prendre en glace en suivant le mode d'emploi. Servez avec des croquants de Provence (p. 244).

GLACE AU MIEL DE LAVANDE

L a fabrication du miel est assez active dans mon coin de Provence. Les apiculteurs indépendants sont pratiquement aussi nombreux que les fabricants de fromages. Depuis que le miel figure en bonne place dans mon placard, je l'utilise souvent à la place du sucre dans mes recettes. C'est Charles Mouret, le chef et propriétaire du restaurant *Saint-Hubert* à Entrechaux, qui m'a donné l'idée de cette glace. Si vous ne trouvez pas de miel de lavande, prenez un autre miel de bonne qualité (qui ne soit pas vieux de plus d'un an), parfumé, mais pas trop foncé, pour que la glace garde une appétissante couleur jaune pâle.

POUR 4 PERSONNES

une sorbetière d'un litre

2 c. à café d'extrait de vanille	*250 g de miel de lavande*
50 cl de lait entier	*25 cl de crème fraîche*
6 gros jaunes d'œufs	*épaisse*

1. Dans le bol mélangeur d'un robot, fouettez ensemble, à grande vitesse pendant 1 minute, l'extrait de vanille, les jaunes d'œufs et le miel jusqu'à ce que le mélange soit épais et jaune pâle. Réservez.

2. Dans une grande casserole, faites chauffer le lait sur feu modéré jusqu'à ce qu'il frémisse. Versez-en un tiers sur le mélange aux œufs en fouettant sans arrêt. Remettez le mélange dans la casserole. Baissez le feu et faites cuire doucement en remuant sans arrêt jusqu'à une consistance de crème. Ne laissez pas bouillir. (Passez votre doigt sur le dos d'une cuiller juste plongée dedans : si la crème est assez cuite, la trace doit rester visible.) Cette opération ne demande que 5 minutes.

3. Retirez la casserole du feu puis incorporez aussitôt la crème fraîche pour stopper la cuisson. Passez le mélange à travers une passoire fine et laissez refroidir complètement avant de le verser dans la sorbetière. (Pour accélérer le refroidissement, versez la crème dans une terrine et placez celle-ci dans une terrine plus grande remplie d'eau froide avec des glaçons, et remuez de temps en temps. Plongez un doigt dans la crème : elle doit être froide au toucher. Cette opération demande environ 30 minutes.) Si vous désirez un parfum de vanille plus marqué, préparez la crème plusieurs jours à l'avance et laissez-la reposer dans le réfrigérateur dans un récipient bien fermé.

4. Lorsque la crème est bien refroidie, versez-la dans la sorbetière et suivez les instructions spécifiques.

11

PROVISIONS DE BASE

Il est impensable de tenir une vraie maison de campagne sans avoir un garde-manger bien rempli de provisions de base dans lequel on puise, jour après jour, pour parfumer, relever ou agrémenter la cuisine. Nous avons toujours sous la main de grandes jarres d'olives, les unes simplement au sel et aux herbes, les autres immergées dans la saumure. Les citrons à l'huile, les anchois au sel reposent dans des bocaux et serviront à relever des amuse-gueule, des soupes ou des daubes de thon ou de bœuf. J'ai aussi en réserve une sorte de chutney aux figues et aux prunes, du *pili pili*, de la confiture de vieux garçon et, bien entendu, quelques liqueurs maison et fruits à l'eau-de-vie.

CITRONS CONFITS

S pécialité de la cuisine marocaine, le citron confit entre dans la préparation de nombreuses recettes de *tagines* à base d'agneau ou de poulet, ou pour agrémenter des salades et des légumes. La conservation à l'huile le rend souple et moelleux. La précaution indispensable pour bien réussir les citrons confits est de veiller à ce que l'huile recouvre entièrement les fruits avant de les laisser macérer. La première semaine de marinade au sel transforme radicalement le citron, la période suivante l'attendrit et détermine le résultat final. Dans cette recette, le goût classique du citron confit à la marocaine est adouci pour convenir à tous les palais.

POUR 1 BOCAL DE 50 CL

2 citrons	*12 cl de jus de citron*
non traités	*fraîchement pressé*
70 g de gros sel de mer	*12 cl d'huile d'olive extra-vierge*

Brossez les citrons sous l'eau et essuyez-les bien. Coupez chaque citron dans le sens de la longueur en 8 quartiers. Mélangez-les dans une terrine avec le sel et le jus de citron : ils doivent être bien recouverts. Mettez-les ensuite dans un bocal en verre de 50 cl avec un couvercle non métallique. Fermez hermétiquement et laissez mariner à température ambiante pendant 7 jours. Secouez le bocal chaque jour pour bien répartir le sel et le jus. Ajoutez ensuite l'huile d'olive et conservez au réfrigérateur jusqu'à 6 mois. Pour servir, ramenez à température ambiante.

SAUCE HARISSA

F orte et aromatique, la harissa est un condiment nord-africain très apprécié. On l'utilise pour assaisonner les olives, accompagner le couscous, badigeonner une volaille ou une viande à griller, etc. Aujourd'hui, la harissa apparaît sur les tables des plus grands. Joël Robuchon, par exemple, s'en sert pour enrober un gigot d'agneau, tandis qu'Alain Passard la propose comme condiment avec un cochon de lait rôti. En Provence, la harissa est présente partout. Sur le marché, on trouve un poivre de Cayenne particulièrement piquant, le « piment pour harissa » et la sauce elle-même se vend couramment en tube ou en boîte, comme du concentré de tomate, dans toutes les grandes surfaces. Les recettes de harissa varient d'un pays à l'autre : on y ajoute parfois de la coriandre ou du cumin, ailleurs, on se contente de mélanger de l'ail, du piment, du basilic et de l'huile. Certains n'emploient que du cumin et de la coriandre. Ma recette préférée est un mélange de piments, de cumin et d'huile avec une pointe de sel. Chaque fois que j'en ai besoin, j'en prépare de la fraîche, sans la conserver d'une fois sur l'autre.

POUR ENVIRON 6 CUILLERÉES À SOUPE

3 c. à soupe de graines de cumin	sel de mer fin
2 c. à soupe de poivre de Cayenne moulu	2 c. à soupe d'huile d'olive extra-vierge

Mettez le cumin dans un petit moulin à épices et réduisez-le en poudre très fine. Dans un bol, réunissez le cumin, le cayenne et une pincée de sel. Mélangez jusqu'à consistance parfaitement homogène. Ajoutez lentement l'huile et fouettez pour mélanger à nouveau. Goûtez et rectifiez l'assaisonnement.

RAS EL HANOUT

Le *ras el hanout*, expression qui veut dire littéralement « ce qu'il y a de meilleur dans le magasin », est un condiment très populaire au Moyen-Orient, à base d'un mélange d'épices. On l'utilise pour parfumer les soupes, le couscous et les tagines. On trouve le *ras el hanout* tout prêt, mais on peut aussi le préparer soi-même. C'est un mélange très aromatique que j'utilise couramment pour parfumer un ragoût de lapin, relevez le couscous ou donner un arôme supplémentaire aux olives à la harissa.

POUR ENVIRON 3 CUILLERÉES À SOUPE

un moulin à épices

1/2 bâton de cannelle	1 c. à café de graines de cumin
un morceau gros comme l'ongle	1 c. à café de graines de carvi
de gingembre séché	1 c. à café de graines de fenouil
1 c. à café de curcuma en poudre	1 c. à café de grains de poivre noir
1 c. à café de graines de coriandre	1 c. à café de grains de poivre blanc
1 c. à café de quatre-épices	1 c. à café de clous de girofle

Mettez tous ces ingrédients dans un moulin à épices et réduisez-les en poudre fine. (Il est conseillé de procéder en plusieurs fois.) Mettez les épices moulues dans un flacon hermétique. Ce condiment se conserve dans un endroit frais, sombre et bien sec pendant environ 6 mois.

OLIVES PIQUÉES

O n appelle ainsi ces olives en Provence parce que la technique de conservation consiste à piquer les olives avec une petite fourchette pour permettre au sel de pénétrer rapidement dans la chair et de faire disparaître leur amertume naturelle. Nous piquons nos olives noires (de la variété « tanche ») à l'époque de Noël, qui coïncide généralement avec les premières gelées, car le froid accélère le processus de maturation des olives et permet ainsi à la saumure de les pénétrer plus rapidement. Les olives piquées durent assez longtemps : leur saveur d'olive fraîche ne s'évanouit qu'au bout de 6 mois.

Nos olives se trouvent dans la zone d'appellation olives de Nyons, la seule variété d'olive française à bénéficier d'une appellation d'origine.

POUR 1 KILO D'OLIVES

1 kilo d'olives noires mûres au naturel	PARFUMS FACULTATIFS :
	thym frais, romarin frais, laurier
100 g de gros sel de mer	*frais, huile d'olive extra-vierge, grains*
6 brins de thym frais	*de poivre noir, vinaigre de vin rouge,*
6 brins de romarin frais	*ail émincé, le zeste râpé d'un citron,*
6 feuilles de laurier	*le zeste râpé d'une orange,*
plusieurs c. à café d'huile d'olive	*piment rouge séché*

1. Ne lavez pas les olives. Éliminez seulement les feuilles et les brindilles. Avec une fourchette à fruits de mer, piquez les olives en trois ou quatre endroits, jusqu'au milieu. (Cette opération permet aux fruits d'absorber plus rapidement le sel et de le faire pénétrer jusqu'au noyau.) Mettez les olives piquées dans une grande terrine et ajoutez le sel. Mélangez-les avec les mains pour bien les enrober de sel. Ajoutez le thym, le romarin, les feuilles de laurier et mélangez.

2. Laissez reposer à découvert à température ambiante pendant trois ou quatre jours en les remuant une ou deux fois par jour. Goûtez-les : si elles sont trop amères, laissez-les macérer pendant encore quelques jours. Au terme de cette période, le sel doit être presque entièrement absorbé. Ne jetez surtout pas la saumure qui peut rester en excédent dans le fond de la terrine, car les olives finiront par l'absorber. Répartissez-les dans des petits bocaux et arrosez-les juste d'huile d'olive pour les empêcher de se dessécher. Bouchez les bocaux. (N'ajoutez pas d'autre parfum à ce moment-là, car il risque de masquer l'arôme pénétrant des olives.) Conservez les bocaux à l'abri de la lumière, à température ambiante, jusqu'à 6 mois.

3. Au moment de les servir, goûtez les olives. Si elles sont trop salées, rincez-les à l'eau froide. Pour servir, ajoutez selon votre goût un peu d'ail haché, quelques gouttes de vinaigre, du zeste de citron et d'orange, des grains de poivre ou du piment séché.

OLIVES NOIRES
EN SAUMURE

U gros bocal d'olives noires en saumure trône dans ma cuisine à longueur d'année, où elles macèrent dans un jus noir comme de l'encre. Ce bocal a toute une histoire. Il y a des années, notre maçon, Jean-Claude Tricart, et sa femme, Colette, nous ont fait goûter leurs olives en saumure, qu'ils assaisonnent souvent au dernier moment avec de l'ail haché, un peu de poivre noir du moulin et une touche de vinaigre de vin rouge. Lorsque je décidai de préparer mes propres olives, les Tricart me donnèrent gentiment une bouteille pleine de leur saumure, qui existait dans leur famille depuis des années. Aujourd'hui je suis fière de pouvoir offrir moi-même un peu de ma saumure – un peu comme une mère de vinaigre – à quiconque m'en demande. En réalité, on peut commencer avec une simple saumure à 10 pour cent de sel, mais je suis convaincue que le geste amical, et même folklorique, de la saumure offerte par le voisin ajoute une saveur inestimable aux olives. Ainsi traitées, les olives sont pratiquement indestructibles. Elles sont simplement placées dans de l'eau avec du sel jusqu'à ce qu'elles soient comestibles, un processus de conservation qui prend plusieurs mois. À la différence des olives piquées (p. 263), les olives en saumure sont conservées entières et donc peuvent durer indéfiniment. C'est un peu le même processus que l'on emploie pour traiter les petites olives noires de Nice.

POUR 1 KILO D'OLIVES

1 kilo d'olives noires mûres
au naturel
100 g de sel fin
1 litre d'eau

PARFUMS FACULTATIFS :
thym frais, romarin frais, laurier frais, huile d'olive extra-vierge, grains de poivre noir, vinaigre de vin rouge, ail fraîchement émincé, le zeste râpé d'un citron, le zeste râpé d'une orange, piments rouges

1. Ne lavez pas les olives. Retirez simplement les feuilles ou les tiges. Versez l'eau dans un grand bocal, ajoutez le sel et remuez pour faire dissoudre. Ajoutez les olives, couvrez et laissez reposer dans un endroit frais pendant plusieurs mois, en remuant de temps en temps. Vous pouvez poser à la surface une petite assiette pour que les olives restent tout le temps immergées dans la saumure. Une écume finit par se former à la surface, mais elle est inoffensive et vous pouvez l'éliminer juste avant d'utiliser les olives. Si vous commencez avec une saumure neuve, les fruits vont prendre 3 à 4 mois pour devenir comestibles. Au terme de cette macération en saumure, les olives se conservent indéfiniment. Ne jetez jamais la saumure quand elle devient noire comme de l'encre. Vous pouvez l'utiliser indéfiniment, année après année. N'y ajoutez pas d'autre assaisonnement que du sel. Si vous voulez ajouter un autre parfum, attendez le moment de les servir.

2. Pour servir ces olives, sortez-les de la saumure avec une cuiller à trous spéciale ou une écumoire. Goûtez-les. Si elles sont vraiment trop salées, faites-les tremper à l'eau froide ou rincez-les simplement. Servez-les nature, ou ajoutez le parfum de votre choix parmi les aromates proposés.

ANCHOIS AU SEL

R ichement parfumés par les arômes de la mer, les anchois au sel font partie intégrante de mes provisions de base. Ils sont indispensables pour les sauces de pâtes, mais aussi pour la broufade (p. 217). Ils sont aussi délicieux servis tels quels, étalés sur des tranches de pain fraîchement grillées.

POUR 2 LITRES D'ANCHOIS

1 kilo d'anchois très frais	plusieurs feuilles de laurier et
1 kilo de gros sel de mer	plusieurs brins de thym frais

Rincez rapidement les anchois sans les faire tremper ni les laver à fond. Étêtez-les et videz-les un par un, en tenant chaque anchois fermement juste derrière la tête. Jetez la tête et les viscères. Étalez une couche épaisse de sel dans le fond d'une grande terrine. Posez par-dessus une couche d'anchois, côte à côte, puis une fine couche de sel. Continuez à superposer ainsi les anchois et le sel jusqu'à épuisement des ingrédients. Ajoutez régulièrement, à chaque couche ou à peu près, quelques brins de thym frais et une feuille de laurier. Couvrez hermétiquement. Une saumure va se former au fur et à mesure que les anchois absorbent le sel. Les anchois sont comestibles au bout de 2 semaines environ et peuvent se conserver, au frais et dans un endroit sombre, pratiquement indéfiniment. Ainsi salés, les anchois prennent une couleur acajou sombre, un peu comme du jambon fumé. Pour les déguster, levez simplement les filets.

CHUTNEY DE FIGUES
ET DE PRUNES

L a *mostarda* est une sorte de chutney italien aigre-doux aux fruits, parfois à base de fruits au vinaigre mélangés avec de la moutarde et des épices. Traditionnellement, on la sert en condiment avec du fromage à pâte molle, notamment le *mascarpone*. L'une des meilleures *mostarda* que j'aie jamais goûtée est celle de l'*Osteria dell'Unione* de Pina Bongiovanni, dans le Piémont ; on y propose ce chutney avec une épaisse tranche de tomme mi-chèvre, mi-brebis. Voici ma version, que je sers avec du rôti de porc, de l'oie ou du canard, ou encore avec du roquefort et des biscuits d'avoine (p. 149).

POUR 1 LITRE DE CHUTNEY

500 g de pruneaux dénoyautés
500 g de figues sèches ou d'abricots secs, coupés en morceaux
2 bâtons entiers de cannelle

50 cl de vinaigre de vin rouge de bonne qualité
2 c. à soupe de miel de romarin ou de thym

Dans une grande casserole, mettez tous les ingrédients et mélangez-les, couvrez et faites cuire le plus doucement possible de 45 minutes à 1 heure, jusqu'à ce que le liquide soit presque entièrement absorbé, que les fruits soient très mous et presque en compote, avec juste une pellicule de liquide à la surface. Ne laissez pas le mélange réduire en purée épaisse. Remuez souvent pour mélanger les fruits et les empêcher d'attacher. Retirez les bâtons de cannelle. Laissez refroidir complètement. Conservez la *mostarda* dans un bocal hermétique au réfrigérateur (1 mois au maximum). Sortez-la du réfrigérateur environ 30 minutes avant de la servir.

AÏOLI

L'aïoli doit être préparé de préférence à la main, avec un mortier et un pilon. Tous les ingrédients doivent être à température ambiante.

POUR 25 CL D'AÏOLI

un mortier et un pilon

6 gousses d'ail coupées en deux, dégermées et émincées	2 gros jaunes d'œufs
	25 cl d'huile d'olive
1/2 c. à café de sel de mer fin	extra-vierge

1. Versez de l'eau bouillante dans un grand mortier pour le chauffer ; jetez l'eau et essuyez le mortier. Mettez-y l'ail et le sel, écrasez le tout avec un pilon pour obtenir une pâte aussi lisse que possible. (Plus l'ail est frais, plus l'opération est facile.)

2. Ajoutez les jaunes d'œufs. Incorporez-les en appuyant doucement et régulièrement avec le pilon contre les parois, toujours dans le même sens, pour mélanger le plus intimement possible l'ail et les jaunes d'œufs. Versez très doucement l'huile goutte à goutte jusqu'à ce que le mélange épaississe. Une fois le mélange épaissi, vous pouvez ajouter le reste d'huile en filet lent et continu. Continuez à mélanger jusqu'à ce que la sauce prenne la consistance d'une mayonnaise épaisse. Rectifiez l'assaisonnement. Vous pouvez conserver l'aïoli, bien couvert, dans le réfrigérateur pendant 48 heures. Servez-le à température ambiante.

PISTOU

Le mot pistou vient du provençal *pista* qui veut dire écraser, moudre, réduire en poudre, opération que l'on doit effectuer lorsque l'on prépare cette sauce verte universellement appréciée. Le pistou est le condiment essentiel de la soupe de légumes provençale du même nom, mais il intervient admirablement pour assaisonner des pâtes fraîches ou un poisson rôti. À la différence du *pesto* italien, le pistou provençal ne contient ni pignons de pins, ni parmesan. Le pistou peut se préparer avec un robot électrique, mais la sauce sera nettement meilleure si vous la préparez à la main.

POUR 25 CL DE SAUCE

un mortier et un pilon

4 gousses d'ail coupées en deux,   *2 tasses de feuilles et de fleurs*
dégermées et émincées   *de basilic frais*
1/2 c. à café de sel de mer fin   *8 c. à soupe d'huile d'olive extra-vierge*

1. *À la main* : mettez l'ail et le sel dans un mortier et écrasez-le avec un pilon jusqu'à consistance de pâte lisse, ajoutez le basilic petit à petit, en écrasant les feuilles avec le pilon pour les réduire en purée en incorporant l'huile progressivement. Continuez ainsi jusqu'à épuisement des feuilles de basilic ; la préparation doit être homogène. Goûtez et rectifiez l'assaisonnement. Mélangez avant de servir.

2. *Au robot* : mettez l'ail, le sel et le basilic dans le bol mélangeur d'un robot ; mixez pour réduire en pâte. Incorporez l'huile et mixez à nouveau. Goûtez et rectifiez l'assaisonnement. Mélangez avant de servir.

3. Versez le pistou dans un bol et servez aussitôt. (Vous pouvez conserver le pistou à couvert dans le réfrigérateur pendant 24 heures, ou le congeler pour une durée de 6 mois.)

ROUILLE

Comme pour l'aïoli, tous les ingrédients doivent être à température ambiante.

POUR 25 CL DE ROUILLE

un mortier et un pilon

6 gousses d'ail coupées en deux,
dégermées et émincées
2 gros jaunes d'œufs
1/4 de litre d'huile d'olive
extra-vierge

1/2 c. à café de sel de mer fin
1/4 de c. à café de filaments
de safran
1/4 de c. à café de piment rouge
séché écrasé

1. Versez de l'eau bouillante dans un grand mortier pour le chauffer, puis jetez-la et essuyez le mortier. Mettez-y l'ail et le sel, écrasez-les avec le pilon pour les réduire en pâte bien fine et lisse. (Plus l'ail est frais, plus l'opération est facile.)

2. Ajoutez les jaunes d'œufs et écrasez-les régulièrement et doucement avec le pilon, en travaillant toujours dans le même sens pour mélanger intimement l'ail et les jaunes d'œufs.

3. Versez l'huile goutte à goutte, et mélangez au fur et à mesure que la sauce épaissit, de manière à obtenir une base d'émulsion solide. Incorporez le safran et le piment. Lorsque le mélange a pris une consistance plus épaisse, vous pouvez ajouter le reste d'huile, sans cesser de remuer jusqu'à ce que la sauce prenne l'épaisseur d'une mayonnaise bien ferme. Goûtez et rectifiez l'assaisonnement. Vous pouvez conserver la rouille, à couvert, dans le réfrigérateur pendant 48 heures. Servez-la toujours à température ambiante.

SAUCE TOMATE

Une bonne sauce tomate doit être riche, élégante, lisse et parfumée, même pour agrémenter un plat rustique. Voici ma recette préférée. J'en prépare souvent une quantité double pour la congeler et en avoir toujours sous la main pour les jours où je n'ai pas le temps de cuisiner.

POUR 75 CL DE SAUCE

2 c. à soupe d'huile d'olive extra-vierge
1 petit oignon pelé et émincé
3 gousses d'ail pelées et émincées
sel de mer

765 g de tomates entières pelées au naturel ou le même poids de tomates en purée
1 bouquet garni (persil plat, laurier, céleri) en bottillon

Versez l'huile dans une casserole, ajoutez l'oignon, l'ail et le sel, mélangez pour les enrober d'huile, puis faites cuire sur feu modéré pendant 2 à 3 minutes jusqu'à ce que l'ail commence à dorer. Si vous prenez des tomates entières, placez un moulin à légumes sur la casserole et réduisez-les en purée directement dedans ; si vous prenez des tomates déjà réduites, ajoutez-les simplement dans la casserole. Ajoutez également le bouquet garni et mélangez ; faites mijoter à découvert pendant 15 minutes jusqu'à ce que la sauce commence à épaissir. Pour avoir une sauce plus épaisse, par exemple pour garnir une pizza ou une tarte salée, poursuivez la cuisson encore 5 minutes. Goûtez et rectifiez l'assaisonnement. Retirez le bouquet garni.

Vous pouvez conserver cette sauce dans le réfrigérateur, dans un récipient bien fermé, pendant 2 jours. Servez-la toujours à température ambiante, après l'avoir remuée à nouveau. Congelée, cette sauce se conserve 2 mois ; si vous en avez besoin en petites quantités, vous pouvez la congeler dans des bacs à glaçons.

CONFITURE
DE VIEUX GARÇON

C ette « confiture » est un mélange de fruits mis à macérer dans un sirop à base d'alcool et de sucre. La femme de notre viticulteur, Chantal Combe, confectionne l'une des meilleures confitures de vieux garçon que je connaisse. Elle limite son choix à des fruits à noyaux. Vous pouvez soit faire la confiture une fois pour toutes, soit ajouter des fruits petit à petit dans le bocal en cours de saison.

POUR 1 KILO DE CONFITURE

1 kilo de fruits à noyaux (prunes,
cerises, pêches, nectarines, abricots)
des grains de raisin

1 litre d'eau-de-vie ou de vodka
1 litre de sirop de sucre refroidi
(voir ci-dessous)

Dans un bocal à large col, commencez à superposer les fruits en alternant les couleurs. Laissez les cerises et les grains de raisin entiers, coupez les autres fruits en deux ou en quatre. Ne les pelez pas et ne les dénoyautez pas. Si, en coupant les fruits, le noyau se détache, ajoutez-le simplement dans le bocal. Versez sur les fruits une proportion égale de sirop de sucre et d'alcool. Couvrez hermétiquement une fois que les fruits sont entièrement recouverts. Laissez reposer dans un endroit frais et sombre pendant au moins 2 mois avant de consommer. Pendant sa maturation, la confiture change de couleur et le liquide devient rose. Vous pouvez ajouter en cours de saison d'autres fruits. Pour servir, mettez quelques fruits dans une coupe et ajoutez un peu de liquide. Servez en digestif. Vous pouvez aussi servir cette confiture en garniture de crème glacée, de sorbet ou de gâteau.

SIROP DE SUCRE

1 kilo de sucre   *1 litre d'eau*

Mettez le sucre et l'eau dans une grande casserole. Portez à ébullition sur feu vif en remuant avec une cuiller en bois jusqu'à ce que le sucre soit entièrement fondu. Retirez du feu et laissez refroidir. Vous pouvez conserver ce sirop dans un récipient hermétique au réfrigérateur pendant deux semaines.

GUIGNOLET

Quand arrive le mois de mai, nous avons toujours tellement de cerises que nous ne savons plus quoi en faire. Alors je passe des heures à transformer ces jolis fruits dodus et rouge vermillon en guignolet, cerises à l'eau-de-vie, confitures, sans oublier d'en mettre une bonne proportion au congélateur. Cette liqueur maison est très facile à faire, elle vous apportera un rayon de soleil en plein hiver. Servez-la dans des petits verres à la fin du repas.

POUR 1 LITRE DE GUIGNOLET

1 kilo de cerises mûres
200 g de sucre
eau-de-vie blanche ou vodka

1 belle gousse de vanille
fendue en deux
vin rouge

1. Dénoyautez les cerises en mettant de côté les noyaux. Mélangez les cerises, les noyaux, la gousse de vanille et le sucre dans une grande casserole de 3 litres à fond épais. Sur feu modéré, faites cuire le mélange pendant 30 minutes en remuant de temps en temps. Le mélange doit donner un sirop épais et foncé.

2. Pendant ce temps, placez une grande passoire sur une terrine et tapissez-la d'une mousseline mouillée. Versez les cerises avec le sirop dans la passoire et passez le jus. Écrasez les fruits pour en extraire le maximum de jus. (La quantité de jus varie selon la taille et la maturité des fruits.) Jetez les fruits et la gousse de vanille. Mesurez le liquide obtenu dans une bouteille sèche et stérilisée. Ajoutez 12,5 cl d'eau-de-vie ou de vodka par 12,5 cl de jus. Bouchez et laissez macérer pendant une semaine. Ajoutez ensuite 25 cl de vin rouge par 12,5 cl de liquide. Bouchez et laissez vieillir pendant 2 mois avant de goûter. Consommez cette liqueur dans l'année.

LIQUEUR
À L'ORANGE MAISON

C ette liqueur à l'orange, dite « 44 », demande simplement une orange, 44 grains de café, 1 litre d'eau-de-vie, 44 morceaux de sucre (pour ma part, je trouve que 22 morceaux suffisent). Le mélange doit reposer pendant 44 jours. Le résultat est un breuvage parfumé et fruité que l'on peut mélanger avec un peu de vin blanc à l'apéritif, ou que l'on déguste nature au moment du dessert, ou en liqueur digestive.

POUR 1 LITRE DE LIQUEUR

1 grosse orange non traitée   *22 morceaux de sucre*
44 grains de café   *(ou 6 cuillerées à soupe*
1 litre d'eau-de-vie ou de vodka   *de sucre en poudre)*

Brossez soigneusement l'orange et essuyez-la. Avec la pointe d'un petit couteau, incisez-la sur toute la surface et enfoncez les grains de café dans la peau en les répartissant régulièrement. Mettez l'orange dans un bocal. Ajoutez le sucre et l'eau-de-vie. Bouchez hermétiquement. Retournez le bocal et secouez-le pour favoriser la dissolution du sucre. Mettez-le ensuite dans un endroit sombre, frais et sec. Secouez chaque jour jusqu'à ce que le sucre soit entièrement dissout. Laissez reposer pendant 44 jours. Au terme de cette macération, l'alcool aura pris une teinte orange pâle et un délicat parfum de café et d'orange. Le 44 se conserve indéfiniment. Vous pouvez aussi filtrer le liquide et le verser dans une bouteille décorative. L'orange et les grains de café doivent être jetés une fois qu'ils ont donné tout leur parfum. Vous pouvez servir le 44 à température ambiante ou frappé, allongé avec du vin blanc, ou nature dans des petits verres pour accompagner un dessert aux fruits, en ou digestif.

VARIANTE : En Provence, on prépare aussi cette liqueur en piquant l'orange avec des clous de girofle ou en suspendant le fruit dans un bocal partiellement rempli d'eau-de-vie. (L'orange ne doit pas entrer en contact avec l'alcool.) Le bocal est fermé et les huiles aromatiques de l'orange pénètrent progressivement l'alcool qui en absorbe les arômes fruités et se colore peu à peu d'une teinte orange pâle. Au bout d'un mois environ, l'orange est jetée et l'alcool est sucré puis versé dans une bouteille de service.

GRAINS DE RAISIN
À L'EAU-DE-VIE

E n Provence, on a l'habitude de conserver toutes sortes de fruits dans le marc de raisin. J'utilise soit du marc, soit de la grappa ou encore un alcool blanc non parfumé comme la vodka.

POUR 1,5 LITRE DE FRUITS À L'EAU-DE-VIE

500 g de raisin muscat   *1 litre de marc, de grappa*
(ou de cerises fraîches)   *ou de vodka*

Rincez les grains de raisin et épongez-les. Mettez-les dans un bocal stérilisé de 1,5 litre. Versez l'alcool dessus, bouchez et laissez macérer les fruits pendant au moins 6 semaines. Au cours de cette période de repos, retournez le bocal de temps en temps pour répartir l'alcool et les sucres naturels que contiennent les fruits. Pour servir, mettez quelques fruits dans un petit verre et versez dessus quelques cuillerées d'alcool. Au bout d'un an, les fruits perdent leur saveur.

FRAMBOISES
À L'EAU-DE-VIE

L es framboises comptent parmi les fruits les plus délicieux. Rien n'est plus exquis que de voir ses propres framboises flotter dans une eau-de-vie à la framboise, et de multiplier ainsi par deux le parfum et le plaisir de la dégustation.

POUR 1,5 LITRE DE FRAMBOISES À L'EAU-DE-VIE

500 g de framboises fraîches   *200 g de sucre*
2 feuilles de framboisier si possible   *50 cl d'eau-de-vie de framboise*

Rincez et épongez les framboises. Étalez-les en couches alternées avec le sucre dans un bocal stérilisé de 1,5 litre. Versez l'alcool sur les fruits. Fermez le bocal et laissez les fruits macérer pendant au moins un mois. Au cours de cette période, retournez le bocal de temps en temps pour répartir l'alcool et le sucre. Pour servir, mettez quelques framboises dans un petit verre et arrosez-les de quelques cuillerées d'alcool.

TABLE DES RECETTES

HORS-D'ŒUVRE ET AMUSE-BOUCHE

SALADES

SOUPES

LÉGUMES

PÂTES, RIZ, SEMOULE

PAINS

POISSONS ET FRUITS DE MER

VOLAILLES ET GIBIERS

VIANDES

DESSERTS

PROVISIONS DE BASE

INDEX DES RECETTES

Composition réalisée par Paris Photocomposition
Achevé d' imprimer en octobre 1999
sur les presses d'I.M.E. à Baume-les-Dames
LIBRAIRIE GÉNÉRALE DE FRANCE - 43, quai de grenelle - 75015 Paris
ISBN : 2-253-08177-9 - Édition 02 - N° dépôt éditeur : 8134 -10/1999

30/8177/5